추천의 말

우리 모두 각자의 자리에서 열심히 삶을 살아낸다. 그러다 한순간 허무와 번아웃의 굴레에 빠질 때가 있다. 내가 주도했다고 생각한 일들이, 실은 지독한 내 두려움과 부러움이 시킨 것이었음을 깨달을 때다. 우리는 감정에 운전대를 너무 자주 내어주곤 엉뚱한 곳에 다다른다. 그렇게 계속 헤매기에는 인생이 너무 짧다. 내 인생의 운전대를 제대로 잡고 진정 원하는 곳에 가닿기 위해서는 스스로와 깊은 대화를 나누어야만 한다. 이 책의 두 저자인 오프라와 아서는 해당 분야에서 가장 탁월한 스승들이다. 이 책과 함께 자신의 내면을 들여다보고, 내 뜻대로 삶을 추진할 때 얻는 행복을 꼭 느껴보길 바란다.

김미경, 강사·MKYU 대표

행복은 목적지가 아닌 '방향'이라는 오프라와 아서의 메시지에 절실히 공감한다. 그들은 삶이라는 여행에서 마주하는 가족·일·관계에 관한 숙제를 함께 고민해 준다. 다만 구체적인 답을 내려주지는 않는데, 바로 이것이 책의 큰 장점이다. 우리에게 더 많은 길을 상상하게 만들기 때문이다. 주요한 갈림길마다 세워놓은 이정표들은, 단순한 의지의 호소가 아닌 심리학 연구를 통한 '과학적 지혜'가 담긴 지표들이다. 자칫 고달프고 외로울 인생의 여정에, 따뜻한 길잡이가 되어줄 책이다.

서은국, 연세대학교 심리학과 교수·《행복의 기원》 저자

Build the Life You Want

BUILD THE LIFE YOU WANT:
The Art and Science of Getting Happier

하버드 행복학 교수가 찾아낸 인생의 메커니즘

우리가 결정한 행복

Build the Life You Want

아서 C. 브룩스
×
오프라 윈프리
지음

박다솜
옮김

RHK
알에이치코리아

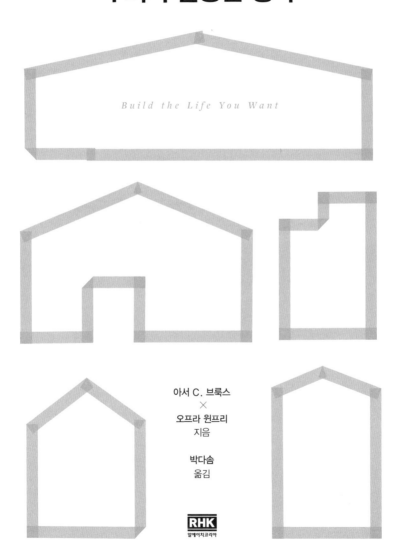

인생이라는 여정에 오른 모든 사람에게 이 책을 바친다.

시간이 흐를수록 당신이 더 행복해지길.

그리고 당신으로 인해 남들도 그만큼 더 행복해지길.

오프라의 편지

나는 25년 동안 〈오프라 윈프리 쇼〉를 진행해 왔다. 그건 남들의 불행을 1열에서 감상하는 일이었다. 무대에는 상상할 수 있는 모든 종류의 불행이 등장했다. 비극과 배신, 깊은 좌절을 겪고 인생이 송두리째 흔들린 사람들이 우리를 찾아왔다. 분노에 빠진 사람, 마음 깊이 원한을 품고 살아가는 사람. 회한과 죄책감, 수치심과 두려움에 사로잡힌 사람. 아무리 발버둥쳐도 불행의 구렁텅이에서 빠져나올 수 없어 매일 아침 눈 뜨자마자 불행하다고 느끼는 사람.

하지만 〈오프라 윈프리 쇼〉를 진행하며 나는 넘쳐흐르는 행복 역시 목격했다. 진정한 사랑과 우정을 발견한 사람. 자신의 재능과 능력을 선한 일에 발휘하는 사람. 타인에게 이타적으로 베풀고, 거기서 오는 달콤한 보상을 누리는 사람. 잘 알지도 못하는 낯선 이에게 신장을 기증한 사람. 영적인 차원에서 더 풍부한 인생의 의미를 찾은 사람도, 진작 끝났다고 생각한 인생에서 생각지도 못했던 기회를 맞이한 사람도 있었다.

방청객들의 반응은 대개 비슷했다. 불행한 사람들에게는 공감했고, 행복한 사람들을 보며 동경했다. (질투 섞인 부러움이 느껴질 때도 있었다.) 그런데 방청객들이 도무지 갈피를 잡지 못하는 세 번째 유형의 손님이 있었다. 쉽사리 행복하다거나 불행하다고 분류할 수 없는 이 유형이야말로 방청객들에게 진정한 영감을 주었다. 불행할 이유가 수만 가지쯤 되는데도 불행하지 않은 사람. 삶이 시큼한 레몬을 주면 그것으로 레모네이드를 만드는 사람. 먹구름 너머 은빛으로 반짝거리는 한 줄기 햇살을 기어코 찾아내는 사람. 어떻게든 사물의 밝은 면을 보는 사람. 반쯤 차 있는 물잔을 보고 "반이나 찼네"라고 말하는 사람. 나는 우리 프로그램을 찾았던 특별한 손님 이름을 따서, 그런 사람들을 '매티 스테파넥Mattie Stepanek' 유형이라고 부른다. 매티는 열한 살에 우리 프로그램에 출연했다. 그는 자율신경실조성 미토콘드리아근병증이라는 희귀 근육성 이영양증을 갖고 태어났는데, 불치병이라 어린 나이에 죽게 될 것이 분명한 상태였다. 하지만 매티는 언제나 평온한 태도를 잃지 않았다. 거친 폭풍우가 지나간 뒤에는 다시 웃으며 신나게 놀았고, 아름다운 시를 썼다. 나이에 걸맞지 않게 지혜로웠던 그는 내가 촬영장 밖에서 친구로 사귄 첫 번째 손님이기도 했다. 나는 매티를 나의 꼬마 천사라고 부르곤 했다.

매티는 불치병을 앓고 있으면서도 어떻게 그렇게 행복할 수 있었을까? 나는 프로그램을 진행하면서 매티와 비슷한 손님을 몇 사람 더 만났다. 죽음이 코앞에 다가왔는데도 평온함과 목적의식, 심지어 즐거움으로 충만한 인생을 사는 여성이 있었다. 그는 지금 여섯 살인 딸아이가 나중에 들을 수 있도록 수백 개의 테이프에 그가 전하고픈 인생에 대한 가르침을 녹음하며 삶의 끝을 준비하고 있었다. 어떤 짐바브웨 여성은 열한 살에 결혼하고 남편에게 매일 매를 맞아가면서도 삶의 희망을 지켜냈다. 절망에 굴하지 않고 아무도 모르게 자기 인생의 목표를 세웠고, 마침내 박사학위를 따는 것을 비롯해 자신이 세운 목표를 이루었다.

그 상황에 보통 사람이라면 아침에 침대에서 몸을 일으키는 것조차 어려워했을 것이다. 그런데도 그들은 자신은 물론이고 타인까지 환히 비춰주는 빛을 발산하고 있었다. 어떻게 그럴 수 있는 걸까? 단순히 타고난 걸까? 아니면 다른 사람들에게도 전수해 줄 만한 비결이나 발전 단계가 있는 걸까? 고난을 극복하고 행복해지는 비법이 실제로 존재한다면, 온 세상 사람들이 알고 싶어 안달이 날 것이다. 〈오프라 윈프리 쇼〉를 진행하는 동안 나는 여러 방청객을 만났다. 그들은 한데 묶기 어려울 정도로 각양각색이었지만, 단 하나의 공통분모가 있었다. 누구나 행복해지기를 갈망했다. 나는 매회 녹화가 끝나고 방청객들과 대화를 나누곤 했다. 방청객들에게 인생에서 가장 원하는 게 뭐냐고 물으면, 대개는 이런 대답이 돌아왔다.

"행복해지는 거요. 행복해지고 싶어요. 그냥 행복이요."

그런데 행복이 뭐냐고 물으면 그들은 갑자기 대답을 망설였다. 한참 고민하다가 보통은 이런 대답을 내놓았다. "체중을 몇 킬로그램 빼는 거요." "카드값을 갚고도 남을 돈을 갖는 거요." "그냥 제 아이들이 행복하면 좋겠어요." 그들이 답한 건 행복이 아니라 그들의 목표 또는 바람이었다. 행복이 무엇인지에 관해서는, 아무도 제대로 대답하지 못했다.

이 책에는 그 대답이 담겨 있다. 행복이 무엇인지 조사하고, 연구하고, 몸소 경험해 본 아서 브룩스가 내놓은 대답이다. 내가 아서를 처음 만난 건 시사 주간지 〈애틀랜틱*The Atlantic*〉에 실린 그의 칼럼 '인생을 세우는 법How to Build a Life'을 통해서였다. 나는 코로나 팬데믹이 닥쳤을 때 그 칼럼을 읽기 시작했고, 곧 칼럼이 나오는 날을 손꼽아 기다리는 애독자가 되었다. 아서는 칼럼에서 내가 평생 가장 관심을 기울여 온 주제를 이야기하고 있었다. '목적과 의미가 있는 삶을 사는 법은 무엇일까?' 칼럼에 깊이 감명받은 나는 그의 책 《인생의 오후를 즐기는 최소한의 지혜*From Strength to Strength*》를 찾아 탐독했다. 나이가 들면서 더 행복해지는 법을 알려주는 비범한 지침서의 마지막 장을 덮으면서, 나는 깨달았다. 이 남자는 근본적으로 나와 똑같은 이야기를 하고 있었다.

아서와 꼭 한 번 대화를 나눠보고 싶었다. 마침내 그를 만나고 나는 곧바로 깨달았다. 만일 내가 여전히 〈오프라 윈프리 쇼〉를 진행하고 있었다면, 그는 내게 믿음직한 우군이 되었을 것이다. 어떤 주제를 들고 찾아가든, 그 주제와 관련한 이야기로 깨달음을 주었을 것이다. 자신만만하면서도 확신에 찬 태도로 행복의 의미를 설명하며, 듣는 사람에게 머리를 한 대 맞은 듯한 충격과 위안을 동시에 안겨주었을 것이다. 아서가 탐구하고 있는 것은 몇 년째 내가 나에게 던지고 있는 질문과 같다. "어떻게 해야 최고의 '나'를 만날 수 있을까? 어떻게 해야 더 나은 인간이 될 수 있을까?" 아서는 이 질문들에 관한 아주 폭넓고도 구체적인 답변을 줄 수 있는 사람이다. 그래서 나는 그를 처음 만난 순간부터, 내가 어떤 방식으로든 그와 함께 일하게 될 것이라고 직감했다. 그 결과가 당신의 손에 들린 이 책이다.

아서의 편지

"태어나는 순간부터 행복하셨을 것 같아요."

내가 자주 듣는 말이다. 생뚱맞은 말은 아니다. 나는 하버드대학교에서 행복에 대해 강의하고 있다. 〈애틀랜틱〉에 행복에 관한 정기 칼럼을 쓰고, 온 세상을 누비며 행복의 과학을 주제로 강연도 한다. 그러니 프로 농구 선수가 운동에 타고난 재능을 가졌듯, 아서 브룩스도 행복이란 재능을 타고났으리라 짐작하는 것이 무리는 아니다. '운 좋은 양반이군!'

그렇지만 행복은 농구와는 다르다. 행복에 타고났다고 해서 자동으로 행복 전문가가 되는 건 아니다. 진실은 알고 보면 오히려 반대에 가깝다. 사실 행복한 천성을 타고난 사람들은 행복을 연구하는 일에 별로 관심이 없다. 그들에게 행복은 공들여 공부하거나 깊게 탐구해야 할 대상이 아니기 때문이다. 보통 사람들이 공기를 공들여 탐구할 필요를 굳이 느끼지 못하는 것과 비슷하달까.

사실 내가 지금 행복에 관해 글을 쓰고, 이야기하고, 강의하는 것은 도리어 행복이 내겐 유독 어렵기 때문이다. 내가 지금보다 더 행복해지고 싶기 때문이다. 내 행복 기본값, 즉 매일 행복을 연구하며 의식적으로 노력하지 않을 때 내가 자연스럽게 느끼는 행복의 수준은 평균보다 훨씬 아래다. 잠깐, 나를 딱하게 여길 필요는 없다. 내가 심한 트라우마나 남다른 고통을 겪은 건 아니다. 내가 행복을 느끼기 어려운 건 유전이 크다. 할아버지는 우울한 사람이었고 아빠는 불안한 사람이었다. 아무 노력을 하지 않으면, 나는 자연히 우울하고 불안해진다. 나와 32년을 같이 산 내 아내 에스터에게 정말이냐고 물어봐도 좋다. (이 글을 읽으며 옆에서 열렬히 고개를 끄덕이고 있다.) 따라서 사회과학자로서 내가 하는 일은 단순히 연구가 아니라, 일종의 자기 탐색인 셈이다.

당신이 원하는 만큼 행복할 수 없어서 이 책을 집어 들었는가? 어떤 구체적인 이유로 삶이 매우 고되다고 느끼는가? 혹은 겉보기엔 남부럽지 않은 삶을 살고 있음에도 어째서인지 사는 게 고통스러운가? 그렇다면 나는 분명 당신에게 깊게 공감할 수 있을 것이다. 우리는 같은 부류다.

25년 전 박사과정에서 처음 행복을 연구하기 시작했을 때, 나는 행복에 관한 학술적 지식이 현실적으로 유용할지 확신이 서지 않았다. 행복에 관해 안다고 해서, 개인이 느끼는 행복이 의미 있게 변화할 수 있을까? 어쩌면 행복학은 천문학과 비슷할지도 모른다고 나는 생각했다. 별에 관해 알 수는 있지만, 그 지식으로 인해 별이 달라지지는 않는다. 역시 염려한 대로, 행복에 관한 지식은 오랫동안 내게 그다지 쓸모가 없었다. 나는 머리에 들어간 지식을 실제 삶에 활용하지 못했다. 다만 가장 행복하고 불행한 사람들이 어떠한지 관찰을 이어나갔다.

그렇게 시간이 흘러 지금으로부터 10년 전, 유독 어둡고 풍파 많은 나날을 보내던 나는 사고방식을 뿌리째 바꾼 질문을 맞닥뜨렸다. 그 질문을 던진 사람은 아내 에스터였다. "당신이 하는 그 복잡한 연구를 활용해서, 당신 자신의 습관부터 바꿔보는 건 어때?" 누가 들어도 당연한 말인데, 그때 내겐 불가능한 소리처럼 느껴졌다. 그래도 마음 한구석에서 도전 정신이 생긴 나는 아내 말처럼 많은 시간을 들여 내가 느끼는 행복 수준을 관찰하고, 내가 행복과 불행을 느끼는 순간의 패턴을 파악해 나갔다. 내가 느끼는 괴로움의 속성이 어떠하며 거기서 내가 얻는 혜택은 무엇인지 연구했고, 데이터를 근거로 일련의 실험을 설계했다. 감사 목록 만들기, 기도를 더 하기, 슬프고 화가 날 때 (내가 자주 느끼는 감정이다.) 당장 하고 싶은 행동과 일부러 정반대로 행동하기 등 여러 방법을 실천해 봤다.

나 자신을 대상으로 한 실험은 결과가 썩 괜찮았다. 아니, 괜찮은 정도를 넘어 훌륭했다. 당시 대규모 비영리 기구를 운영 중이던 나는 현실적으로 행복해지는 방법을 남들과 나누어야겠다고 마음먹고, 남는 시간을 활용해 〈뉴욕타임스〉에 글을 쓰기 시작했다. 이윽고 내가 행복의 과학을 바탕으로 고안해낸 실용적 처방법을 통해, 실제로 도움을 얻었다는 연락이 쏟아졌다. 남들에게 행복에 관해 가르치기 시작하자, 그에 관한 지식은 내 머릿속에서 더 굳건해졌고, 그로써 나는 더 행복해졌다.

물론 나는 거기서 만족하지 않았고, 커리어의 방향을 아예 틀기로 마음먹었다. 55세의 나이에 나는 최고 경영자 직위에서 내려와 행복의 과학에 관한 글을 쓰고 이야기하며 가르치겠다는 계획을 세웠다. 첫걸음은 '개인 사명 선언문'을 만드는 것이었다.

> 내 사명은 과학과 개념을 활용하여, 사랑과 행복의 연대 안에서 타인을 일으켜 세우는 것이다.

나는 하버드대학교 교수직을 받아들이고 행복학 강의를 시작했다. 얼마 지나지 않아 강의는 수강 대기자가 생길 만큼 인기가 높아졌다. 다음으로 나는 〈애틀랜틱〉에서 행복의 과학에 관한 정기 칼럼을 연재하기 시작했고, 매주 칼럼을 기다리는 수십만 명의 애독자를 얻었다. 나는 과거에 정량적 연구자로 일했던 경험을 활용하여 심리·뇌과학·경제·철학 분야의 최신 연구를 읽고 매주 행복과 관련한 새로운 주제를 발굴했다. 내가 얻은 지식을 나를 대상으로 현실에서 실험한 뒤, 효과가 있으면 학생들에게 가르쳐 주고, 지면을 통해 더 넓은 대중에게도 알려주었다.

그렇게 몇 해가 흐르는 동안 나라는 개인에게도 서서히 진전이 일어났다. 나는 내 뇌가 부정적 감정을 어떻게 처리하는지 관찰했고, 그 감정을 억지로 없애지 않으면서 잘 관리하는 방법을 익혔다. 도저히 이해할 수 없는 수수께끼 같았던 인간관계를, 사람들의 머리와 마음이 일으키는 상호작용으로 받아들이게 되었다. 나는 현실이나 논문 속에서 만난 가장 행복한 사람들의 습관을 따라 하고, 내 것으로 만들었다(곧이어 서문에서 그중 아주 특별한 한 사람을 소개하겠다.). 그 과정에서 나는 전 세계 사람들(내가 이름을 처음 듣는 사람도, 아주 유명한 사람도 있었다.)이 내 글을 읽고 행복해지는 법을 배우고 있으며, 지식을 현실에 적용해 더 행복해질 수 있음을 알았다는 기쁜 소식을 듣게 되었다.

인생을 변화시키겠다는 다짐 이후 단 몇 년 만에 내가 느끼는 행복의 수준은 훨씬 높아졌다. 사람들에게 전보다 더 자주 웃는다는 말을 듣는다. 내가 예전보다 더 재미있게 일하는 것 같다고들 한다. 인간관계도 나아졌다. 이런 발전은 내게

만 일어나지 않았다. 내가 가르치는 원칙을 익힌 학생들, 기업 지도자들, 보통 사람들도 같은 진전을 경험했다고 말한다. 나보다 더 큰 고통과 상실을 겪은 이들조차, 괴로운 인생에서 즐거움을 찾아낼 수 있었다.

지금도 이따금 우울한 날이 찾아온다. 여전히 갈 길이 멀다고 느낀다. 그러나 이제 나는 우울할 때도 마음이 편안하다. 우울에서 벗어나는 방법을 알기 때문이다. 살다 보면 힘든 날이 온다는 걸 알지만, 미리 겁먹지 않는다. 앞으로 내가 더 크게 발전할 거라는 자신이 있어서다.

때때로 35세의 나, 45세의 나를 되돌아본다. 젊은 날의 나는 웬만해선 즐거움을 느끼지 못했고, 행복해지기를 완전히 포기한 상태였다. 59세의 내가 과거의 나를 찾아가 "당신은 곧 행복해지는 법을 배우고, 그 비결을 남들에게 가르치게 된다네"라고 귀띔한다면, 과거의 나는 미래의 내가 드디어 미쳤다고 생각했을 것이다. 하지만 그건 사실이다. (행복해지는 법을 배웠다는 것 말이다. 미쳤다는 게 아니라.)

지금 나는 젊은 시절부터 동경하던 사람과 함께 일하는 특권을 누리고 있다. 그 사람은 사랑과 행복을 나눔으로써 수백만 명의 사람을 일으켜 세워준 장본인인 오프라 윈프리다. 나는 그를 처음 만나자마자 우리가 같은 사명을 띠고 있다는 걸 깨달았다. 나는 학계에서, 오프라는 방송에서, 서로 다른 방식으로 그 사명에 임하고 있었을 뿐이다.

이 책을 통해 우리는 지금껏 각자 해온 두 갈래의 작업을 한데 묶어서, 누구든지 행복학을 만날 수 있도록 문을 활짝 열어줄 것이다. 이를 통해 당신이 더 잘 살아가도록, 나아가 다른 사람들을 일으켜 세우도록 도울 것이다. 삶의 굴곡 앞에서 당신이 무력한 존재가 아니라는 걸, 당신의 정신과 뇌의 작동 방식을 더 잘 이해하면 삶이 바로 설 수 있다는 걸 알려주려 한다. 우리는 먼저 당신 내면의 감정을 다루는 방법부터 시작해서, 당신 바깥의 가족·친구·일·영적 생활로 차근차근 나아갈 것이다.

우리에겐 효과가 탁월했다. 당신에게도 그렇길 바란다.

프롤로그

행복을 얻는 유일한 비결

바르셀로나의 작은 아파트 침대에, 내가 친가족처럼 사랑하는 나의 장모 알비나 케베도가 누워 있다. 그는 지난 70년 동안 이 집에서 살았다. 간소한 침실 인테리어는 그동안 한 번도 바뀌지 않았다. 한쪽 벽엔 그의 고향 카나리아 제도의 사진이, 반대쪽엔 소박한 십자가가 걸려 있다. 그 풍경이 그가 온종일 눈으로 보는 것 전부다. 2년 전 낙상 사고로 통증을 얻은 이후 자리에서 일어나지도, 혼자 걷지도 못하게 되었기 때문이다. 향년 93세인 그는 이제 자신이 인생의 말년에 다다랐음을 알고 있다.

알비나의 몸은 쇠약해졌으나 정신은 여전히 또렷했고, 기억도 생생했다. 그날 알비나는 내게 젊고 건강했던 수십 년 전 과거의 이야기를 들려주었다. 갓 결혼하여 가정을 꾸리기 시작했던 그때, 그는 친한 친구들과 파티도 하고 해변에서 시간을 보내기도 했다. 친구들은 모두 세상을 떠난 지 오래다. 좋았던 과거를 떠올리며 그는 웃었다.

"삶이 참 많이 달라졌구나." 알비나가 말했다. 입을 다문 채 고개를 돌려 오랫동안 창밖을 내다보며 생각에 잠겨 있다가, 다시 내게 고개를 돌리며 말했다. "지금 나는 그때보다 훨씬 행복해." 내 얼굴에 놀라는 기색이 비친 모양이다. 그가 말을 이었다. "이상하게 들리는 거 알아. 지금 내 생활이 참 우울해 보이지? 하지만 진실이란다." 그는 어느새 얼굴에 미소를 띠고 있었다. "나이가 들면서 나는 행복해지는 비결을 알게 되었거든." 행복해지는 비결이라. 그 말에 나는 귀를 쫑긋 세웠다.

나를 침대 옆에 앉혀둔 채, 알비나는 굴곡 많았던 인생 이야기를 풀어놓기 시작했다. 잔혹했던 스페인 내전 중에 소녀 시절을 보낸 그는 종종 집 안에 숨어지내야 했고, 매일 굶주렸으며, 주위엔 고통받고 죽어가는 사람들 천지였다. 패자의 편에서 군의관으로 전쟁에 참여했던 아버지는 전쟁이 끝나자 체포되어 여러 해를 교도소에서 지내야 했다. 그런데도 알비나는 행복한 유년기를 보냈다고 기억한다. 부모님은 서로 사랑했고, 딸에게도 사랑을 쏟았다. 알비나의 기억 속에 가장 오랫동안 또렷이 남은 건 바로 그 사랑이었다. 사랑 이야기가 나와서 덧붙이면, 교도소에 머무르던 아버지는 바로 옆 방에 갇혀 있던 남자로부터 알비나의 남편이 될 사람을 소개받았다.

그때까진 썩 나쁘지 않은 인생이었다. 하지만 결혼하고

부터 알비나의 인생은 꼬이기 시작했다. 처음 몇 년은 평온하게 지나갔지만, 세 아이가 태어나자 남편은 슬슬 본색을 드러냈다. 그는 질 나쁜 남자였다. 그가 아이들을 내팽개치고 알비나를 떠나자, 남은 네 가족은 순식간에 빈곤의 구렁텅이에 빠졌다. 남편에게 버림받은 슬픔에 홀로 아이들을 키우는 어려움마저 더해져, 알비나는 세상을 살아갈 자신이 없어졌다.

그는 자기 인생이 비참함 속에 갇혀버렸다고 느꼈다. 형편없는 남편과 맺어진 이상, 이번 생에 행복해지는 건 불가능하다는 결론에 이르렀다. 작은 아파트 창밖을 내다보며 눈물을 흘리는 게 알비나의 일과였다. 무얼 탓할 수 있을까? 그가 외롭고 가난한 삶을 살게 된 건 알비나의 잘못이 아니었다. 그는 온전한 피해자였다. 그가 처한 상황이 달라지지 않는 이상, 불행은 사라질 리 없었다. 삶이 나아질 희망은 보이지 않았다.

그러다 마흔다섯 살이 된 어느 날, 알비나는 불현듯 이전과는 완전히 다른 사람이 되었다. 세상을 보는 관점을 완전히 바꾼 것이다. 친구들도 가족들도 그가 갑자기 변한 이유를 이해할 수 없었다. 알비나가 갑자기 외로움을 느끼지 못하게 되거나, 남들 모르게 큰돈을 번 건 아니었다. 그는 단지 더는 가만히 앉아서 세상이 변하기를 기다리지 않겠다고 결심했을 뿐이다. 삶은 원래 내 것이었으니, 되찾겠노라 마음먹었다.

가장 중요한 결심은 교사가 되려고 대학에 등록한 것이

었다. 물론 학업은 쉽지 않았다. 가정을 꾸려나가는 동시에 자기 나이의 반밖에 되지 않은 학생들과 더불어 밤낮으로 공부하는 건 대단히 고된 일이었지만, 그는 포기하지 않았다. 3년 뒤 알비나는 대학을 수석으로 졸업했다. 그렇게 알비나는 자기 손으로 인생을 바꾸어 나가기 시작했다.

그는 새로운 커리어를 시작했고, 이내 자기 일을 사랑하게 되었다. 경제적으로 어려운 동네에서 빈곤에 시달리는 아이들과 가족들을 가르치며, 그는 진정으로 자신다운 삶을 찾았다고 느꼈다. 알비나는 스스로 일해서 번 돈으로 세 아이를 키워냈고, 살면서 여러 소중한 친구들을 사귀었다. 친구들은 마지막 순간까지 그의 곁을 지켜주었으며 훗날 그의 장례식에서 눈물을 흘렸다.

그로부터 10년이 넘게 지난 뒤, 알비나의 변덕스러운 남편이 가정으로 돌아오고 싶다는 뜻을 밝혀왔다. 둘은 공식적으로 이혼하지는 않은 상태였다. 알비나는 고민 끝에 남편을 받아주었다. 의무감으로 내린 결정이 아니라, 마음에서 우러나온 선택이었다. 남편이 가정을 떠나 있던 14년 동안 알비나는 완전히 딴사람이 되었다. 전보다 강해졌으며, 더 행복했다. 부부는 재결합했고 다시는 헤어지지 않았다. 말년에는 남편도 전과는 다른 사람이 되어 아내를 애정으로 돌보았다. 그는 3년 전에 알비나보다 먼저 세상을 떠났다.

"우리는 54년 동안 행복하게 결혼 생활을 했단다." 알비나가 말을 마치고, 미소를 띤 뒤 설명했다. "정확히 말하면, 결혼 생활 68년에서 불행했던 14년을 뺀 거지."

이제 93세가 된 알비나는 다시 한번 그가 손쓸 수 없는 상황에 처했다. 하지만 그렇다고 해서 즐거움을 잃지는 않았다. 오히려 그는 전보다 더 즐겁게 살고 있었다. 내 눈에만 그렇게 보인 건 아니었다. 알비나를 아는 모든 사람이 어떻게 나이가 들수록 행복해지느냐며 놀라워했다.

알비나가 45세에 발견한 비결은 대체 무엇이었을까? 그는 어떻게 더 나은 삶으로 향하는 길을 찾아내고, 그 뒤 거의 반세기에 걸쳐 계속 더 행복해진 걸까?

스스로 결정할 수 있는 것들

알비나의 이야기를 듣고, 어떤 사람들은 그가 '삶이 레몬을 주면 그것으로 레모네이드를 만드는' 드문 유형이었으리라 생각한다. 실제로 행복해지는 재능을 타고난 사람들이 존재하긴 한다. 하지만 알비나가 인생을 보는 관점은, 타고난 것이 아니라 살면서 익히고 가꾼 것이었다. 그는 천성이 행복한 유형이기는커녕 정반대에 가까웠다. 그는 인생의 전환점에 도착하기 전까지, 오랫동안 불행하게 살았다고 말한다.

어떤 사람들은 알비나에게 "무덤가를 휘파람 불며 지나가는" 재주가 있었다고 생각할지도 모르겠다. 실제로 삶에서 나쁜 것들을 쉽게 무시하는 사람이 존재하긴 한다. 하지만 알비나는 그 경우는 아니었다. 알비나는 나쁜 일이 일어났다는 걸 부정하지도 않았고, 괴롭지 않은 시늉을 하지도 않았다. 나이가 드는 게 힘든 일이라는 걸, 친구들과 사랑하는 사람들을 잃는 경험이 슬프리라는 걸, 병을 앓는 것이 두렵고 고통스러우리라는 걸 온전히 이해하고 있었다. 알비나가 이런 현실을 억지로 차단한 덕분에 행복해진 건 아니었다.

알비나가 인생을 자유롭게 살아갈 수 있게 된 전환점은 정확히 말해 세 가지였다. 첫 번째는 단순한 생각의 전환이었다. 40대 중반의 어느 날, 알비나는 문득 생각했다. 지금까지는 자기 바깥의 세상이 달라져야만 행복해질 수 있다고 믿었다. 그도 그럴 것이, 그를 괴롭히는 문제들은 전부 바깥에서 온 것이었다. 그에게 주어진 불운은 바깥에서 온 문제였다. 그를 향한 남들의 행동도 바깥에서 온 문제였다. 그런데 바깥의 상황이 달라지지 않는 이상 행복해질 수 없다는 믿음은 어떤 면에선 그에게 위안이 되었지만, 한편으로는 굴레가 되어 그를 불행에서 벗어나지 못하도록 옭아맸다.

그날 알비나는 생각했다. '어쩌면, 내가 상황은 바꾸지 못하더라도, 상황에 대한 반응은 바꿀 수 있지 않을까?' 세상이 그를 어떻게 대하는지는 그가 결정할 수 없었다. 하지만 그에 대해 어떤 감정을 느낄지는 그가 직접 결정할 수 있었다. '인생이 덜 힘들어지거나 덜 괴로워지는 날을 기다릴 게 아니라, 바로 지금부터 더 잘 지낼 방법이 있지 않을까?'

그렇게 그는 인생에서 스스로 결정할 수 있는 것들을 하나하나 찾아나서기 시작했다. 원래 그에게 인생이란 남들이 정해준 대로 사는 것이었다. 별거 중인 남편, 경제 상황, 아이들의 욕구에 자기 삶이 온전히 달려 있다고 생각했을 때 그는 절망스러운 무력감에 시달렸다. 그러나 생각을 바꾸자 무력감은 차츰 옅어졌다. 그가 처한 상황이 모든 걸 결정하는 건 아니었다. 자기 인생에 대해 어떻게 느낄지는, 그가 직접 정할 수 있었다.

알비나는 터닝포인트를 맞이한 경험을 이렇게 표현한다. 생각을 바꾸기 전까지는 망해가는 회사의 형편없는 일자리에 어쩔 수 없이 붙잡혀 살아가는 기분이었다고. 하지만 생각을 바꾸자, 사실 그 회사의 CEO가 자신이라는 사실을 깨닫게 되었다. 물론 그렇다고 해서 모든 걸 완벽하게 고칠 묘수가 생긴 건 아니었다. CEO도 당연히 힘들고 괴로울 때가 있다. 하지만 그는 분명히 자기 삶을 결정할 큰 힘을 지니고 있었고, 그 힘을 활용해서 삶에서 좋은 것들을 직접 찾아낼 수 있었다.

두 번째는 의식적으로 선택한 행동이었다. 알비나는 단지 깨달음을 얻는 데에 그치지 않고, 깨달음을 발판 삼아 실천에 나섰다. 남들이 달라지기만을 바라던 수동적인 태도에서 벗어나 자신이 마음대로 통제할 수 있는 단 한 사람, 자기 자신을 통제하는 데 집중하기 시작했다.

알비나는 여전히 여느 사람처럼 부정적 감정을 느꼈다. 그러나 부정적 감정이 고개를 들 때, 전보다 의식적으로 선택해서 반응하기 시작했다. 반사적인 반응에서 벗어나자 그는 생산성을 갉아먹는 부정적 감정 대신 감사·희망·연민·유머 등의 긍정적 감정을 더 많이 느끼게 되었다. 알비나는 나아가 자기 문제에만 몰두하는 습관에서 벗어나, 자신을 둘러싼 세상에 더 많이 관심을 기울이기 시작했다. 매번 의식적으로 선택해서 행동하는 건 당연히 쉽지 않았다. 하지만 꾸준히 연습하자 전과 다른 행동을 선택하기가 한결 쉬워졌고, 시간이 흐르면서 이는 점점 자연스럽게 느껴졌다.

세 번째는 삶을 지탱하는 기둥에 집중하는 것이었다. 연습을 통해 차츰 자신의 감정을 관리할 수 있게 된 알비나는 다음으로 가족·친구·일·믿음을 돌보는 데에 힘을 쏟았다. 일상적인 감정을 관리할 수 있게 되자, 인생에서 쉼 없이 벌어지는 위기들에 흔들리지 않게 되었다. 알비나는 남편과 과거에 있었던 일들을 부정하지 않으면서도 사이좋게 공존하는 관계를 맺기로 선택했다. 자녀들에게 애정을 쏟고 유대를 쌓았다. 친구들과 깊고 친밀한 우정을 일구었다. 다른 사람을 섬길 수 있는 커리어에 올라, 성취를 이루었다. 자신이 원하는 믿음의 길을 걸었다. 그리고 다른 사람들에게도 그렇게 사는 법을 가르쳐 주었다.

슬럼프로부터의 탈출

알비나가 겪은 시련에 공감이 가는가? 혹은 다른 어떤 이유로든 지금보다 행복해지고 싶다고 느끼는가? 그렇다면 당신은 혼자가 아니다. 미국 전체가 행복의 슬럼프에 빠져 있다. 지난 10년 동안 "아주 행복하지 않다"라고 말하는 미국인의 비율은 10%에서 24%로 늘었다.[1] 우울증을 앓는 미국인의 비율 또한 극적으로 늘고 있으며, 이 경향은 특히 젊은 성인들 사이에서 두드러진다.[2] 반면 "아주 행복하다"고 말하는 사람의 비율은 36%에서 19%로 줄었다.[3] 행복감이 줄어드는 경향은 미국에만 국한된 것이 아니며, 코로나 팬데믹으로 더욱 심화되었다.[4] 이렇듯 우리가 단체로 행복의 슬럼프에 빠진 이유에 관해선 의견이 분분하다. 기술, 편향된 문화, 경제, 문화적 변화, 정치… 모든 게 원인일 수 있다. 이유가 무엇이든 간에 분명한 건 사람들이 느끼는 행복감이 줄었다는 사실이다.

아무리 야심에 찬 사람이라도, 온 세상 사람들을 슬럼프에서 일으켜 세우겠다고 생각하지는 않을 것이다. 나 한 사람 행복하게 만들기조차 쉽지 않은 게 현실이다. 우리가 불행한 원인이 손쓸 수 없는 바깥에 있는데, 어떻게 우리 힘으로 슬럼프에서 벗어난단 말인가? 화가 나거나 슬프거나 외로울 때, 우리는 남들에게 더 잘 대우받아야 한다고 느낀다. 재정 상황이 지금보다 나아져야 한다고 느낀다. 막혀 있는 운이 트여야 한다고 느낀다. 그리고 바깥세상에 바라는 것들이 모두 이루어질 그때까지, 불행한 상태로 마냥 그 순간을 기다린다. 그 사이에 할 수 있는 일은 잠깐의 기분 전환에 불과하다고 생각한다.

이 책에서는 알비나처럼, 삶을 옭아매는 불행의 패턴에서 벗어날 방법을 당신에게 알려줄 것이다. 당신은 인생의 관찰자가 아닌 주인이 될 수 있다. 부정적인 상황에 어떻게 반응할지 스스로 결정하고, 만사가 엉망진창일 때조차 더 행복해지기를 선택할 수 있다. 소중한 에너지를 무의미한 기분전환에 낭비하지 않고, 오래 지속될 만족과 의미를 줄 행복의 기둥을 세우는 데에 투자할 수 있다.

이 책에서 당신은 지금까지와는 전혀 다른 방식으로 삶을 꾸려나가는 방법을 배울 것이다. 의지와 노력으로 불행에서 벗어나라고 훈계하는 책은 이미 여러 권 읽어봤을지도 모르겠다. 그러나 이 책에선 의지를 북돋지 않는다. 이 책에서는 지식과, 그 지식을 활용하는 방법을 알려준다. 자동차에 문제가 생기면, 그 문제를 해결하는 방법은 극한의 의지를 발휘하는 게 아니다. 올바른 해결법은 매뉴얼을 찾아보는 것이다. 인생도 똑같다. 당신이 느끼는 행복감에 문제가 있다면, 당신이 해야 할 일은 의지를 불태우는 게 아니라 행복이 어떻게 작동하는지에 관해 정확하고 과학적인 지식을 얻는 것이다. 다음으로는 그 지식을 실전에 적용하는 지침을 찾아보는 것이다. 이 책은 당신에게 바로 그 지침이 되어주려 한다.

이 책은 당신이나 당신 주위의 누군가가 겪는 고통을 줄이는 방법을 이야기해 주지 않는다. 인생은 원래 고되다. 아무 잘못을 하지 않았는데도 남들보다 훨씬 힘들게 사는 사람도 있다. 나는 고통을 겪고 있는 사람에게 언젠가는 다 지나갈 거라는 듣기 좋은 소리를 해주지 않을 것이다. 고통을 없앨 방법을 찾아내라고 권하지도 않을 것이다. 이 책에서 알려주는 건 있는 그대로의 고통을 다루고, 고통에서 배우고, 고통을 통해 성장하기로 마음먹는 방법이다.

마지막으로 이 책은 고장 난 인생을 단칼에 고치는 법을 알려주는 만병통치약이 아니다. 알비나가 그랬듯, 당신도 행복해지기 위해 숱한 노력과 인내심을 들여야 한다. 이 책을 읽는 건 시작일 뿐이다. 행복해지는 기술을 익히려면, 당연히 연습이 필요하다. 물론 즉시 나아져서 당신 주위의 사람들이 긍정적 변화를 알아차릴 수도 있다. (비결이 뭐냐는 질문을 받을지도 모른다.) 반면 어떤 가르침은 내면화하고 습관으로 만드는 데에 몇 달, 어쩌면 몇 년이나 걸릴 것이다. 그렇다고 해서 슬퍼할 일은 아니다. 자신의 감정을 관리하고 삶을 더 굳건히 세워나가는 여정은 그 자체로서 즐겁다. 행복해지고 싶다면, 그렇게 서서히 삶의 방식을 송두리째 바꿔야 한다.

당신이 원하는 삶을 세우는 일에는 시간과 노력이 든다. 그 일을 미뤄둔다면, 기다리는 시간만 늘어날 뿐이다. 그 시간을 스스로 더 행복해지는 데에 쓸 수도, 당신에게 소중한 사람들을 더 행복하게 만드는 데에 쓸 수도 있다. 알비나는 아까운 시간을 허비하지 않기로 선택했다. 자신을 위해 온 우주가 바뀌기를 기다리느라, 자신이 원하는 삶을 흘려보내지 않기로 했다.

당신도 기다리는 일에 지쳤는가? 그렇다면 이제부터 함께 여정을 시작해 보자.

CONTENTS

PART 2

스스로 쌓는 행복의 재료들

1

행복은 목표가 아니며, 불행은 적이 아니다

2007년 9월의 어느 저녁, 피츠버그의 카네기멜론대학교. 만석을 이룬 강당의 연단에서 한 교수가 환하게 미소 짓고 있었다. 그의 인생 마지막 강의였다. 교수는 그 자리에서 기분 좋은 에너지를 발산하며 자신의 일생을 돌이켜보았다. 그는 평생 열정을 품고, 남들에게서 좋은 점을 찾아내고, 앞에 놓인 장애물을 극복하며 살아왔다. 연단에 서서 인생을 돌아보는 그 순간에도 그는 주체할 수 없는 에너지와 활력을 과시했다. 한 번은 바닥으로 내려가서 한 팔로 팔굽혀펴기 한 세트를 선보이기까지 했다.[1]

교수의 이름은 랜디 포시Randy Pausch, 대학에서 제자들과 동료들로부터 두루 사랑받는 사람이었다. 마지막 강의에서 그가 즐거워하는 모습을 보면 사정을 모르는 사람은 포시 교수가 은퇴하고 카리브해로 이민을 가거나 아직 47세의 젊은 나이니 더 나은 일자리로 이직하는 것이리라 짐작할지도 모르겠다. 하지만, 둘 다 사실이 아니었다. 그날 포시 교수가 마지막 강의를 한 까닭은 그가 췌장암 말기였으며, 여명이 몇 달 남지 않았기 때문이었다.

그의 마지막 강의를 찾아온 청중들은 무엇을 마주하게 될지 갈피를 잡지 못했다. 포시 교수가 인생의 짧음에 대해 비극적인 회상에 잠길까? 인생에서 품은 후회를 여한 없이 풀어놓을까? 그날 저녁, 당연히 강당 안은 눈물바다가 되었다. 그러나 포시 교수는 울지 않았다. "내가 생각만큼 우울하거나 시무룩해 보이지 않나요? 실망시켜서 미안해요"라며 농담을 던지기까지 했다. 그날 포시 교수가 들려준 이야기는 온통 삶에 대한 긍정으로 가득했다. 친구들, 동료들, 아내와 어린 세 아이와 함께 사랑과 즐거움으로 충만한 인생을 살 수 있어, 축복 받은 삶이었다고 그는 말했다.

실제로 포시 교수는 어느 모로 보나 대단히 행복하게 살았다. 9월의 그날 저녁, 암울한 진단에도 그의 삶이 행복했다는 것은 부정할 수 없는 사실이었다. 그 뒤 몇 달 동안 그는 건강이 허락하는 범위 내에서 인생을 한껏 즐겼다. (오프라의 프로그램을 비롯한) 전국에 있는 매체에 출연해서 세상 사람들에게 깊은 영감을 주었다. 개인 웹사이트에 가족 기념일, 즐거운 순간들과 더불어 건강 및 치료와 관련된 이야기들을 자세히 적어 올렸다.

2008년 7월 25일, 포시 교수는 가족과 친구들에게 둘러싸여 세상을 떠났다. 생애 마지막 몇 달 동안 포시 교수는 사람들이 생각하기 어려운 일을 해냈다. 인생에서 가장 힘들고 우울해야 마땅한 시간을, 다른 어느 때보다도 더 행복하게 보냈다. 어떻게 그럴 수 있었을까?

행복에 관한 잘못된 믿음

사람들이 행복해지고 싶어 하는 건 전혀 이상한 일이 아니다. "행복해지기를 바라지 않는 사람은 없다."[2] 신학자이자 철학자였던 아우구스티누스는 무려 서기 426년에 명쾌하게 선언했다. 그때나 지금이나, 이 말에 굳이 다른 근거가 필요하진 않으리라. "행복해지는 데 관심이 없다"라고 말하는 사람을 내게 데려와 보라. 그 사람이 거짓말을 하고 있거나 뭔가 오해하고 있다는 걸 보여줄 테니.

그런데 우리가 "행복해지고 싶다"라고 말할 때, 그건 정확히 어떤 뜻일까? "행복해지고 싶다"는 말은 일반적으로 두 가지 의미를 지닌다. 첫째, 즐거움이나 활기나 그와 유사한 어떤 기분을 느끼고 (또한 유지하고) 싶다는 의미다. 둘째, 그런 기분을 느끼고 싶지만 모종의 장애물로 인해 불가능하다는 의미다. "행복해지고 싶다"라는 말 뒤에는 거의 언제나 "하지만…"이라는 말이 따라붙는다. 우리 주변에 있을 법한 몇 사람의 이야기를 들어보자.

뉴욕에 사는 35세 회사원 클로디아는 지난 5년 동안 남자친구와 같이 살았다. 둘은 서로 사랑하지만, 남자친구는 아직 그와 평생을 기약할 준비가 되지 않았다. 그래서 클로디아는 미래를 계획할 수 없다고 느낀다. 앞으로 어디에 살지, 아이를 낳게 될지, 커리어는 어떻게 펼쳐질지 종잡을 수 없다. 막막한 미래 앞에서 그는 불만스럽고, 슬프고, 화가 난다. 클로디아는 행복해지고 싶지만, 남자친구가 마음을 정할 때까진 행복해질 수 없다고 생각한다.

라이언은 대학에 가면 평생 갈 친구를 사귀고, 커리어에 관한 청사진을 그릴 수 있을 거라고 믿었다. 하지만 웬걸, 막상 졸업할 때가 되니 인생은 신입생 시절보다도 더 혼란스럽다. 라이언은 25세의 나이에 수천 달러의 빚이 있고, 마땅한 이력 없이 이곳저곳을 전전하는 중이며, 삶에 목표가 없다고 느낀다. 그는 적당한 기회가 찾아와 미래가 명확해지면, 그때 비로소 행복해질 수 있으리라 생각한다.

50세의 마거릿은 10년 전만 해도 본인 인생이 비로소 안정적으로 자리를 잡았다고 생각했다. 아이들을 잘 키워 고등학교에 보내고, 파트타임으로 일을 하며, 지역사회에서도 활발하게 활동했다. 하지만 아이들이 성인이 되어 집을 떠난 뒤로는 어쩐지 마음이 불편하고 모든 게 불만스럽다. 부동산 중개 앱에서 매물로 나온 집을 검색하면서, 이사를 하는 게 좋을지도 모른다고 생각한다. 인생에 큰 변화가 일어나면 행복해질 거라고 막연하게 생각하지만, 어떤 변화가 필요한지 구체적으로는 모른다.

은퇴한 뒤 테드는 친구라고 부를 사람이 한 명도 없다. 직장에서 알던 사람들은 전부 연락이 끊겼다. 아내와는 몇 년 전에 이혼했으며, 성인이 된 자녀들은 각자의 가정에 집중하고 있다. 가끔은 독서를 하지만 남는 시간 대부분을 TV를 보며 보낸다. 사람들과 더 가깝게 지내면 행복해질 것 같지만, 어디서 사람을 만나야 할지 모르겠다.

클로디아, 라이언, 마거릿, 테드는 흔한 문제를 지닌 보통 사람들이다. 이들의 문제는 특이할 것도, 부끄러워할 것도 없다. (사실 이들은 우리가 일하면서 만난 많은 사람을 합친 존재다.) 특별한 실수를 하거나 어리석게 위험을 자초한 적도 없다. 누구나 삶에서 맞닥뜨릴 수 있는 보편적인 어려움과 씨름하고 있을 뿐이다. 이들이 행복과 인생에 대해 품고 있는 믿음도 평범하기 짝이 없다. 그런데, 바로 그 믿음에 큰 오해가 있다.

클로디아, 라이언, 마거릿, 테드는 모두 "행복해지고 싶지만, 이것 때문에…"의 상태로 살고 있다. 이 문장을 자세히 분석해 보면 그들의 생각은 구체적인 두 개의 믿음으로 구성되었음을 알 수 있다.

1) 나는 행복해질 수 있다.

2) 하지만 어떤 상황 때문에 불행에서 벗어나지 못한다.

두 믿음 모두 상당히 설득력 있게 들리지만, 잘 들여다보면 착각이다. 일단, 당신은 '절대적으로' 행복해질 수 없다. 지금에 비해 '상대적으로' 행복해질 수 있을 뿐이다. 그리고 당신의 행복을 막고 있는 건, 현재 당신이 처한 상황도 아니고 당신이 불행의 원인이라 여기는 것도 아니다.

잠깐, 절대적으로 행복해질 수는 없다니, 그게 무슨 말이냐고? 절대적 행복을 찾아나서는 일은 엘도라도를 찾아나서는 것과 같다. 엘도라도는 황금으로 빚어졌다고 하는 전설 속의 남아메리카 도시로, 그곳을 실제로 찾아낸 사람은 없다. 절대적 행복을 찾아 헤매는 사람은 순간 어렴풋한 행복감을 느낄지도 모르지만, 그 느낌은 결코 오래가지 못한다. 사람들은 행복에 관해 이야기하기를 좋아한다. 자신이 완전한 행복을 얻었다고 주장하는 이들도 있다. 하지만 우리 사회에서 행복하기 위해 필요하다고 여겨지는 것들(부와 명성과 권력과 아름다운 외모)을 가진 사람들은 오히려 파산이나 개인적인 추문이나 가족 문제로 안 좋은 뉴스에 등장하는 일이 더 잦다. 남들보다 더 많은 행복을 느끼는 사람은 있겠지만, 절대적 행복을 꾸준히 유지할 수 있는 사람은 없다.

완전한 행복으로 가는 비결이 정말로 존재했더라면, 세상 사람들은 어떤 수를 써서든 그 비결을 알아냈을 것이다. 그런 대단한 사업 아이템을 놓쳤을 리 없다. 행복해지는 비결이 있다면, 분명히 온라인으로 판매될 것이다. 학교에서 필수 과목으로 가르치거나 정부 차원에서 국민에게 제공할지도 모른다. 하지만 현실은 그렇지 않다. 곰곰이 생각해 보면, 좀 이상하게 느껴진다. 호모 사피엔스가 처음 아프리카에 등장한 이래, 인류가 진정으로 원하는 건 단 하나뿐이었다. 그런데 그 하나가 30만 년이 지나도록 우리 손에 잡히지 않는다. 그 사이 인류는 불을 피우고, 바퀴를 발명하고, 달 착륙선을 건설하고, 틱톡 동영상을 만들기에 이르렀다. 그러나 인간은 별의별 재주를 발휘하면서도 정말로 원하는 행복을 거머쥐는 기술과 과학에는 통달할 수 없었다.

그 이유는, 행복이란 최종 목적지는 애초에 존재하지 않아서다. 행복은 목적지가 아니라, 방향이다. 이 지상에 절대적인 행복 같은 건 없다. 우리는 완전히 행복해질 수 없다. 하지만, 지금보다 더 행복해질 수는 있다. 그리하여 더 행복해지고, 그것보다도 더 행복해질 수 있다.

절대적인 행복에 이르는 게 불가능하다니, 실망스러운 소식으로 느껴질지도 모르겠다. 하지만 알고 보면 이건 더할 나위 없이 좋은 소식이다. 존재하지 않는 환상 속 도시를 찾아 헤매는 헛수고를 마침내 그만둘 수 있다는 의미니까. 이제는 이상적인 행복을 계속 느낄 수 없다고 해서 뭐가 문제인지 더는 고민하지 않아도 된다. 그건 그냥 당연한 거니까.

개인의 어떤 문제들로 인해 행복해지지 못했다는 믿음을 버려도 된다. 아무리 긍정적인 상황도, 우리가 찾아 헤매는 절대적 행복을 주지는 못한다. 반대로 아무리 부정적인 상황도, 우리가 상대적으로 더 행복해지지 못하도록 막지는 않는다. 문제가 있더라도 당신은 더 행복해질 수 있다. 심지어 문제라고 생각했던 일 덕분에 더 행복해질 수도 있다.

너무나 많은 사람이 인생을 답답하고 비참하게 느끼는 건 이런 두 가지 오해 때문이다. 우리는 세상에 존재하지 않는 것을 원하고 있다. 인생의 걸림돌을 모두 치워버리기 전에는 나아질 방법이 없다고 생각한다. 이런 오류는 대단히 단순해 보이는 질문에 달아놓은 오답에서부터 시작된다.

행복이 뭘까?

누군가에게 자동차를 정의해 보라고 요청해 본다. 질문을 받은 사람이 곰곰이 고민하더니 답한다. "자동차는… 음, 의자에 앉을 때의 느낌인데, 쇼핑을 가고 싶을 때 앉는 의자 같은 거예요." 대답한 사람은 자동차에 대해 잘 모르는 게 분명하다. 당신이 차 키를 그에게 맡기는 일은 아마 없을 것이다. 다음으로 그 사람에게 배를 정의해 보라고 질문했더니, 잠시 생각하고 답한다. "자동차가 아닌 거요."

황당한 대답이다. 하지만 행복과 불행을 정의해 보라는 질문을 받았을 때 많은 사람이 이와 별반 다르지 않은 답을 내놓는다. 당신도 한번 대답해 보라. 아마 이런 대답이 떠오를 것이다. "행복은… 음, 어떤 느낌인 것 같은데… 사랑하는 사람과 있거나 좋아하는 일을 할 때 드는 기분 같은 거예요." 그렇다면 불행은 뭘까? "행복이 없는 거죠."

사람들이 더 행복해지지 못하는 가장 큰 이유는, 행복이 무엇인지조차 알지 못해서다. 사람들이 불행한 상태에서 벗어날 수 없다고 느끼는 이유는, 불행이 무엇인지 정의할 수 없어서다. 당신도 비슷한가? 그렇더라도 너무 심란해하진 말자. 행복과 불행을 제대로 정의하는 사람은 세상에 거의 없다. 행복과 불행을 정의하라는 질문을 받으면, 사람들 대부분은 특정 느낌에 관해 이야기하거나, 오래된 찬송가 가사에 등장할 법한 "영혼의 햇살" 같은 진부한 은유를 예로 든다.[3]

고대 철학자들도 행복이 무엇인지에 관해 합의하기가 쉽지 않았던 것으로 보인다. 그 예로 에피쿠로스와 에픽테토스의 대립하는 의견을 살펴보자.

에피쿠로스(기원전 341~270년)가 이끄는 에피쿠로스 학파에서는 행복한 삶에 두 조건이 필요하다고 봤다. 바로 아타락시아ataraxia(정신적으로 얽매이지 않은 자유로운 상태)와 아포니아aponia(육체적 고통의 부재)다. 그의 철학은 한마디로 "두렵거나 고통스러운 건 피하라"는 것이다. 에피쿠로스주의자들은 불편을 보통 부정적인 것으로 여겼다. 따라서 더 행복한 삶으로 가는 열쇠는 인생에 존재하는 위험과 문제를 제거하는 데에 있었다. 그들이 게으르거나 무기력했던 건 아니다. 그들은 단지 지속적인 공포와 고통이 그 자체로 필요하거나 유익하지 않다고 생각했기에, 그 대신 인생을 즐기는 데에 집중했다.

에피쿠로스로부터 약 300년 뒤에 등장한 에픽테토스는 스토아 학파에 속하는 저명한 철학자였다. 그는 인생의 목적을 찾고, 자신의 운명을 받아들이고, 대가를 치러야 한대도 도덕적으로 행동하는 데에 행복의 원천이 있다고 믿었다. '기분 좋게' 살아야 한다는 에피쿠로스의 신념은 그에게 중요하지 않았다. 에픽테토스의 철학은 한마디로 "굳은 심지로 해야 할 일을 하라"다. 스토아 학파를 따르는 사람들은 행복을 상당한 희생을 통해 쟁취할 수 있는 것으로 봤다. 자연히 그들은 대개 근면하게 일했고, 미래를 위해 살았으며, (자신이 생각하는) 인생의 목표를 달성하기 위해서라면 불평 없이 상당한 대가를 치를 용의를 가지고 있었다. 그들은 행복으로 가는 열쇠가 고통과 공포를 피하는 게 아니라, 오히려 수용하는 데에 있다고 보았다.

지금도 우리는 사람들을 에피쿠로스 학파나 스토아 학파 중 한쪽으로 분류할 수 있다. 기분 좋게 사는 게 행복이라고 생각하는 사람이 있고, 자기가 해야 할 일을 해내는 게 행복이라고 생각하는 사람이 있다. 초점을 세계로 넓히면, 행복의 정의에 몇 가지 더 추가할 수도 있다. 예를 들어 학자들은 서양과 동양을 가르는 흥미로운 문화적 차이에 관해 밝혔는데, 서양에서는 행복을 보통 흥분·성취와 관련해 정의하는 반면 동양에서는 주로 평온·만족과 관련해 정의한다는 점이었다.[4]

행복의 정의는 단어 자체의 의미에도 깃들어 있다. 언어마다 그 의미 역시 천차만별이다. 독일어·북유럽 언어가 속하는 게르만어파에서 행복을 일컫는 단어의 어원은 운이나 긍정적인 운명과 관련되어 있다.[5] 영어의 'happiness'는 고대 노르드어에서 '행운'을 뜻하는 'happ'에서 기원한다.[6] 반면 남유럽 등지에서 쓰이는 라틴어 기반 언어에서 '행복'에 해당하는 단어들은 고대 로마에서 단순히 행운이 아니라 성장·생식력·번영을 의미했던 'felicitas'를 어원으로 한다.[7] 행복을 가리키는 특별한 어휘를 가진 언어도 있다. 덴마크인들은 행복을 '휘게hygge'라는 단어로 표현하는데, 이는 아늑하고 편안하며 기분 좋은 상태를 의미한다.[8]

행복의 정의가 이렇게까지 주관적이라면 (심지어 어느 시점에 개인이 느끼는 기분의 문제라면) 행복을 연구하는 건 불가능할 것이다. 젤리를 못으로 벽에 고정하려 애쓰는 일과 비슷할 테니까. 이 책도 단 몇 글자로 끝날 것이다. '행운(또는 좋은 운명). 끝.'

다행히 행복에 관한 연구가 계속 이루어진 덕분에, 오늘날 우리는 행복에 대해 그보다는 더 많은 것을 알고 있다. 물론 행복의 정의는 문화권마다 각양각색으로 다르다. (따라서 뉴스 단골 소재인 '국가 간 행복도 비교'가 별로 유용하거나 신뢰성이 높지 않은 자료임을 귀띔해 둔다.) 순간의 느낌이나 감정이 행복과 관계가 있는 것도 사실이다. 당신이 느끼는 감정은 당신이 얼마나 행복한지에 영향을 미치고, 역으로 당신의 행복도는 당신이 느끼는 모든 감정에 영향을 미친다. 하지만 그렇다고 해서 사람들이 느끼는 행복에 공통분모가 전혀 존재하지 않는 것은 아니며, 행복이 단순한 느낌에만 국한된 것도 아니다.

행복을 정의하는 좋은 방법은 그 구성 요소를 살펴보는 것이다. 누군가 '추수감사절 음식'을 정의해 보라고 하면, 당신은 아마 그날 식탁에 오르는 음식의 목록을 읊을 것이다. 칠면조, 그 안에 넣을 속 재료와 고구마 등등. 요리를 좋아하는 사람이라면 재료 목록을 읊을지도 모른다. 영양에 관심이 많은 사람이라면 추수감사절 음식이 인간에게 필요한 3대 영양소인 탄수화물, 단백질, 지방으로 이루어졌다고 말할지도 모르겠다.

추수감사절 음식은 집 안 가득 맛있는 냄새를 풍길 것이다. 그렇지만 그 냄새가 곧 음식인 건 아니다. 그 냄새는 음식이 존재한다는 증거일 뿐이다. 행복도 이와 같다. 행복한 느낌은 행복이 아니다. 행복이 존재한다는 증거일 뿐이다. 실질적인 현상은 행복 그 자체이며, 음식과 마찬가지로 "3대 영양소"의 조합으로 정의될 수 있다. 건강하고 맛있는 음식에는 3대 영양소 전부가 균형 있게 들어가듯, 행복을 얻으려면 인생에 행복의 3대 영양소가 균형적으로 존재해야 한다.

행복의 3대 영양소는 '즐거움', '만족', '목적의식'이다. 첫 번째 영양소인 '즐거움'부터 살펴보자. 즐거움enjoyment은 "좋은 기분"을 의미하는 쾌락pleasure과 동의어로 여겨지지만, 사실 둘은 엄연히 구별된다. 쾌락은 동물적이지만, 즐거움은 오롯이 인간적이다. 쾌락은 먼 과거에 우리가 살아남아 유전자를 남길 수 있도록 해주었던 특정 행동(먹기, 섹스하기)을 할 때 보상을 주는 뇌의 영역에서 생겨난다. (생존이라는 문제로부터 많이 해방된 현재 우리에게 쾌락을 주는 약물과 행동 등은 대부분 부적응적이며, 오용되어 각종 문제를 낳는다.)

즐거움을 느끼려면, 쾌락을 느끼려는 충동에 중요한 두 가지를 더해야 한다. 그 두 가지는 바로 '교감'과 '의식'이다. 예를 들어보자. 우리는 맛있는 추수감사절 음식을 배부르게 먹으면서 쾌락을 느낀다. 그러나 사랑하는 사람들과 함께 식사하며 따뜻한 추억을 만들 경우, 우리는 뇌의 의식적인 부분을 활용해 즐거움을 느낀다. 쾌락은 즐거움보다 느끼기 쉽지만, 쾌락을 느끼는 데서 만족하고 끝내는 건 실수다. 쾌락은 덧없고 외롭기 때문이다. 종류를 불문하고 중독은 즐거움이 아니라 쾌락에서 시작한다.

지금보다 행복해지고 싶다면, 쾌락을 느끼는 것에 만족해선 안 된다. 쾌락을 즐거움으로 끌어올려라. 물론 즐거움이 알아서 당신을 찾아오는 건 아니다. 즐거움을 느끼기 위해서는 일정 수준의 시간과 노력을 투자해야 한다. 노력 없이 쉬이 얻는 짜릿한 기분을 포기해야 하고, 순간적 욕구와 유혹을 거부해야 한다. 그러므로 즐거움을 느끼는 건 어려울 수 있다.

행복의 두 번째 영양소는 '만족'이다. 만족은 노력해서 목표를 달성할 때 느끼는 흥분감이다. 학교에서 A 학점을 받거나 직장에서 승진할 때, 내 집 마련에 성공하거나 결혼에 골인할 때 우리는 만족을 느낀다. 이렇듯 어렵고 때론 괴롭기까지 한 노력을 통해 스스로 설정한 목표를 이룰 때 느끼는 게 만족이다.

그러나 만족은 노력과 희생 없이는 얻을 수 없다. 만족을 느끼려면 목표를 이루기 위해 아주 조금이라도 고생을 해야 한다. 일주일 내내 열심히 공부해 시험에서 좋은 성적을 받으면 큰 만족감을 느낄 것이다. 하지만 부정행위를 통해 비슷한 성적을 받는다면 나쁜 행동에 대한 죄책감만 느낄 뿐, 만족은 얻지 못할 것이다. 새치기가 인생에서 그다지 좋지 않은 전략인 이유다. 만족을 느끼는 능력을 망가뜨리기 때문이다.

만족은 개인에게 크나큰 즐거움을 줄 수 있지만, 곁에 붙들어 두기가 어렵다. 목표를 달성하기 전에는 목표를 이루기만 하면 영원히 만족하리라 생각하지만, 실제로 목표를 달성하고 드디어 찾아온 만족은 덧없이 지나가 버린다. 밴드 롤링스톤스가 1965년에 발표한 히트곡 "(아이 캔트 겟 노) 새티스팩션(I Can't Get No) Satisfaction"을 아는가? 이 제목은 엄연히 말해 틀렸다. 우리는 만족을 얻을 수 있다. 다만 만족을 유지할 수 없을 뿐이다. 목표를 이루려고 미친 듯이 노력했는데, 만족감은 파도처럼 밀려왔다가 금세 자취도 없이 사라져 버린다. 이 경험은 대단히 절망스러우며, 심지어 고통스럽기까지 하다. 그게 롤링스톤스가 노래하듯 우리가 다시 만족을 느끼려고 계속, 끊임없이, 쉬지 않고 노력하는 이유다. 심리학자들은 이 행동을 두고 '쾌락의 쳇바퀴(또는 쾌락 적응)'라고 부른다. 우리는 좋은 것에 지나치게 빨리 적응해 버리며, 만족감을 유지하려면 멈추지 않고 달릴 수밖에 없다.[9] 특히 돈, 권력, 쾌락, 명예(또는 명성) 같은 세속적인 것들을 추구할 때 쾌락의 쳇바퀴에 빠지기 쉽다.

행복의 세 번째 영양소는 가장 중요한 것으로, 바로 '목적의식'이다. 우리는 일정 기간 동안 즐거움을 느끼지 않아도 살 수 있다. 만족감을 별로 느끼지 못하더라도 살 수 있다. 그러나 목적이 없을 때, 우리는 완전히 길을 잃게 된다. 인생의 길을 걷다가 불가피하게 마주하는 많은 수수께끼와 딜레마를 해결할 방법이 없어지기 때문이다. 삶에 의미와 목적이 있다는 감각을 가질 때, 우리는 희망차고 평화로운 마음가짐으로 굽이치는 인생을 대면할 수 있다.

삶의 의미에 대한 강한 감각은 보통 시련 속에서 깨어난다. 다음 장에서 소개할 정신과 의사이자 홀로코스트 생존자인 빅터 프랭클Viktor Frankl은 고전의 반열에 오른 회고록《죽음의 수용소에서*Man's Search for Meaning*》에 이렇게 적었다. "인간은 자신의 숙명과 그에 수반되는 모든 괴로움을 받아들임으로써, 자신의 십자가를 짊어짐으로써 가장 어려운 상황에서도 인생에 한층 깊은 의미를 더할 충분한 기회를 얻는다."[10] 우리는 일반적으로 행복해지기 위해 인생에서 괴로움을 쫓아내려고 하지만, 이 전략은 잘못되었으며 효과가 없다. 우리는 오히려 고통을 성장할 기회로 반갑게 맞아들여야 한다. 그러려면 자기 인생의 '왜'를 찾아내야만 한다.

불행의 역할

행복은 즐거움, 만족, 목적의식의 조합으로 구성된다는 걸 앞서 배웠다. 즉 더 행복해진다는 건 이 세 요소가 균형을 유지하며 늘어난다는 의미다. 세 요소 중 하나만 많고 나머지는 부족할 경우는 균형이 잡혔다고 할 수 없다. 만약 여기까지 내 이야기를 잘 따라왔다면 행복의 세 요소에 대해 흥미로운 사실 하나를 눈치챘을 것이다. 세 요소 모두 행복하지 않은 부분을 일부 품고 있다. 즐거움을 얻으려면, 쾌락을 포기하고 노력해야 한다. 만족을 얻으려면 희생이 필요하며, 힘들게 얻은 만족은 금세 사라진다. 목적의식을 얻는 데에는 거의 반드시 시련이 필요하다. 더 행복해지기 위해 우리는 인생에 존재하는 불행마저 한껏 끌어안아야 한다. 불행이 우리가 행복해지지 못하도록 막는 걸림돌이 아니라는 걸 이해해야 한다.

방금 내 이야기를 읽고 말도 안 되는 소리라고 생각했는가? 당신만 그렇게 생각하는 건 아니다. 20세기가 시작되고 오랜 시간 동안 사람들은 불행을 '행복이 부재한 상태'로 간주했다. 빛이 없을 때 어둠이 생겨나는 것처럼, 행복이 없을 때 불행이 생겨난다는 믿음이었다. 당시 심리학자들의 관점에서, 긍정적 감정과 부정적 감정은 연속체로서 존재했다. 예를 들어 상실이나 트라우마를 겪고 시간이 흘러 전보다 '기분이 덜 나빠졌다'면, 그건 단순히 '기분이 더 좋아졌다'는 의미였다.[11]

더 행복해지고 싶으면, 그냥 덜 불행해지면 된다. 불행감이 줄면 행복감은 늘어난다. 반대로 행복감이 줄면 불행감은 늘어난다.

그러나 더 많은 연구를 통해 과거 심리학자들의 믿음은 틀린 것으로 판명되었다. 행복·불행과 관련한 느낌들은 서로 배타적이지 않으며, 공존할 수 있다. 현대 심리학 연구에서는 긍정적 감정과 부정적 감정이 개별적으로 분리 가능하며, 따라서 행복은 불행의 부재가 아니라고 결론 내린다.[12] (잠깐, '행복'과 '좋은 느낌'이 같지 않다는 걸 기억하고 있는가? 둘은 음식과 음식 냄새처럼 함께 존재할 뿐이다.) 긍정적 감정과 부정적 감정을 각각 느낄 수 있다. 하나를 느낀 직후에 다른 하나를 느낄 수도 있고, 심지어 동시에 느낄 수도 있다. 일부 뇌과학자들은 부정적 감정은 얼굴 왼편에서 일어나는 활동과, 긍정적 감정은 얼굴 오른편에서 일어나는 활동과 일치한다는 점에 주목해 행복한 느낌과 불행한 느낌이 뇌의 서로 다른 반구에서 일어나는 활동에 대응한다고 믿기도 한다.[13]

사람들은 보통 자신의 기분을 그 순간에 받는 느낌들의 혼합으로 생각한다. "기분이 좋다"는 건 불행감보다 행복감이 더 크다는 뜻이다. 하지만 긍정적 느낌과 부정적 느낌을 구분하라고 요청받으면, 사람들은 두 느낌을 상당히 정확하게 골라낼 수 있다. 예를 들어 한 연구에서는 사람들이 약 90%의 경우에 자신이 받는 느낌을 정확히 알아낼 수 있음을 밝혀냈다.[14] 41%는 자신의 느낌을 완전히 긍정적이라고 분류했고, 16%는 완전히 부정적이라고 분류했으며, 33%는 긍정적 느낌과 부정적 느낌이 혼합되었다고 답했다. 그렇다면, 사람들은 평균적으로 긍정적인 느낌을 75%, 부정적인 느낌을 50% 정도 구별해낼 수 있는 셈이다.

어느 실험에서는 사람들에게 일과 중 어떤 활동을 할 때마다 긍정적/부정적 영향, 즉 "느낌"을 얼마나 받는지 기록하도록 했다. 단, 두 느낌을 한데 섞지 말고 따로 기록하도록 했다.[15] 전체적으로 사람들은 부정적 느낌보다 긍정적 느낌을 더 많이 받았지만, 그 편차는 활동에 따라 크게 달랐다. 사교활동을 비롯한 특정 활동들은 긍정적 느낌을 매우 많이 주는 반면 부정적 느낌은 별로 주지 않았다. 육아나 일 같은 활동에는 긍정적 느낌과 부정적 느낌이 공존했다. 부정적 느낌이 가장 강하고 긍정적 느낌이 가장 적은 활동은 상사와 함께하는 활동이나 통근이었다. (그렇다면 상사와 함께 통근하는 일은 피하는 게 상책일 테다.)

이 연구 결과들이 의미하는 건 뭘까? 사람은 행복과 불행을 동시에 많이 느낄 수 있다. 반대로 행복과 불행을 동시에 적게 느낄 수도 있다. 행복과 불행은 상호 의존적인 관계가 아니다. 대수롭지 않게 들릴지도 모르겠지만, 사실 이것이야말로 행복에 대한 이해를 높일 열쇠다. 더 행복해지기 위해 먼저 불행감을 없애야 한다고 믿는다면, 일상에서 겪는 부정적 느낌들에 매번 발목을 잡힐 것이다. 또한 당신을 당신답게 만들어주는 것들을 이해할 기회도 놓칠 것이다.

나만의 고유한 행복-불행 비율

우리는 모두 주어진 상황에서 행복과 불행을 느끼며 살아간다. 똑같은 상황에 놓이더라도, 개인이 느끼는 행복-불행 비율은 개인의 성격에 의해 달라진다. 따라서 나만의 고유한 행복-불행 비율을 인지하고, 가능한 한 유리하게 활용하는 방법을 터득해 두는 것이 좋다. 제일 먼저, 자신이 어디에 위치하는지 파악하는 데서부터 시작하자.

개인이 천성적으로 타고난 행복-불행 비율을 평가하는 하나의 방법은 긍정적 영향(느낌)과 부정적 영향(느낌)의 수준을 측정해 다른 사람과 비교해 보는 것이다. 이때 사용되는 척도가 '긍정 및 부정 영향 표'의 약자인 '파나스PANAS, Positive and Negative Affect Schedule' 척도다. 1988년에 서던메소디스트대학교와 미네소타대학교의 심리학자 세 사람이 개발한 파나스는 긍정적 영향과 부정적 영향의 강도 및 빈도를 측정하는 시스템이다.[16] 응답자가 평균 대비 긍정적/부정적 감정 상태를 더 많이, 혹은 더 적게 경험하는지 확인해 알려준다.

이 검사를 받는 시점은 인생에 중립적인 느낌이 드는 때가 좋다. 예를 들어 점심을 먹은 직후도 좋다. 평소보다 스트레스가 심하거나 기분이 좋을 때는 피한다. 검사에서는 응답자에게 이런저런 느낌을 얼마나 강하게 느끼는지 물어본다. 검사에 응하는 그 순간이 아니라 평소에, 혹은 평균적으로 느끼는 수준을 답해야 한다.

총 스무 개의 느낌에 대해 다음 다섯 개의 답변 중 하나를 선택해 점수를 매기면 된다.

1=아주 약간, 혹은 전혀 느끼지 않음 2=약간 느낌 3=적당히 느낌
4=제법 많이 느낌 5=대단히 많이 느낌

		1	2	3	4	5
1	흥미가 있음					
2	괴로움					
3	흥분함					
4	속상함					
5	강인함					
6	죄책감					
7	두려움					
8	적대적임					
9	열정적임					
10	자랑스러움					
11	짜증이 남					

12	경계함
13	수치스러움
14	영감을 느낌
15	긴장함
16	단호함
17	조심스러움
18	초조함
19	활발함
20	걱정스러움

1, 3, 5, 9, 10, 12, 14, 16, 17, 19번 문항에 매긴 점수를 모두 더하면 긍정적 영향 점수다. 나머지 2, 4, 6, 7, 8, 11, 13, 15, 18, 20번 문항에 매긴 점수를 모두 더하면 부정적 영향 점수가 된다. 긍정과 부정 척도 양쪽에서 정확히 평균에 해당하는 비범한 사람이 아니고서는, 다음 그림과 같은 사분면 중 하나에 속하게 될 것이다. (참고로 긍정 점수의 평균은 35, 부정 점수의 평균은 18이다.)[17]

긍정적/부정적 영향 둘 다 평균 이상인 사람은 언제나 무언가에 날뛰고 있는 "미치광이 과학자"다. 긍정적 영향과 부정적 영향 둘 다 평균 미만인 사람은 냉정하고 침착한 "판사"

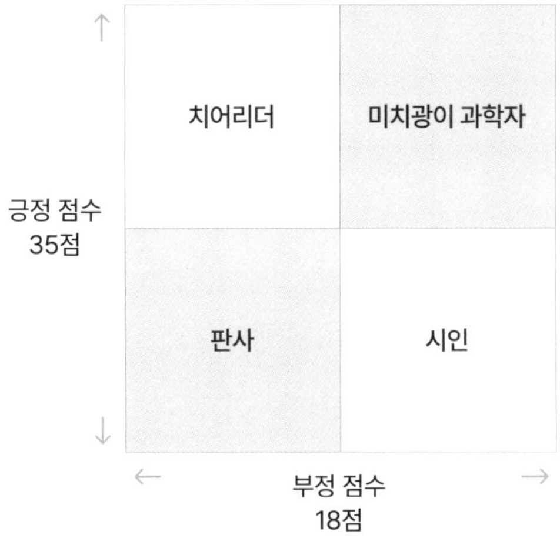

다. 긍정적 영향은 평균 이상, 부정적 영향은 평균 미만인 "치어리더"는 어디서든 좋은 점을 찾아내지만 나쁜 것에 관해선 깊이 생각하지 않는다. 긍정적 영향이 평균 미만, 부정적 영향이 평균 이상인 "시인"은 좋은 일이 일어나도 마음껏 즐기지 못하고, 언제나 보이지 않는 위협 요소에 대해 촉각을 곤두세운다.

지금 당신의 머릿속에 어떤 생각이 떠오르는지 알 것 같다. 아마 치어리더가 제일 좋은 유형이라고 생각했을 거다. 하지만 모든 사람이 치어리더가 될 수는 없다. 세상에는 여러 종류의 사람이 필요하다. 깊게 생각해 보지 않아도, 모두가 언제나 좋은 점만 보려고 하면 악몽이 펼쳐질 게 뻔하다. 똑같은 실수를 영원히 되풀이할 테니까. 시인의 통찰과 창조성은 세상에 귀중하게 쓰인다. (검은색 터틀넥을 입으면 근사해 보이기도 하고.) 미치광이 과학자는 세상을 훨씬 흥미진진한 곳으로 만들어준다. 판사들은 우리가 충동적인 생각으로 우리 자신을 망치지 않도록 자제시킨다.

당신에게도 인생에서 맡은 고유한 역할이 있다. 당신의 성격은 당신에게 주어진 선물이다. 게다가 네 가지 중 어떤 유형에 해당하든, 인생에서 느끼는 행복의 총량을 늘릴 수 있다. 그러기 위해서는 자신이 타고난 행복과 불행의 비율을 이해하고, 자신의 감정을 관리하고, 강점을 잘 활용해야 한다. 예를 들어 미치광이 과학자는 인생에서 일어나는 좋은 일과 나쁜 일 양쪽에 대해 대단히 강하게 반응하는 경향이 있다. 모임에 생기를 불어넣는 사람이지만, 사랑하는 사람들과 동료들을 다소 지치게 만들 수 있다. 스스로 이 점을 알고, 격하게 터져나오는 감정과 반응을 관리하면 된다.

판사는 찔러도 피 한 방울 나오지 않을 듯한 냉정한 유형이다. 외과 의사나 스파이 같은 직업을 비롯해 평정심이 필요한 모든 일에 적격이다. (10대 자녀를 키우는 일도 여기 포함될 것이다.) 그러나 친구들이나 사랑하는 사람과 있을 때 이들은 다소 심드렁해 보일 수 있다. 스스로 이 점을 인지하고, 다른 이들을 위해 타고난 것보다 조금 더 열정을 끌어올리면 된다.

시인은 모두가 좋다고 말할 때 "아직은 모릅니다"라고

말하는 사람이다. 그 말 한마디가 대단히 중요할 수 있다. 문자 그대로 누군가의 생명을 살릴 수도 있다. 시인에겐 남들보다 앞서 문제를 발견하는 능력이 있다. 하지만 그로 인해 비관에 빠지고, 남들과 어울리기 어려우며, 우울해지기 쉽다. 상황을 좀 더 낙관적으로 평가하고, 최악을 상상하지 않도록 연습하면 도움이 될 것이다.

치어리더에게도 감정적 자기 관리가 필요하다. 누구나 치어리더가 되고 싶어 하지만, 치어리더는 나쁜 소식을 회피하며 남에게 부정적인 이야기를 하기 힘들어한다는 점을 유념하자. 그게 꼭 좋은 건 아니다! 사람들에게 있는 그대로 진실을 이야기하고, 인생을 똑바로 보고, 사실이 아닌데도 모든 게 괜찮아질 거라고 말하지 않는 연습이 필요하다.

자신의 파나스 유형을 알면, 지금보다 더 행복해지는 데에 도움이 된다. 당신이 타고난 유형에 따라 감정을 어떤 방향으로 관리해 나갈지 파악할 수 있기 때문이다. 게다가 파나스 검사는 행복이 불행에 달려 있지 않다는 사실을 명백하게 보여줌으로써 당신에게 힘을 준다. 파나스 검사를 해본 사람들 대부분은 처음으로 자신이 느끼는 행복과 불행에 고유한 비율이 있다는 걸 이해하고, 자신이 유독 별나거나 잘못되지 않았음을 깨닫는다. 예를 들어 타인보다 부정적인 감정을 많이 경험하고, 남들만큼 열정을 불태우기가 어려워 자신에게 어딘가 결함이 있다고 생각하며 살아온 사람들이 있다고 치자. 그들이 파나스 검사를 하면 단순히 자신이 시인 유형에 해당해서 그렇다는 걸 알게 된다. 또한 세상에 시인이라는 존재가 필요하다는 것도 함께 깨닫게 된다.

나쁜 기분에도 가치가 있다

그렇다면 불행에 관해서는 어떻게 생각해야 할까? 무엇보다도 감사하는 마음으로 불행을 대해야 한다. 인간의 뇌에는 오로지 부정적 감정을 처리하기 위해 만들어놓은 부위가 있다.[18] 우리가 즐거움과 만족과 목적의식을 가지는 것은 물론, 살아 있는 것 자체도 부정적 감정 덕분이다. 좋은 것은 우리를 도와준다. 그러나 나쁜 것은 우리를 심하게 다치게 할 수 있다. 그래서 사람들은 돈이 2배로 늘거나 완전히 빈털터리가 되는 도박에 참여하지 않는다. 돈을 벌 확률이 90%더라도, 이 도박에 열심히 일해 모은 돈을 걸지는 않을 것이다. 단 10%의 확률로라도 소중한 것을 잃는 건 끔찍하기 때문이다.

따라서 인간은 위험을 경계하여 자신의 안전을 지키기 위해, 긍정적인 느낌보다 부정적인 느낌을 처리하는 데에 더 적합하도록 진화했다. 이것을 부정 편향이라고 부른다.[19] 부정적 감정들은 우리에게 귀중한 교훈을 주어 같은 실수를 되풀이하지 않도록 돕는다. 작고한 심리치료사 에미 거트Emmy Gut는 연구를 통해 부정적 감정이 자신이 처한 환경의 문제에 적절히 주의를 기울이고 해결책을 찾게 하는 유익한 반응일 수 있음을 밝혀냈다.[20] 다시 말해 우리가 뭔가로 인해 슬프거나 화가 날 때, 문제를 고칠 가능성은 커진다. 그 덕분에 장기적으로 더 행복해질 수 있음은 물론이다.

예를 들어, 후회에 대해 생각해 보자. 일부러 인생의 후회를 즐기는 사람은 없을 것이다. 어떤 이들은 더 행복해지기 위해 자신은 인생에서 후회하는 게 하나도 없다고 주장한다(심지어 몸에 '후회 없음'이라는 타투를 새기는 사람들도 있다). 실제로 후회는 잘 분석하고 관리하지 않을 경우, 정신의 안녕에 해악을 끼칠 수 있다. 강박적인 후회는 우울증과 불안의 증상이며 특히 반추 사고에 빠진 이들에게서 흔하게 나타난다. 그들은 후회하는 대상에 관해 과도하게 되풀이하여 생각하느라 일상에 심한 지장을 받는다.[21] 더군다나 지나친 후회는 호르몬과 면역 체계에도 영향을 미칠 수 있다.[22]

그러나 반대쪽 극단으로 향하는 해악은 그보다 더 크다. 후회를 완전히 없앤다고 해서 자유로 가는 길이 저절로 열리는 건 아니다. 후회하지 않는 사람은 똑같은 실수를 몇 번이고 되풀이한다. 진정한 자유를 얻는 방법은 오히려 후회를 인생에서 적절한 자리에 놓아주는 데에 있다. 그래야 후회에 발목을 잡히지 않으면서 후회에서 배울 수 있다.

후회는 우리를 불편하게 하지만, 실은 후회한다는 것 자체는 인지적 측면에서 대단한 능력이다. 과거의 '나'에게로 돌아가서 어떻게 이와 다르게 행동할 수 있었을지 상상하고, 그렇게 만들어진 새로운 시나리오를 염두에 두고 현재가 어떻게 달라졌을지 상상하고, 허구 속 현재를 현실에서 경험하는 현재와 비교해 본다. 예를 들어 지금 배우자와의 관계가 삐걱거린다면, 후회는 당신을 작년으로 데려갈 것이다. 배우자에게 옹졸하게 굴고 짜증을 냈던 걸 기억하고, 중요한 순간들에 더 인내심을 발휘하고 다정을 베풀어서 배우자에게 상처를 주지 않는 자신의 모습을 상상해 보는 것이다. 그 상태로 다시 오늘로 빨리감기를 하면, 배우자와의 관계가 더 틀어지기 전에 회복할 방법이 보일 것이다.

이 과정은 후회가 불편하긴 하지만 우리에게 가르침을 주는 이유를 설명해 준다. 책 한 권에 걸쳐 후회를 탐구한 다니엘 핑크Daniel Pink는 말한다. "적절하게 처리된 후회는 우리의 결정을 예리하게 다듬어 주고, 성과를 개선해 준다."[23] 누군가와 사이가 멀어진 다음에 절망에 빠져 단순히 일이 지금과는 다르게 풀렸기를 바라는 것보단, 무엇이 잘못되었는지 허심

탄회하게 생각해 보고 그 경험에서 가르침을 얻으면 장래에 더 나은 인간관계를 맺을 수 있다.

불행이 유익해지는 인생의 또 다른 영역은 창조성이다. 예술가들은 다소 우울해하는 편이며, 인생의 어두운 면에서 영감을 얻는다고 알려져 있다. 긍정성이 낮고 부정성이 높은 성격이 '시인'으로 불리는 데에는 이유가 있다. 유명한 시인 존 키츠John Keats는 일찍이 적었다. "지성을 키우고 그것을 영혼으로 만드는 데 얼마나 많은 시련과 '고통의 세계'가 필요한지 모르는가?"[24] 과학자들은 키츠의 말이 사실임을 입증했다. 불행이 예술가의 생산성에 미치는 영향을 측정한 연구 결과, 작곡가 루트비히 판 베토벤은 건강이 악화되고 (그는 점진적으로 청력을 잃었다.) 가족과의 사이가 나빠진 뒤 (그는 조카 칼의 보호자였는데 관계가 매우 나빴다.) 가장 높은 생산성을 보였다고 한다.[25] 연구에서는 베토벤과 같은 위대한 작곡가들의 경우 슬픔이 37% 늘어날 때마다 주요 작품이 평균 한 곡 늘어난다는 걸 밝혀냈다.

불행이 창조성을 북돋는 까닭은, 슬플 때 우리가 삶의 불만족스러운 부분에 집중하기 때문이다. 그러면 뇌의 복외측 전전두피질ventrolateral prefrontal cortex이 자극되어, 사업 계획을 세우거나 책을 쓰거나 교향곡을 작곡하는 것과 같은 복잡한 문제에 강렬하게 집중할 수 있게 된다. 복잡한 인생의 문제를 풀어낼 해법을 알아낼 수도 있다.[26]

어떤 심리학자들은 "2등 집단"에 속할 만큼의, 적당한 불행을 목표로 삼아야 한다고 믿는다. 2007년 한 연구자 집단이 대학생들에게 "불행하다"부터 "아주 행복하다"까지 자신이 느끼는 안녕감에 점수를 매기도록 요청했다.[27] 대부분의 안녕감 검사가 그러하듯, "행복도에서 불행도를 뺀 값"을 측정하려는 의도였다. 다음으로 연구자들은 수집한 검사 결과를 바탕으로 응답자들의 학업 결과(평점, 출결)와 사회적 지표(친한 친구 수, 데이트에 보낸 시간)를 비교해 보았다. 아주 행복하다고 답한 응답자들은 사교 활동은 최고로 잘하고 있었지만, 학업 성취도는 행복하다고 답한 사람들에 미치지 못했다.

이윽고 연구자들은 거의 20년 전에 다른 연구에서 대학 신입생들이 스스로 느끼는 "활기"를 보고한 데이터를 검토하고, 당시 응답자들의 현재 수입을 추적해 보았다. 1976년에 가장 활기찼던 사람들은 1995년에 가장 높은 수입을 기록한 사람과 달랐다. 가장 큰 수입을 벌어들이고 있는 사람들은 이번에도, 자신의 활기는 "평균 이상"이지만 상위 10% 안에는 들지 않는다고 평가한 "2등 집단"이었다.

지금쯤 이렇게 생각하고 있을지도 모르겠다. '좋아, 제일 행복한 사람들의 수입이 제일 높진 않다는 거지? 그래도 제일 행복할 수 있다면 그 정도는 감수할 수 있어.' 하지만 다른 연구를 살펴보면, 행복한 사람들의 수입이 제일 높지 않은 데에는 구체적인 이유가 있다. 행복한 사람들은 경계심이 부족할 수 있다. 부정적 감정이 위협을 감지하기에 유리한 만큼, 기분이 너무 좋으면 위협을 무시하게 되는 것이다. 실제로 긍정적인 감정만 아주 높은 상태는 알코올 및 약물 사용, 폭식 같은 위험한 행동과 관련된다.[28] 당장 기분이 좋아지기 위해 나쁜 기분을 나중으로 미루는 셈이다.

자, 요점은 이것이다. 불행한 느낌이 없다면 우리는 살아남을 수도, 새로운 것을 배울 수도, 좋은 아이디어를 떠올릴 수도 없다. 만에 하나 우리가 불행을 모조리 없앨 수 있더라도, 정말로 불행을 인생에서 삭제하는 건 큰 실수다. 최고로 좋은 인생을 살아가는 비밀은 불행을 있는 그대로 온전히 받아들이고, 불행에서 배우고, 성장하고, 거기서 비롯하는 감정들을 잘 관리하는 데에 있다.

감사할 대상은 꿀이 아니라, 꿀을 가져다주는 벌이다

인생을 올바로 직시하기 위해, 우리를 옭아매는 문제들에서 벗어나기 위해, 미래에 찾아올 기회들을 잡기 위해, 우리는 행복과 불행을 보는 관점을 바꾸어야 한다. 행복은 목표가 아니며, 불행은 적이 아니다. (물론 불안이나 우울 같은 의학적 문제에는 해당하지 않는다. 불안과 우울은 관리와 치료가 필요한 실질적인 질환이다. 여기서 얘기하는 불행은 인생을 사는 동안 누구나 마주하는 고통과 시련들을 말한다.)

좋은 기분을 쫓아내라거나, 덜 불행해지길 바라지 말라는 말은 아니다. 더 기쁘고 덜 슬프게 살고 싶다는 욕망은 자연스럽고 정상적이다. 하지만 긍정적인 기분을 느끼고 부정적인 느낌을 쫓아내는 걸 지상 최대의 목표로 삼는 인생 전략은 생산성이 떨어지며, 큰 대가가 따른다. 완전한 행복은 달성할 수 없는 목표다. (적어도 우리가 살아가는 이 세상에서는 그렇다.) 절대적인 행복을 좇는 건, 인생을 잘 살아가는 데에 있어 오히려 위험하고 해로울 수 있다. 그러다가 좋은 인생의 여러 요소를 희생하게 될 위험이 있다.

그렇다면 일부러 괴로움을 찾아 나서라는 거냐고? 그럴 필요까지는 없다. 괴로움은 가만히 있어도 찾아오기 마련이니까. 중요한 건, 우리가 달콤한 꿀만 즐기는 것이 아니라 그 꿀을 가져다준 벌들에게 감사할 때 인생이 더 풍요로워진다는 사실이다. 관점을 변화시키면, 생각만 바뀌는 것이 아니다. 당신의 눈앞에는 전엔 보지 못한 기회들로 충만한, 새로운 삶이 열릴 것이다. 두려움 없이 삶을 끌어안고 감정을 잘 관리한다면, 당신은 남은 인생을 더 행복하게 세워줄 튼튼한 기둥들을 쌓아올릴 수 있다.

더 행복해지기 위해서는 반드시 행복과 불행을 올바로 이해해야 한다. 그래서 이 책에서도 제일 먼저 이 주제를 다루었다. 하지만 우리는 아직 더 나은 삶을 세우기 위한 첫 발짝을 내디뎠을 뿐이다. 두 번째 걸음은, 우리의 긍정적 감정과 부정적 감정을 바르게 관리하는 것이다. 그럼으로써 우리는 더 강해지고, 더 현명해지고, 인생의 즐겁지 않은 부분들에 낭비하는 시간을 줄일 수 있다. 앞으로 이어지는 세 개의 장에서 이 주제를 다룰 것이다.

마음의 밑바닥을 단단하게

PART 1

내 인생에서 가장 행복했던 순간이 언제였는지 회상해 본다. 나무 아래 앉아 좋은 책을 읽는 시간. 반려견들을 끌어안고 타닥거리는 불 앞에서 낮잠을 자는 시간. 비 내리는 쌀쌀한 날, 따끈한 스튜를 끓일 재료를 찾기 위해 따뜻한 부엌을 종종거리며 돌아다니는 시간. 그때 내가 느낀 좋은 기분은 내게 필요한 모든 것이 주어졌다는, 깊고도 강렬한 감각이었다. 이는 이 책에서 전하고자 하는 중요한 가르침이기도 하다. 더 행복하기 위해 필요한 모든 것은 이미 당신에게 주어져 있다. 지금 바로 이 순간, 당신 안에 있다.

당신이 방금 읽은 두 문장에는 우리가 이 책에서 전달하려는 가르침 두 가지가 담겨 있다. 첫째, 행복이란 이상적인 열반 상태처럼 절대적으로 고정된 상태가 아니라 상대적이고, 맥락이 있고, 유동적인 상태다. 그러니 우리는 단지 '더' 행복해질 수 있을 뿐이다. 둘째, 더 행복해지는 건 존재의 상태가 아니라 행동의 상태다. 마냥 바라고 기다린다고 해서 더 행복한 상태가 찾아오지는 않는다. 적극적으로 행동해야 더 행복한 상태로 나아갈 수 있다.

아서에게는 내가 감탄해 마지않는 자질이 있다. 바로 교육자로서의 재능이다. 그는 용어를 정의하는 데에 대단히 능하다. 이 책이 당신에게 유익하리라 확신하는 것은, 행복에 관해 이야기할(더 중요하게는, 행복에 관해 생각할) 적절한 언어를 주기 때문이다. 알맞은 언어가 생기면, 한때는 추상적이고 모호했던 개념이 훨씬 구체적인 존재로 바뀐다. 우리가 이해하고, 다른 각도에서 조망해 보고, 실험하고, 주물러 볼 대상이 된다. 이 책에서 당신은 어려워 보이는 과학 용어들을 만날 것이다. (행동 억제 시스템이라고 들어봤는지?) 아주 잘 알고 있던 단어들의 의미를, 행복이라는 구체적 맥락 안에서 새로 배우기도 할 것이다. 낙관과 희망, 공감과 연민 같은 개념들을 구분하게 될 것이다. 아서가 만들어낸 용어도 몇 개 만날 것이다. 그 용어들은 "감정적 카페인"이나 "무용한 친구"처럼 입에 착 붙으면서도 끝내주게 유용하다.

그러나 당신이 이 책에서 배울 가장 귀중한 가르침은 따로 있다. 다음 문장은 종이에 적어 냉장고에 붙이거나, 하루 열 번쯤 보게 되는 장소에 액자로 걸어두어야 마땅하다. "당신의 감정은, 당신의 주의와 행동이 필요한 일이 일어났다고 당신의 뇌에 보내는 신호일 뿐이다. 당신이 선택하기만 하면, 당신의 뇌는 감정에 반응하는 방식을 선택할 수 있다." 중요하니 한 번 더 말하겠다. 감정은 신호일 뿐이다. 감정에 어떻게 반응할지는 당신이 정한다. 감정은 당신의 주의를 환기하기 위해 어깨를 살짝 두드리거나 옆구리를 쿡 찌르는 손짓에 불과하다. 그에 어떻게 반응할지는 전적으로 당신에게 달렸다.

이 말이 어떤 의미인지 실감이 나는가? 감정에 압도되었다고 느끼는 순간, 감정에 갇혀 벗어날 수 없다고 느끼는 순간, 감정에게 운전대를 내주고 뒷자리로 밀려나 안전벨트를 채울 도리밖에 없다고 느끼는 순간. 이제는 더 이상 그 순간을 그렇게 느끼며 살 필요가 없다. 당신에게 운전대를 되찾아 줄 전략들이 있다. 뒤에서 아서가 설명하겠지만, 이는 당신이 앞으로 분노·공포·질투·슬픔·절망 같은 감정들을 다루지 않아도 된다는 뜻은 아니다. 하지만 바로 그게 핵심이다. 이제 당신은 그런 어려운 감정들을 잘 다룰 수 있을 것이다. 감정은 그대로 느끼되, 손에서 운전대를 놓지 않을 수 있다. 당신이 선택한 대로 감정에 반응할 수 있다.

내 인생에서 가장 힘들었던 시기는 1998년 재판을 겪었을 때다. 당신도 뉴스에서 본 적이 있을지도 모르겠다. 나는 햄버거에 관한 특정 발언 때문에 텍사스의 축산 업체로부터 고소당했다. 넓은 시야에서 보면 그 재판에서 내가 유죄를 선고받는다고 해서 교도소에 가거나 사형 판결을 받는 건 아니었다. 그러나 재판을 받는 과정 자체는 고되고 지치는 경험이었다. 나는 힘들었고, 스트레스를 받았으며, 무고하게 고소당했으니 아무래도 좋은 기분일 수가 없었다.

하지만 지금 텍사스주 애머릴로에서 보낸 6주를 돌아보니, 나는 그때 내게 행복해질 이유가 있었다고 말하고 싶다. 그때 내가 만족할 수 있었다는 뜻이다. 아서가 앞에서 알려준 성격 검사를 해보니 나는 '판사' 유형으로 나왔다. 매사에 일희일비하는 성격은 아니라는 뜻이다. (혹시 궁금해할까 봐 알려주는데, 아서는 미치광이 과학자 유형이다. 판사와 미치광이 과학자는 서로 보완되는 관계라, 우리는 훌륭한 짝꿍인 셈이다.)

스스로 만족을 찾아낼 줄 아는 능력은 힘든 상황에서 대단히 유용하다. 인생의 대차대조표를 가지고 사는 것과 비슷하달까. '지출'란에는 어렵거나 나쁘거나 불쾌한 것이 적히겠지만, 반대쪽에는 엄연히 '수입'란이 존재한다. 애머릴로에서의 내 '수입'란에는 매일 아침 법원에 들어갈 때 따뜻하게 안부를 물어준 친절한 사람들이 있었다. 아침을 제공하는 숙소는 내 마음에 쏙 들었다. 청결했고, 침대는 편안했으며, 매일 밤 뜨거운 물로 목욕을 할 수 있었다. 냉장고에는 파이가 들어 있었고 (내게 파이는 큰 의미가 있다. 나는 지금 진지하다.), 사랑하는 나의 반려견들인 소피와 솔로몬을 숙소에 데려올 수 있었다. 심지어 일도 계속할 수 있었다. 재판이 끝나는 오후 5시 이후에는 매일 〈오프라 윈프리 쇼〉를 녹화했다.

내가 처한 상황은 괴로웠지만, 그 작은 숙소 안에는 내게 필요한 모든 것이 있었다. 그때 내게 가장 필요했던, 감사하는 마음마저도 그 안에 있었다. 살면서 시련에 처하면, 어렵더라도 한번 감사하는 마음을 가져보라고 적극 권하고 싶다. 아서가 다음 장에서 그 방법을 알려줄 것이다. 마지막으로 당신의 기억에 남길 바라며 문장 두 개를 조심스럽게 적어본다.

첫째, 감정은 그대로 느끼되, 운전대는 놓치지 마라.

둘째, '더 행복'해져라.

2

생각에 '일시정지'

앞서 짧게 소개한 빅터 프랭클은 사람들 대부분이 상상조차 할 수 없는 고난을 겪었다. 오스트리아에 사는 유대인 정신과 의사였던 그는 사랑하는 가족들과 함께 나치에 체포되어 전쟁이 끝날 때까지 수용소에서 4년 동안 갇혀 있었다.[1] 함께 억류되었던 가족들 가운데 생존자는 그가 유일했다. 아버지, 어머니, 아내, 남동생은 수용소에서 모두 세상을 떠났다. 빅터 프랭클 본인도 심한 학대를 당했고 몇 번이나 목숨을 잃을 뻔했다.

연합군에 의해 나치 수용소가 해방되자, 프랭클은 오스트리아 빈의 자택으로 돌아갔다. 그리고 1946년, 수용소에서의 경험을 담은 회고록을 펴냈다. 고통의 한가운데에서 희망을 찾아낸 일대기 《죽음의 수용소에서》는 전 세계 베스트셀러가 되었다. 최악의 상황에서도 아름답게 살아갈 수 있다는 단순한 메시지를 담은 그의 책은 전 세계 여러 세대의 사람들에게 깊은 영감을 주었다.

프랭클의 메시지는 가만히 앉아서 기다리면 인생이 알아서 좋아진다는 뜻이 아니다. 고통을 벗어날 특별한 정신적 묘수가 있다는 것도 아니다. 그는 어떤 인생에나 괴로움이 있음을 인정한다. 그중에는 남들보다 유독 더 괴로운 인생도 존재한다. 정신과 의사였던 그는, 괴로울 때 부정적 감정이 생겨나는 것이 자연스러운 현상임을 알고 있었다. 그러나 그렇다고 해서, 우리가 나쁜 인생을 숙명으로 받아들여야 하는 건 아니다. 우리 안에서 떠오르는 감정들에 어떻게 반응할지, 그 선택권은 우리 자신에게 있기 때문이다. 프랭클의 말을 들어보자. "인간에게서 앗아갈 수 없는 것이 딱 하나 있다. 인간에게 주어진 마지막 자유는 어떤 상황에서든 자신의 태도를 선택할 자유, 자신이 나아갈 길을 선택할 자유다."

감정은 선택할 수 없지만, 감정에 어떻게 반응할지는 선택할 수 있다. 이처럼 프랭클의 메시지는 자기 결정을 강조한다. 누군가로부터 버림받았을 때 슬픔과 분노를 느낄 수 있지만 상대에게 원한을 품는 건 자기 선택이며, 그 선택에 따라 나쁜 사건에서 회복하는 속도가 달라진다. 사랑하는 사람이 병에 걸리면 당연히 겁이 나겠지만, 두려움을 표현하는 방식과 그것이 삶에 미치는 영향은 직접 선택할 수 있다. 인생에서 감정은 건설사에게 날씨와도 같다. 비나 눈이 내리거나 이상 고온이 찾아오면, 공사를 진행하는 능력에 불가피하게 영향이 생긴다. 그러나 이때 올바른 반응은 날씨를 바꾸려는 시도가 아니다. 그건 불가능하니까. 날씨가 이렇지 않았으면 좋겠다는 기도나 바람도 아니다. 아무 도움이 안 되니까. 올바른 반응은 악천후 같은 만일의 사태에 대비한 계획을 세워두고, 미리 준비하고, 그날 주어진 상황에 적절한 방식으로 프로젝트를 관리하는 것이다.

이러한 관리 과정을, 우리는 메타인지라고 부른다. "생각에 관한 생각"을 의미하는 메타인지는 감정을 의식적 수준에서 경험하고, 감정과 행동을 분리하고, 감정에 의해 휘둘리기를 거부하는 것이다.[2] 메타인지는 감정이 무엇이며 어떻게 작동하는지 이해하는 데에서 시작한다. 바로 거기서 당신이 과거와 현재에 느끼는 감정을 새로운 틀에서 받아들일 기본 전략을 익힐 수 있다. 약간의 연습을 거치면, 더는 감정에 끌려다니지 않게 된다. 최종 책임자는 의식적인 당신이다.

불행은 당신을 살린다

앞서 행복과 불행이 긍정적/부정적 감정과 동의어가 아니라고 설명했다. 하지만 감정은 엄연히 행복과 불행과 관련되어 있으며, 우리는 매일 불가피하게 이를 직접 경험한다. 관리하지 않고 방치하면, 감정은 미친 듯이 날뛸 수 있다. 이는 우리가 더 행복해지지 못하게 방해하거나 아예 막아버리기도 한다. 앞에서 감정에 관해 설명했고 파나스 성격 유형 검사도 소개했으니, 이제 감정의 과학에 관해 좀 더 깊이 파고들어 보자.

감정에 대한 가장 기본적인 이해는 1970년대에 뇌과학자 폴 D. 매클린Paul D. MacLean이 '삼위일체의 뇌'라고 부른 데에서 시작한다.[3] 이 용어가 낯설지 않은 것은, 저명한 천체물리학자이자 《코스모스*Cosmos*》의 저자인 칼 세이건Carl Sagan이 1980년대에 자신의 책과 동명의 TV 프로그램에서 이 개념을 소개하여 대중화된 탓이다. 삼위일체의 뇌란 인간의 뇌가 수백만 년에 걸쳐 세 단계로 분리되어 진화했다는 이론이다.

매클린에 의하면 가장 오래된 뇌는 뇌간으로, 이는 본능적 행동과 운동 기능 조절 등 도마뱀도 가능한 일들을 관장하기에 '파충류의 뇌'라고도 불린다. 두 번째로 발달한 뇌는 '포유류의 뇌'라고도 불리는 변연계로, 비교적 최근에 진화한 이 부위는 단순한 자극을 우리가 느끼는 감정으로 변환시켜 우리에게 어떤 일이 벌어지는지, 어떻게 반응해야 할지 신호를 준다. 마지막으로 매클린이 가장 최근에 진화한 뇌라고 주장하는 신피질이 있다. '영장류의 뇌'라고도 불리는 신피질은 의사결정·인지·판단·언어를 관장하는 부분이다.

최신 연구 중에서는 삼위일체의 뇌라는 개념이 부정확하다고 주장하는 것도 많다.[4] 뇌의 각 부분이 실제로 언제 진화했는지는 명확하지 않으며, 각 뇌에서 관장하는 기능도 깔끔하게 구분되는 게 아니기 때문이다. 예를 들어 변연계가 "저절로 생겨나는" 듯한 감정들을 우선으로 관장하는 건 사실이지만,

신피질은 분석적인 면뿐만 아니라 우리가 환경을 대하며 나오는 감정적 반응에 다양한 방식으로 참여한다.

진화와 뇌의 구체적 기능을 둘러싼 과학계의 논쟁은 굉장히 방대하지만, 깊게 파고들지 않더라도 당신의 뇌가 잘 살아가기 위해 세 가지 기능을 하고 있다는 건 알아두면 유용하다.

① **감지**   당신이 처한 환경에 무슨 일이 일어났을 때 기능한다. 예를 들어 교차로를 걷고 있는데 자동차(거대한 포식자의 현대판이라 할 수 있다.)가 당신을 향해 빠른 속도로 달려올 때, 이 사실을 당신이 온전히 의식하기 전 안구의 망막(두개골 바깥에 있지만 분명 뇌의 일부다!)이 이미지를 처리해서 그 정보를 머리의 제일 뒤쪽 아래(후두엽)에 있는 뇌의 시각피질로 전송한다.[5]

② **반응**   뇌 깊숙이 위치한 변연계에 속한 편도체는 위험이 발생했다는 신호를 받고, 이 신호는 공포라는 원초적 감정으로 변환된다. 이 모든 과정은 대략 0.074초만에 일어난다.[6] 편도체는 이윽고 (역시 변연계의 일부인) 시상하부를 통해, 뇌의 아래쪽 가운데에 있는 콩 모양 기관인 뇌하수체에 신호를 보낸다. 신장 위에 있는 부신에서 스트레스 호르몬이 분비되면, 심장이 쿵쿵 뛰면서 빛의 속도로 자동차를 피할 수 있게 된다. 수도관주위회색질은 편도체에서 신호를 받고 몸에게 움직이라고 알려준다.[7]

③ 결정 한편 전전두피질(이마 바로 뒤에 있는 부피 큰 조직)은 현재 어떤 일이 벌어지고 있는지에 관한 신호를 받는다. 뇌간과 변연계가 움직인 덕분에 목숨을 구했으니, 이제는 의식적으로 어떻게 반응할지 정할 차례다. 그냥 웃어넘길까? 주먹을 쥐고 운전자를 향해 흔들어 보일까? 당신은 전전두피질을 활용해서 반응을 결정한다. 스트레스 호르몬이 일으킨 느낌을 알아차리면, 이때 내리는 결정이 달라질 수 있다.

방금, 달려오는 자동차 앞에서 느낀 공포라는 감정이 당신의 생명을 구해주었다. 불행한 느낌은 우리가 배우고 발전하도록 돕기 때문에 중요하다고 말했던 것, 기억하는가? 부정적 감정 역시, 우리가 생존하고 잘 살아갈 수 있도록 반응하는 방법을 알려주기 때문에 중요하다. 부정적 감정은 포식자와 같은 위협 앞에서 우리를 보호해 준다. 긍정적 감정은 좋은 음식과 같이 우리가 필요하다고 느끼는 것을 우리에게 보상해 준다. 영화 〈스타 트렉Star Trek〉의 스팍 같은 인물(인간과 비슷하지만 감정을 표현하거나 감정에 반응하지 않는 벌컨족)이 실제로 존재한다면, 뇌과학자들 눈엔 아마 일주일 안에 죽을 운명으로 보일 것이다.

이것이 우리가 나쁜 감정에 감사해야 할 가장 기본적인 이유다. 기분이 나빴던 순간이 후회될 때, 기분이 나쁘지 않았기를 바랄 때, 이 사실을 기억했으면 한다. 나쁜 기분은 물론 즐겁진 않다. 하지만 그게 나쁜 기분이 수행하는 핵심 역할이다. 나쁜 기분은 당신의 주의를 끌고 행동하게 하는, 당신의 수호자다.

감정은 진화한다

감정에는 일차 감정(기본 감정이라고도 한다.)과 복합 감정, 두 종류가 있다. 기본 감정은 단독으로 느껴질 수도 있고, 다른 기본 감정과 결합하여 이차 감정을 형성하기도 한다. 뇌과학자들은 긍정적 일차 감정을 두고 다소 의견이 갈린다. 뇌과학은 다른 학문에 비해 꽤 새로운 분야로, 뇌과학자들은 아직 많은 주제에 관해 의견이 일치하지 않는다. 하지만 부정적 일차 감정에 대해선 대체로 합의가 이루어져 있다. 과학자들이 입을 모아 말하는 부정적 일차 감정 네 가지는 슬픔·분노·혐오감·공포다.[8] 이 감정들은 하나같이 즐겁지 않지만, 우리를 보호해주는 중요한 역할을 한다. 공포와 분노는 우리가 위협과 맞닥뜨렸을 때 투쟁-도피 반응을 일으키도록 돕는다. 혐오감은 우리를 감염시킬 수 있는 존재와 접촉하지 않도록 돕는다. 슬픔은 우리에게 꼭 필요한 물건과 사람을 잃지 않도록 해준다. (사랑하는 대상을 찾을 수 없을 때 느끼는 '비탄'도 여기서 나온다.)

물론 이 감정들은 모두 부적응적으로 변할 수 있다. 예를 들어 부족으로부터 버려지는 게 얼어붙은 툰드라를 헤매다가 혼자 죽는다는 것을 의미했던 과거에는 타인에게 거부당하는 일에 공포를 느끼는 게 당연했다. 하지만 오늘날 우리는 SNS에서 누군가에게 비판받을 때도 공포를 느낀다. 혐오감은 상한 음식의 냄새를 맡고 이를 먹지 않도록 돕는다. 하지만 오늘날 정치인들은 자신과 이견을 가진 사람에게 혐오감을 느끼도록 부추긴다. 시대는 달라졌지만 감정은 그대로다. 그것이 우리가 더 나은 삶을 살기 위해 감정을 관리하는 방법을 배워야 하는 이유다.

긍정적 감정을 분류할 때 자주 등장하는 '기쁨'에 관해 심리학자들은 "안녕감 또는 만족감에서 비롯되는 (…) 극도의 반가움, 희열, 의기양양함"이라고 설명한다.[9] 이처럼 기쁨은 큰 만족을 주지만, 아쉽게도 덧없이 지나가는 감정이다. 반면 종교 사상가들은 기쁨을 "신과의 관계에서 솟아나는 더 오래가는 내적 만족감"으로 정의한다. 기독교인들에게 기쁨은 "영혼의 과실"로서, 지상에서 처한 상황을 초월하는 안녕감을 의미한다.

뇌과학자들과 심리학자들에게 기쁨은 어떤 목표를 달성하거나 원하는 것을 얻었을 때 받는 보상이다. 따라서 기쁨은 우리가 살아남아 짝을 찾을 수 있도록 무언가를 위해 계속 노력하게 만든다. 이쯤에서 눈치챘겠지만, 기쁨은 부정적 감정과 닮았다. 우리를 무언가에서 회피시키는 게 아니라, 무언가를 향해 나아가도록 한다는 차이만 있을 뿐이다.

긍정적 일차 감정에 자주 포함되는 또 다른 감정은 호기심이다. 호기심은 유쾌하다. 인간은 본디 지루한 것을 혐오하고 새롭고 흥미로운 것을 좋아한다. 물론 사람마다 취향은 다르다. 어떤 사람은 축구가 흥미롭고 야구가 지루하다. 과학 다큐멘터리를 챙겨보는 사람이 있는가 하면, 요리 프로그램을 즐겨보는 사람도 있다. 이렇듯 개인 편차가 있지만, 호기심이라는 감정을 느끼는 이유는 대체로 같다. 인간은 새로운 것을 배움으로써 발전하고 번영한다. 그러니 배움을 좋아하는 사람들에게 유리하도록 진화가 이루어졌고, 호기심을 발휘하는 사람은 유쾌한 기분이라는 보상을 받는 것이다.

복합 감정은 일차 감정 몇 가지가 결합하여 만들어진 것으로, 수치심·죄책감·경멸 등이 여기에 속한다. 경멸은 분노와 혐오감이 섞여 만들어진 감정으로, 어떤 사람이나 물건이 전혀 가치가 없다는 확신이다. 경멸은 우리가 사회에서 어떤 형편없는 것을 피하도록 도와준다. 하지만 종교로 인해 다른 사람을 경멸하는 건 대단히 나쁘며, 이때 경멸은 관리해야 할 감정이 된다.

당신의 감정은 지금 벌어지고 있는 어떤 일이 당신의 주의와 행동을 요구한다고 의식적 뇌에 보내는 신호에 불과하다. 당신의 의식적 뇌는, 당신이 사용하기로 선택하기만 하면 그 신호에 어떻게 반응할지 결정할 수 있다. 메타인지는 당신의 감정 경험을 뇌의 변연계에서 전전두피질로 옮기는 과정과 같다. 유전(변연계)에서 석유를 추출해서, 그것을 목적에 맞게 가공하는 정유 공장(전전두피질)으로 옮기는 과정에 비유해도 좋겠다.

심하게 화가 났을 때 떠오르는 대로 아무 말이나 쏘아붙이고는 나중에 후회한 적, 누구나 한 번쯤 있을 것이다. 겁을 먹고 무작정 소리를 지르다가 나중에 별일 아닌 걸 알고 민망했던 적도 있을 것이다. 그 찰나에 터져 나온 감정이 당신의 "진정한" 감정이었다고 생각할지도 모르겠다. 그런데 그 감정이 진짜였을지언정, 메타인지를 거친 것은 아니다. 부모들은 어린 자녀가 떼를 쓰면 "말로 해!"라고 말하곤 한다. 이 말을 뇌과학식으로 표현하면, 변연계만 쓰지 말고 전전두피질도 활용하라는 뜻이다. 우리가 화날 때 사용하는 해결법도 그렇다. 화가 났을 때 입을 열고 떠오르는 대로 내뱉기 전에, 먼저 속으로 '10'을 세어보라고 배웠을 것이다. 이것은 다시 말해 메타인지를 사용하라는 뜻이다. 숫자를 세는 시간 동안, 전전두피질이 변연계를 따라잡아 우리는 어떻게 반응할지 의식적으로 결정할 수 있게 된다. 사회과학자들이 생각하지 않고 자동으로 반응하는 사람을 "변연계형 인간"이라고 부르는 데에는 이유가 있다.

그건 그렇고, '10'까지 세라는 조언을 좀 더 구체적으로 검토해 보자. 토머스 제퍼슨Thomas Jefferson은 다음과 같이 적었다. "화가 났을 땐, 말하기 전에 '10'까지 세라. 화가 많이 났을 땐, '100'까지 세어라."[10] 다시 말해 화가 심하게 치밀수록, 그리고 스스로 통제하기 어려울수록 숫자를 더 오래 세라는 뜻이다. 심리학자들은 '30'까지 세면서, 지금 머릿속에 떠오른 말을 실제로 해버리면 그 결과가 어떨지 상상해 보라고 권한다.[11] 예를 들어 직장에서 고객에게 모욕적인 이메일을 받고, 분노에 차서 당장 답장을 쓰고 싶다고 치자. 잠깐, 아직 그 메일을 쓰지 마라. 그 대신 천천히 '30'까지 세면서 당신이 보낸 답장을 상사가 읽는 모습을 상상해라. (실제로 읽을 가능성이 있다.) 그리고 당신이 답장을 보낸 뒤 그 내용을 읽은 고객과 얼굴을 마주해야 하는 상황을 상상해 보라. 자, 이제 답장을 써도 좋다. 아까보단 훨씬 나은 답장이 될 것이다. 지금 답장은 변연계가 아닌 전전두피질이 쓰는 것이기 때문이다.

메타인지를 활용하면, 부정적 감정에 휘둘리는 일을 피할 수 있다. 부정적 감정을 이해하고, 거기서 배움을 얻고, 찰나의 파괴적 행동으로 인생이 한층 심란해지지 않도록 잘 추스를 수 있다. 잠깐 공포를 느낀다고 해서, 꼭 큰일이 나는 건 아니다. 심지어 공포를 느끼는 경험이 당신에게 흥미로운 데이터가 되어줄 수도 있다. 나쁜 기분이 찾아오는 건 지극히 정상이며 그런 기분을 느껴도 괜찮다는 것을 꼭 기억하길 바란다. 공포가 문제가 되는 건 공포 때문에 지나치게 소심하게, 또는 너무 적대적으로 행동해서 자신이나 남들에게 불필요하게 상처를 줄 때다. 자, 이제 배운 내용을 현실적으로 일상에 적용할 방법들을 알아보자.

세상을 바꿀 수 없다면, 세상을 겪는 방식을 바꿔라

누구나 자기 인생에서 특정 조건들을 바꾸고 싶어 한다. 남들 눈엔 엄청난 특권을 누리는 이들도 다르지 않다. 6세기 초 로마의 철학자 보에티우스는 말했다. "풍요로운 부를 누리는 자는 비천한 출생이 수치스럽다. 고귀한 혈통으로 주목받는 자는 가난한 처지가 곤란해서, 차라리 남들 눈에 띄지 않았으면 한다. 부와 혈통 둘 다를 타고난 세 번째 사람은 짝을 찾지 못한 외로움을 비탄한다."[12]

상황을 바꾸는 게 가능할 때도 있다. 지금 하는 일이 정싫으면, 다른 일자리를 알아볼 수 있다. 연인과의 관계가 잘 풀리지 않으면, 관계를 개선하려고 노력하거나 이별할 수 있다. 하지만 상황을 바꾸는 게 실용적이지 않거나 아예 불가능할 수도 있다. 지금 사는 지역의 날씨가 싫어도, 그곳에서 멀쩡한 직장을 다니면서 온 가족과 자리 잡고 살고 있는데 날씨 하나 때문에 이사하는 건 어렵다. 유망한 치료법이 없는 만성 질환을 진단받은 사람도, 이별을 통보한 연인을 붙잡을 길이 없는 사람도 있다. 마음에 들지 않는데 바꿀 수 없는 신체 부위가 있다거나, 형기가 끝날 때까지는 꼼짝없이 교도소에 갇혀 있어야 할 수도 있다.

이런 상황에서 당신이 손을 내밀 수 있는 구원자가 바로 메타인지다. 당신이 처한 조건들과 그를 대하는 당신의 반응 사이에는 공간이 있다. 당신이 의식적으로 생각하고 결정을 내릴 수 있는 공간이다. 당신의 자유는 바로 이 공간에 있다. 물론 세상을 당신 마음대로 바꾸려고 노력할 수도 있다. 그러나 그게 불가능할 경우, 세상에 대한 당신의 반응을 바꾸는 건 좋은 해법이 된다.

물리적 현실을 바꾸는 것보다 부정적 감정을 경험하는 방식을 바꾸는 게 훨씬 쉽다. 감정을 바꾼다는 개념이 부자연스럽게 느껴질지도 모르겠다. 감정은 좋을 때나 나쁠 때나 마냥 제멋대로라 통제할 수 없는 존재처럼 느껴진다. 게다가 위기에 처하면 감정은 더욱 날뛰기 마련이다. 이런 현상은 생물학적 원리로 일부 설명된다. 조금 전에 설명했듯, 분노와 공포 같은 부정적 감정은 편도체를 자극해 위협에 대한 경계심을 높이고 위험을 감지하여 회피할 능력을 높인다. 즉 스트레스는 당신을 투쟁하거나 도피하거나 얼어붙게 만든다. 스트레스의 역할은 당신이 차분히 '지금 이 순간 신중한 반응이 뭘까? 어떤 선택지가 있는지 살펴보자'라고 생각하게 만드는 게 아니다. 여기엔 진화적으로 타당한 이유가 있다. 50만 년 전에는 시간을 들여 감정을 가라앉히는 사이에 이미 호랑이에게 잡아먹히고 말았을 것이기 때문이다.

그러나 우리는 스트레스와 불안을 일회성이 아니라 만성으로 겪는 현대 사회에 살고 있다.[13] 이젠 실제로 호랑이에게서 달아나야 하는 일은 거의 없다. 오늘날 편도체는 호랑이가 아니라 온종일 우리를 괴롭히는, 치명적이지 않은 문제들을 마주할 때 활성화된다. 일 때문에 스트레스를 받거나, 배우자와 사이가 좋지 않을 때 편도체에 불이 들어온다. 그래서 우리는 무시무시한 호랑이가 없어도 동굴 안에서 편히 쉬지 못한다. 일상의 온갖 것들이 우리를 괴롭히기 때문이다.

두말할 필요도 없이, 현대 생활에서 만성 스트레스는 부적응적인 대응 기제를 낳고 있다.[14] 약물 및 알코올 오용, 스트레스를 주는 것에 대한 반추 사고, 자해, 자기 비난 등이 여기에 해당한다. 이런 반응들은 장기적으로 괴로움을 완화하지 않을뿐더러 중독, 우울, 불안을 심화시켜 오히려 문제를 악화시킬 수 있다. 그런데 이런 대응 기제들에는 공통점이 있다. 하나같이 바깥세상을 바꾸는 데에, 적어도 자신이 인식하는 바깥세상을 바꾸는 데에 초점을 맞춘다는 것이다. 알코올을 오용하는 사람들은 술 몇 잔으로 하루의 불안을 스위치 끄듯 떨쳐낼 수 있다고들 말한다. 술에 취하면 자신이 안고 사는 문제들이 (잠시나마) 덜 위협적으로 느껴진다는 이유에서다.

이렇듯 불건전한 대응 기제에 비해 메타인지는 훨씬 효과적이고 건강하며 지속적인 해법을 제안한다. 당신이 처한 상황이 당신 안의 어떤 감정들을 자극하고 있는지 살펴보아라. 그 감정들이 당신이 아닌 제삼자에게 일어나고 있는 것처럼 감정을 관찰하고 수용해라. 종이에 감정들을 글로 적어서 의식 안으로 완전히 끌어와라. 마지막으로 부정적 감정에 휩쓸리지 않은 채, 당신 삶에 일어나길 원하는 결과를 고려했을 때 선택하고 싶은 반응이 무엇인지 생각해 보아라.

당신이 지금 하는 일 때문에 심한 우울에 빠져 있다고 치자. 일은 지루하고 스트레스는 극심하며, 무능한 상사 아래에서 일하는 것도 고역이다. 당신은 매일 울적한 기분으로 기진맥진한 몸을 이끌고 퇴근한다. 집에 돌아오면 기분전환을 한답시고 멍청한 TV 프로그램을 틀어놓고 술을 너무 많이 마시는 게 일상이 되었다. 그렇다면 내일은 새로운 전술을 시도해 보자. 일과 도중, 한 시간에 몇 분씩 쉬는 시간을 내어 자문해 본다. "지금 내 기분이 어떻지?" 그 순간 느끼는 기분을 종이에 적어보자. 퇴근한 후에는 일과 중에 경험한 것과 느낀 것을 돌아보며 기록한다. 그 느낌들에 당신이 어떻게 반응했는지 돌이켜볼 때, 어떤 반응이 건설적이었고 건설적이지 못했는지 차근차근 적어본다. 2주 동안 이렇게 일과를 되돌아보면, 자신의 감정을 훨씬 잘 통제하게 되고 전보다 생산적으로 행동할 수 있다. 이 지점에 이르면 당신이 처한 외적 환경도 더 잘 관리할 수 있을 것이다. 일상이 제자리로 돌아오면, 이력서를 업데이트하고, 구인 시장 분위기에 관해 사람들에게 조언을 구하고, 진짜로 새 일자리를 찾아나설 시간도 생길 것이다. (이번 장 마지막 부분에서 비슷한 교훈을 몇 가지 소개하겠다.)

앞서 소개한 로마의 철학자 보에티우스는 이 방면에서 도사였다. 사실 그가 처한 상황은 당신이나 나와는 비교할 수 없이 나빴다. 그는 빅터 프랭클과 비슷한 시련을 겪고 있었다. 앞에서 인용한 글은 그가 524년에 동고트 왕국의 테오도리쿠스 왕에 대해 모반을 일으킨 죄로 감옥에 갇혀 처형을 기다리면서 쓴 것이었다. 그는 아마도 무죄였으리라 추정되지만, 결국엔 처형되었다.[15] 보에티우스는 불공정한 상황을 바꿀 수 없었지만 그 상황을 대하는 자신의 태도는 바꿀 수 있었다. "나쁜 건 아무것도 없다. 나쁘다는 생각으로 인해 나빠질 뿐이다. 역으로 평정심을 갖고 대하면 모든 상황이 행복하다."[16] 이 말을 마음에 새기고 실천하는 것이 더 행복해지는 비결이다. 보에티우스가 그랬듯, 우리도 메타인지를 활용해 나아질 수 있다.

마음에 들지 않는 과거는 다시 써볼 것

나쁜 기분을 관리할 수 있다고 치자. 나쁜 상황에 어떻게 반응할지도 결정할 수 있다고 치자. 그런데, 나쁜 기억은 어떨까? 이미 지나간 일이니 바꿀 수 없는 것 아닐까? 그렇지 않다. 나쁜 과거도 바꿀 수 있다. 메타인지의 힘을 빌리면 얼마든지 가능하다. "나는 집에 앉아서 지금 나폴리에 있다고 상상한다. (…) 그러면 아름다움에 담뿍 취하여 모든 슬픔을 잊을 수 있다." 미국의 철학자 랠프 월도 에머슨Ralph Waldo Emerson이 에세이 《자기 신뢰*Self-Reliance*》에 적은 문장이다.[17] "여행 짐을 꾸리고, 친구들과 작별의 포옹을 나누고, 항해에 올라 마침내 나폴리에서 아침을 맞는다." 참으로 아름다운 이야기다. 그런데 에머슨은 이렇게 글을 잇는다. "그곳에서도 나는 엄연한 현실을 피할 수 없다. 내가 도망쳐온 서글프고 매정한 자아가, 전과 다르지 않은 모습으로 내 곁에 머물고 있다." 우리는 과거에서 탈출할 수 없다. 과거는 당신의 머릿속에 둥지를 틀고 당신과 함께 미래로 나아가기 때문이다. 꿈꿔온 나폴리에 마침내 도착했을 때, 당신이 풀어놓는 첫 번째 짐은 당신의 기억일 테다.

역사를 바꿀 수는 없다. 하지만 역사에 대한 인식은 바꿀 수 있다. 타임머신을 타고 과거로 돌아갈 수 없다면, 우리에게 차선은 메타인지를 활용해 기억의 서사를 다시 써나가는 것이다. 이 과정에서 현재를 지나 미래로 나아가는 우리 어깨에 짊어진 과거라는 짐을, 조금이나마 덜어내면 된다.

알고 보면 인간은 타고난 시간 여행자다. 과학자들은 우리가 과거를 상세하게 기억하며 사는 이유가 미래를 미리 그려보고 예측하기 위해서임을 밝혀냈다.[18] 죽기 전에 반드시 가보고 싶은 스페인의 어느 해변을 상상해 보자. 당신이 머릿속에 그리는 그 해변의 모습은, 작년에 방문했던 플로리다의 해변과 수상쩍을 만큼 닮았을 것이다. 이로써 인간이라는 종이 지금처럼 성공적으로 살아남은 이유가 설명된다. 과거의 사건들은 우리가 앞으로 무엇을 하고 무엇을 하지 않을지 결정할 때 들여다볼 수정 구슬 역할을 해준다.

오늘날 뇌과학에서는 기억이 단순한 '불러내기'보다는 '재구성'에 가깝다는 사실을 밝혀냈다. 과거를 떠올릴 때, 뇌의 여러 부분은 뇌에 저장된 다양한 정보를 한데 모아서 기억을 조합해 낸다.[19] 생물학적으로 경이로운 과정이 아닐 수 없다. 그런데 지난 수십 년 동안 연구자들이 다양한 방식으로 증명했듯, 기억은 시간이 지나면 변하는 경향이 있다. 1986년 '챌린저' 우주왕복선 폭발 사건이 일어난 직후 두 심리학자는 대학생들에게 그 사건의 소식을 어떻게 들었는지 상세히 묘사해 달라고 요청했다.[20] 그리고 30개월 뒤에 같은 학생들에게 동일한 질문을 던졌다. 이때, 93%의 학생들이 전과 다른 대답을 내놓았다. 놀라운 건 그들이 세부사항을 생생하게 묘사했으며 자기 기억이 옳다고 자신하고 있었다는 것이다. 당신도 비슷한 경험을 한 적이 있을 것이다. 예를 들어 여동생과 옛이야기를 하다가 어느 해의 추수감사절에 있었던 사건이 화제로 나오면, 둘의 기억이 사뭇 다르다는 것을 알아차렸을지도 모른다.

기억이 달라지는 것은 당신이 현재 당신의 서사와 일치하도록 자기도 모르게 과거 이야기를 재구성하기 때문이다.[21] 당신은 과거를 살펴보면서 자신이 누구인지, 지금처럼 사는 이유가 무엇인지 알아내려 한다. 그러려면 과거의 기억들이 현재 당신이 처한 상황, 당신 곁에 남아 있는 친구, 당신이 하는 일과 일치해야 한다. 즉 현재가 달라지면, 기억도 그에 맞추어 달라져야 한다. 그게 당신이 무의식적으로 과거에 겪은 일을 재구성하는 이유다.

기억이 변한다고 해서 반드시 부정확해진다는 뜻은 아

니다. 기억은 본디 편파적인 세부사항을 조합한 것으로서, 꺼내들어 먼지를 떨어낼 때마다 당신이 기억하는 자세한 세부사항은 달라지기 마련이다. 당신과 여동생은 지금 다른 현실을 사는 만큼, 자신이 처한 상황에 걸맞게 추수감사절을 기억하고 있을 뿐이다. 지금 이모와 사이가 틀어진 여동생은, 이모 때문에 그날 식사를 망쳤다고 말한다. 지금 이모와 가깝게 지내는 당신은, 식탁에서 사소한 의견 대립이 있긴 했어도 딱히 해로울 건 없었다고 기억한다.

또한, 과거 사건에서 당신이 불러내는 특정한 세부사항들은 당신의 현재 감정 상태와 일치한다. 연구자들은 사람들이 두려운 상태일 경우 과거의 사건을 기억할 때 특히 위협적인 부분에 집중하고, 자신을 상처 입힌 것들을 구체적으로 많이 기억하는 경향이 있음을 관찰해 냈다.[22] 반대로 행복한 상태인 사람이 불러내는 기억은 시야가 더 넓고 일반적이다. 둘 중 어떤 기억도 틀렸다고 할 수는 없다. 현재 감정을 바탕으로 다르게 재구성되었을 뿐이니까. 현재 상태와 기분이 기억을 바꾸고 재구성한다는 사실은, 당신에게 과거를 다르게 이해할 엄청난 힘을 준다. 과거를 더 긍정적으로 재구성하려 의식하면, 미래에 관해 현명한 결정을 내리는 데에 도움이 된다. 바꾸어서 좋을 건 바꿔 나가되, 무작정 지금보단 나으리라는 희망에서 현재의 삶을 함부로 바꾸진 않을 것이다.

삶을 긍정적으로 바꾸고 싶다면, 바꿀 대상을 눈앞에 놓인 경치나 당신을 둘러싼 사람들로 한정하지 마라. 상상력을 더 넓게 발휘해 당신 인생이 펼쳐진 배경이자, 아마도 당신을 가장 괴롭히는 범인일 과거부터 시작해라. 당신은 단순히 이 도시를 탈출하고 싶은 걸지도 모른다. 코로나로 인해 고문 같은 시간을 보낸 당신은 이곳에서 고립되었고, 외로웠고, 인간관계를 망쳤다. 하지만 부동산 앱에 접속하기 전에, 먼저 고통스러운 기억들을 새로운 관점에서 다시 한 번 검토해 보자. 기억들이 멋대로 휘젓고 다니지 못하도록 잘 붙들고 집에서 누린 달콤했던 순간들, 모든 게 불확실해서 힘겨웠던 팬데믹 초기에 친절한 태도를 잃지 않은 사람들, 당신이 그 시기에 자신에 대해 더 잘 알게 된 것들을 생각해 보아라. 저 먼 곳으로 떠나든, 제자리에 머물든, 의식적으로 재구성한 과거는 당신의 삶에 좋은 동반자가 될 것이다.

관찰하고, 기록하고,
쌓아두고, 배워라

메타인지를 잘 활용하려면 실천이 필요하다. 메타인지라는 개념을 처음 접했다면 실천은 더욱 절실해진다. 메타인지를 실천하는 데에는 실용적인 네 가지 방법이 있다.

첫째, 강렬한 감정을 경험할 때, 그 감정을 가만히 관찰해라. 석가모니는 자신을 따르는 이들에게, 감정을 관리하려면 그 감정이 다른 사람에게 일어나고 있는 것처럼 한 발짝 떨어져서 관찰해야 한다고 가르쳤다.[23] 그래야만 감정을 의식적으로 이해하고, 감정이 파괴적인 힘을 얻기 전에 자연스럽게 지나가도록 놔둘 수 있다.

예를 들어 배우자나 친구와 의견이 충돌해서 화가 날 때, '감정 관찰'을 시도해 본다. 차분히 앉아서, 지금 경험하는 감정에 대해 생각해 보는 것이다. 감정이 당신의 변연계에서 전전두피질로 물리적으로 이동하는 모습을 상상해라. 분노가 다른 사람에게 일어나고 있는 것처럼 유심히 관찰한다. 그다음 자신에게 말해준다. "나는 분노가 아니다. 분노는 나를 휘두르지 않을 것이다. 나를 대신해 결정을 내리지 않을 것이다." 이로써 당신은 한결 차분해지고, 스스로 선택을 통제하는 힘을 잃지 않게 된다.

둘째, 감정을 기록해라. 속상할 때 감정을 글로 옮기기만 해도 즉시 기분이 나아진다는 걸 이미 알고 있을지도 모르겠다. 사실 기록은 메타인지를 키우는 가장 좋은 방법의 하나다. 막 싹트고 있는 감정을 구체적인 생각으로 옮김으로써 전전두피질을 활용하게 되기 때문이다.[24] 감정 기록을 통해 당신은 감정에 대한 지식을 얻고, 감정 조절력이 높아지고, 통제감까지 얻을 것이다. 최근의 한 연구에서는, 과제로 구조적인 자기 성찰 기록을 남긴 대학생들이 학교에 관한 자신의 감정을 더 잘 이해하고 조절할 수 있었다고 밝혔다.[25]

해야 할 일이 잔뜩 쌓여 있어서 스트레스를 받을 때, 머릿속에서 문제를 조직화하려면 메타인지의 힘을 빌릴 수밖에 없다. 변연계는 경보를 울리도록 맞춤 설계되었으므로 목록을 만들지는 못한다. 바쁜 하루를 앞두고 있다면, 아침에 커피 한 잔을 마시면서 오늘 해야 할 일 중 중요한 것부터 우선순위를 정하여 목록으로 적어라. 이제 전전두피질이 깨어났다. 통제감이 목록을 만들기 전보다 커졌을 것이다. 목록을 만드는 일의 또 다른 장점은 정신적 여유가 생겨서 어떤 일을 오늘 해야 하는지, 어떤 일을 내일로 미뤄도 되는지, 심지어 어떤 일을 아예 하지 않아도 되는지 결정하도록 돕는다는 것이다.

또 다른 예로, 연인과 원치 않게 사이가 나빠졌다고 생각해 보자. 이때 변연계가 시키는 대로 따랐다가는 아마 곧장 다툼이 일어날 것이다. 그보다는 며칠 상황을 지켜보면서, 둘 사이에서 일어난 일을 최대한 정확하게 기록하고, 당신이 그에 어떻게 반응했는지도 적어라. 당신이 좀 더 건설적인 방향으로 다르게 반응했더라면 상대가 어떻게 나왔을지도 생각해서 적어본다. 그러다 보면 상황에 좀 더 차분하게 대처할 수 있게 되고, 한때 답이 없다고 생각했던 문제를 해결할 능력도 금세 갖출 것이다.

셋째, 부정적 기억뿐 아니라 긍정적 기억의 데이터베이스를 만들어라. 기분과 기억은 같은 순환고리에 속해 있다. 나쁜 기억은 나쁜 기분을 낳고, 나쁜 기분은 나쁜 기억을 재구성하도록 이끈다. 변연계가 크게 활성화된 상태에서는 당신 인생의 모든 부분이 끔찍하며 앞으로도 달라질 가망이 없다는, 어느 모로 보나 틀린 결론에 다다르기 일쑤다. 그러나 의식적으로 더 행복한 기억을 떠올리면 이 파국의 순환 고리에 제동을 걸 수 있다. 연구자들은 과거에 행복했던 기억을 떠올리는 것만으로도 기분이 나아진다는 것을 밝힌 바 있다.[26] 행복한 기억을 기록해 두었다가 기분이 나쁘거나 통제감을 잃었을 때 차근히 읽어보면 같은 효과를 누릴 수 있다.

넷째, 인생의 힘든 부분에서 의미와 배움을 찾아나서라. 누구나 나쁜 기억을 갖고 살기 마련이다. 과거를 재구성할 때, 그런 기억을 원래 없었던 것처럼 삭제하거나 장밋빛으로 칠하라고 권하는 건 아니다. 그럴 수 없는 기억들도 있다. 그러기엔 너무 고통스러운 기억들도 있다. 게다가 어떤 끔찍한 기억들은 우리에게 깊은 배움을 안겨주고, 우리를 성장시키고, 같은 실수를 반복하지 않도록 막아준다.

당신이 안고 사는 고통스러운 기억들이, 어떻게 당신이

배우고 성장하도록 돕는지 유심히 살펴보자. 학자들은 사람들이 의미를 찾고 발전하겠다는 명시적 목표를 세운 채 과거의 힘들었던 경험을 회상할 때, 더 나은 조언을 하고 더 나은 결정을 내리며, 문제를 더 효과적으로 해결한다는 사실을 밝혀냈다.[27]

일기장에 고통스러운 경험을 적는 칸을 마련해 그런 일을 겪으면 바로 그 칸에 적어라. 아래에는 두 줄을 비워두자. 한 달이 지나면 다시 일기장을 펼치고, 비워두었던 첫 줄에 그동안 나쁜 경험에서 무엇을 배웠는지 적어라. 6개월 뒤, 비워두었던 둘째 줄에 그 경험이 낳은 긍정적인 결과를 적어라. 이런 훈련을 통해 과거를 보는 관점이 놀랄 만큼 달라질 수 있다.

직장에서 승진에 탈락했다고 치자. 당신이 실망하고 상처받는 건 당연하다. 아마 친구들에게 한바탕 속풀이를 하거나, 그런 일이 애초에 일어나지 않은 것처럼 회피하고 싶을 것이다. 당장 떠오르는 행동을 실행에 옮기기 전에 먼저 일기장에 날짜를 적고 "승진 탈락"이라고 적어라. 한 달 뒤, 다시 일기장을 펼치고 이 경험에서 얻은 교훈을 적어라. "실망감은 5일 만에 가뿐히 극복했다" 같은 내용이다. 6개월 뒤에 다시 일기장을 펼치고, 그 경험이 불러온 긍정적 결과를 함께 적어두라. "새로운 일자리를 찾기 시작했고, 더 마음에 드는 일을 찾았다" 같은 결과다.

우리에겐 생각보다 큰 힘이 있다. 그 힘을 이용하면 더 이상 감정에 질질 끌려 다니지 않을 수 있다. 인생을 즐길 수 있을 미래의 언젠가를 마냥 기다리지 않을 수 있다. 부정적 감정이 발목을 잡는 한 결코 행복해질 수 없을 거라고 낙담하거나, 자연스럽게 떠오르는 감정들을 탓하지 않을 수 있다. 감정에서 어떤 영향을 받을지, 감정에 어떻게 반응할지 결정하는 건 다른 누구도 아닌 우리 자신이다.

우리가 결정할 수 있는 건 그게 다가 아니다. 알고 보면 감정 자체도 우리가 스스로 선택할 수 있다. 어떤 상황에 대해 느낄 수 있는 합당한 감정은 하나로 정해져 있지 않다. 물론, 우리가 사랑하는 사람이 세상을 떠났을 때 행복을 느끼는 건 부적절할 테다. 그러나 많은 경우 우리는 상황에 맞는 감정들 중 하나를 선택할 수 있다. 그중 우리가 (또 우리를 둘러싼 다른 사람들이) 더 행복해질 수 있는 감정을 선택하면 된다. 다음 장에서는 더 나은 감정을 알아보고 선택하는 방법을 만나볼 것이다.

3

감정적 카페인

당신은 아마 어떤 형태로든 꾸준히 카페인을 섭취하고 있을 것이다. 미국인 대부분이 그렇다.[1] 카페인은 오늘날 우리 사회에서 가장 널리 사용되는 물질이다. 그런데 카페인이 어떻게 작용하는지 생각해 본 적 있는가? 당신이 섭취한 카페인은 삽시간에 당신의 뇌로 들어가서 아데노신adenosine이라는 화학물질과 경합을 벌인다. 아데노신은 신경조절 물질로서, 뇌의 한 부분에서 다른 부분으로 신호를 보내는 역할을 한다. 뉴런에서 분비된 아데노신은, 아데노신 분자와 크기가 꼭 맞는 다른 뉴런의 수용체에 붙어서 당신이 느껴야 할 기분에 관한 정보를 전달한다.[2]

아데노신의 역할은 수용체와 결합하여 피로를 느끼게 하는 것이다. 긴 하루를 보낸 뒤에는 아데노신이 많이 분비되어 이제 잘 시간이 다가오고 있으며 쉬어야 한다는 것을 알려준다. 잠을 푹 자지 못했으면 (혹은 푹 잤더라도) 아침에도 소량의 아데노신이 남아서 당신의 몸을 무겁게 한다. 카페인이 개입하는 게 바로 이 대목이다. 카페인 분자는 아데노신과 형태가 거의 동일해 아데노신 수용체와 결합할 수 있다. 피로감이나 졸린 기분을 주려고 아데노신이 결합해야 할 자리에 카페인이 먼저 가서 자리를 빼앗는다. 사실, 카페인의 기능은 당신의 기운을 북돋는 게 아니라 단지 졸음을 막는 것이다. 카페인을 많이 섭취했을 경우, 아데노신이 결합할 수용체가 얼마 남지 않아 피로감은 거의 느끼지 못하고, 대신 초조한 기분이 든다.

사람들은 자연히 찾아온 피곤함이 맘에 들지 않아서, 더 나은 기분을 느끼고 싶어서, 일을 더 잘하고 싶어서 카페인을 섭취한다. 카페인은 아데노신 분자의 자리를 빼앗아 대신 차지함으로써 우리에게 기운을 준다. 사실 카페인은 지금부터 소개할 감정 관리 원칙을 설명하는 훌륭한 은유다. 제일 먼저 느껴지는 감정이라고 해서 무조건 받아들일 필요는 없다. 당신이 원하는 더 나은 감정으로 그것을 대체할 수 있다.

당신이 느끼는 감정들은, 당신의 뇌가 적절하다고 믿는 효과를 얻기 위해 만들어진다. 운전 중에 누군가 끼어들면, 당신의 뇌는 이것이 화를 낼 만한 이유라고 해석한다. 이는 편도체를 자극하고, 싸울 준비를 하게 만든다. 상대 운전자를 향해 욕설을 내뱉게 만든다. 하지만 꼭 그렇게 행동하고 싶진 않을 수도 있다. 아침부터 싸움을 걸어서 하루의 시작을 망치고 싶지 않다. 길길이 날뛰고 싶지 않다. 나중에 부끄러워질 걸 안다. 당신은 화가 치미는 느낌을 잠재우고, 다르게 행동하고 싶다. 조금 부자연스럽게 느껴질지 몰라도, 더 나은 결과를 낳게끔 행동하고 싶다. 그렇다고 무례한 운전자를 향해 감사 인사를 하고 싶은 건 아니고, 벌컥 화를 내기보다 좀 더 침착하게 당신의 페이스대로 행동하고 싶다.

앞에서 설명했듯 부정적 감정을 전부 제거하는 건 가능하지 않을뿐더러 바람직하지도 않다. 밤에 잠을 자고 낮에 휴식을 취하기 위해 아데노신이 필요하듯, 분노·슬픔·공포·혐오감은 당신에게 꼭 필요하다. 그러나 이따금 아데노신 일부를 카페인으로 대체하고 싶듯이, 부정적 감정을 다른 감정으로 대체하고 싶을 때가 있을 것이다. 그럴 때 당신의 감정 수용체를 당장 치미는 감정보다 더 건설적인 감정으로 채워넣으면, 당신이 원하는 감정을 느끼면서도 원하는 방식으로 행동할 수 있다.

이 장에서는 감정을 선택하는 네 가지 방법을 알려주려 한다. 물론 감정을 선택하는 건 커피 한 잔으로 카페인을 섭취하는 것처럼 쉽고 간단한 일이 아니다. 처음에는 감정을 선택한다는 게 도통 자연스럽지 않게 느껴질 것이다. 발을 찧었을 때 우리는 "아야!"라고 하지, "감사합니다"라고 말하지는 않는다. 습관적으로 나오는 말을 바꾸려면 연습이 필요하다. 당신이 원하는 감정을 선택하는 것도 이와 같다. 한순간 통찰을 얻었다고 해서 모든 게 단숨에 바뀌지는 않는다. 연습을 통해 기술을 갈고닦아야 한다. 이에 매진하다 보면 감정을 선택하는 일은 당신도 모르는 사이에 단단한 습관이 되어 있을 것이다.

감사,

모든 미덕의 어버이

직장에서 성과를 평가받거나 학교에서 성적표를 받았던 때를 기억해 보자. 칭찬과 따스한 격려의 말이 가득한 와중에, 가벼운 비판의 말 한마디가 있다면? 장미꽃 사이의 가시처럼, 그 한마디가 당신의 주의를 온통 앗아갔을 것이다. 전체적으로 좋은 평가를 받았다는 걸 알면서도, 비판 한마디로 인해 전체 평가조차 그대로 믿지 못한다. 바보 같다는 걸 알면서도 며칠 동안 신경이 쓰인다.

그건 대자연이 우리에게 선물한 '부정 편향' 때문이다. 부정 편향이란 긍정적 정보보다 부정적 정보에 훨씬 많이 집중하는 경향을 일컫는다.[3] 그 이유는 단순하다. 칭찬은 듣기에야 좋지만, 무시해도 별로 달라질 게 없다. 하지만 비판을 무시하는 건 위험할 수 있다. 2천 년 전이라면, 부족에서 쫓겨날 수 있다. 오늘날은 직장에서 해고당하거나 친구를 잃을 수 있다. 그게 우리가 부정적 정보에 집중하는 이유다.

인류가 동굴에 살던 먼 옛날엔 비판에 집중하는 게 대단히 중요했다. 하지만 오늘날 비판에 너무 심하게 집중하는 건 오히려 현실을 왜곡시키기 일쑤다. 부정적인 것에만 집중하는 사람은 비행기 일등석에 앉아서 커피가 미지근하다고 짜증을 내거나, 예전보다 훨씬 자유로운 삶을 누리면서도 불평불만을 내뱉는다.

게다가 사람들은 부정적 정보 가운데 중요한 것과 중요하지 않은 것을 구분하는 능력이 그야말로 형편없다. 도로에서 당신에게 모욕감을 주는 (중요하지 않은) 낯선 사람과 국세청에서 받은 (아주 중요할 수 있는) 편지가 감정적으로는 같은 느낌을 준다. 이는 당신이 지닌 부정 편향의 "민감도"가 너무 높기 때문이다. 부정적 신호들의 차이를 알아차리고, 정말 중요한 소수의 신호에만 주의를 기울이려면 민감도를 낮출 줄 알아야 한다.

지나치게 높은 부정 민감도는 인생의 좋은 것들을 알아보기 어렵게 만든다. 이로 인해 생겨난 잡음들은 사소한 위협과 실제 위협을 분간하기 어렵게 만든다. 민감도를 낮추는 방법 하나는, 감정 수용체에 부정적 감정이 결합하지 못하게 다른 긍정적 느낌을 채워넣는 것이다. 그중 가장 효과적인 것은 감사다.

사람들은 감사를 상황으로부터 자연스럽게 우러나오는 것이라고 생각한다. 상황이 나쁠 때 감사를 느끼는 건 불가능하다고 생각한다. 하지만 이는 오해다. 알고 보면 감사는 상황에 반응하여 저절로 생겨나는 '느낌'이 아니라, 오히려 살면서 능동적으로 실천하는 '행동'에 가깝다. 만일 지금 당신이 감사할 대상이 별로 없다고 느낄지라도, 충분히 감사를 실천할 수 있다. 아니, 실천해야 한다. 당신 자신을 위해서.

연구자들은 인생에서 부정적인 것들 대신 감사할 것들(찾아보면 얼마든지 있다!)에 집중하기로 선택함으로써 감사하는 마음을 불러낼 수 있음을 증명했다. 2018년에 심리학자 네 사람이 153명을 임의로 두 집단으로 나누어, 한 집단에는 감사한 것을 기억하게 하고 다른 집단에는 감사와 무관한 것을 기억하게 하는 실험을 벌였다.[4] 결과는 놀라웠다. 감사한 것을 기억한 집단은 통제 집단보다 긍정적 감정을 5배나 많이 경험했다.

과학자들은 감사가 긍정적 감정을 이토록 확실하게 키워주는 이유를 탐구한 끝에 몇 가지 설명을 찾아냈다. 감사는 뇌의 보상 회로에 속하는 내측 전전두피질을 활성화한다.[5] 감사는 우리의 회복탄력성을 높여주고, 낭만적 감정의 끈을 튼튼하게 만들어 연인 관계를 개선하고, 우정을 북돋고, 위기 상황에서도 지속되는 가족 간의 유대감을 만들어준다.[6] 감사에는 혈압과 식단 같은 여러 건강 지표를 개선하는 효과마저 있다.[7]

감사는 우리를 더 나은 사람으로 만든다. 대략 2천 년 전 로마의 철학자 키케로는 감사가 "가장 훌륭한 미덕일 뿐 아니라, 다른 모든 미덕의 어버이"라고 썼다.[8] 현대 연구에서 그의 말이 옳았음이 밝혀졌다. 감사는 우리를 더 관대하고, 더 참을성 있고, 덜 물질주의적인 사람으로 만들어준다.[9] 이는 우리가 감사할 때 남을 어떻게 대하는지 생각해 보면 쉽게 이해된다. 직장에서 승진하고 연봉이 인상된 직후에 카페에 가면, 바리스

타를 대하는 말투가 평소보다 훨씬 친절해지곤 한다.

감사를 실천하는 제일 좋은 방법은, 메타인지 실천을 위한 일기장에 감사 칸을 만드는 것이다. 당신에게 일어난 일 중 감사할 만한 것(예를 들어 다른 사람이 당신에게 친절하게 굴거나 애정을 표현한 경험)을 기록해 기억하는 것이다. 2012년에 약 1천 명을 대상으로 이루어진 어느 연구에서는 "인생에 감사할 것이 무척 많다", "나는 여러 사람들에게 감사한다" 같은 문장에 동의하는 사람들이 긍정적 감정을 경험했으며 우울증 증상은 더 적다는 사실을 밝혀냈다.[10] 일기장에 적어둔 감사한 기억을 주기적으로 복습해서 기억하고, 어려운 순간이 닥쳤을 때 당신의 정신이 자동으로 감사를 떠올리도록 훈련해 보자.

여기서 유념할 사항이 있다. 실제로 감사하지 않는 것에 대해 감사하는 '척'을 하는 건 금물이다. 당신을 무례하게 대한 운전자에게 도리어 감사하지는 말라는 뜻이다. "고통스러운 대상포진"을 감사 목록에 넣어선 안 될 일이다. '그래도 감사를 느낄' 장애물과 진짜로 감사할 대상은 다르다. 강요에 의한 감사는 진심으로 감사할 동력을 앗아간다. 어릴 적에 누군가에게 감사하다는 편지나 말을 강요받았을 때 정말로 감사한 기분이 들었는지 기억해 보자.[11] 진심으로 감사할 수 없는 것들은 그냥 있는 그대로 받아들이고, 감사할 수 있는 것에만 감사해라.

감사는 물론 평소에도 좋지만, 특히 싫어하는 상황에 던져져 즉각적인 위안이 필요한 '급성 부정성'의 순간에 적용해도 효과가 좋다. 마음의 준비가 필요한 가족 모임에 참석한다고 치자. 가기 전에, 모임과는 전혀 무관하며 당신이 진심으로 감사하는 것들에 관해 생각하는 시간을 보내라. 소중한 친구들, 좋아하는 직업을 가졌다는 것, 건강이 좋다는 것 등에 감사해라. 그러면 당신의 마음은 감사로 채워져서 (그리고 더 행복해져서) 앞에 펼쳐진 힘든 상황을 견디기가 훨씬 쉬워질 것이다.

감사의 효과를 더 높이는 방법은 기도나 명상이다. 몇몇 연구자들은 독실한 종교인이 아니더라도 기도를 더 많이 하는 것과 감사가 강한 상관관계를 보인다는 데에 주목했다.[12] 기도가 내키지 않으면, "나는 축복받았으며 남들을 축복할 것이다" 같은 문장을 읊으며 조용히 산책하는 것처럼 기도와 비슷한 관조적 활동도 유용하다.

감사하는 마음을 키우는 또 다른 방법은, 죽음에 대해 생각하는 것이다. 농담이 아니다. 2011년 연구자들은 자기 죽음을 생생하게 상상한 사람이 감사하는 마음을 평균보다 11% 높게 경험한다는 사실을 발견했다.[13] 행복 연구에서, 단일 활동으로 이만큼 효과가 뛰어난 것은 귀하다. 그러니 감사하는 마음이 절실히 필요한데 감사할 일을 찾기가 도통 불가능하다면, 몇 분만이라도 당신이 죽게 될 여러 방법을 생각해 보라. 실제로 죽지는 않았으니, 살아 있음에 감사를 느끼게 된다. 가족 모임이 아무리 진절머리 나게 싫어도, 적어도 살아서 참석할 수는 있지 않은가! 감사하는 마음을 키우는 실천법을 소개한다.

① 일요일 밤에 단 30분만 시간을 내서, 진심으로 감사한 다섯 가지 일을 적어본다. 아무리 사소하거나 바보 같아도 괜찮다. 누구나 감사 목록에 우스운 내용을 적는다. 단, 사랑하는 사람과 관련된 항목을 적어도 한두 개는 넣어야 한다.

② 주중에는 저녁마다 목록을 꺼내들고 각 항목을 1분씩, 총 5분 동안 들여다본다. 시간이 허락하면 아침에도 똑같이 한다.

③ 매일 저녁 한두 항목을 더해 감사 목록을 업데이트한다.

그렇게 5주를 보낸 뒤, 당신의 태도와 부정적 기분을 느끼는 정도가 어떻게 달라졌는지 적어본다. 아마 연구자들과 같은 결론에 이르렀을 것이다. 의미 있는 개선이 일어났으리라 확신한다. 그건 감사를 채워넣자 당신의 부정 편향과 결합할 "수용체"가 부족해져서, 기분이 덜 나빠졌기 때문이다. 이제 당신의 눈에는 진짜 부정적인 요소조차 전보다 덜 심각해 보일 것이다. 부정적인 요소를 대할 때 자연스럽게 변연계를 덜 쓰고, 메타인지를 더 활용하는 습관이 들었기 때문이다.

1960년대와 70년대에 거의 모든 미국인이 애독한 잡지 〈리더스 다이제스트*Reader's Digest*〉에는 "최고의 명약은 웃음"이라는 제목의 유머 코너가 있었다. 몇 페이지에 걸쳐 진부한 농담들이 이어졌다. 어떤 것들은 말도 안 되게 형편없어 '피식' 웃음이 터질 정도였다. 그렇지만 코너의 제목은 사실이었다. 많은 사람이 유머를 읽고 기분이 한결 나아졌다. 실제로 유머는 탁월한 감정적 카페인이다.

유머의 저변에 깔린 과학부터 이해해 보자. 다음 문장을 읽어보기 바란다.

나는 우리 할아버지처럼 평화롭게 잠들어 죽음을 맞고 싶다.
그가 태운 승객들처럼 공포로 비명을 지르지 않으면서.

이 농담에 웃었다면, 당신의 뇌 속에서 빛의 속도로 세 가지 사건이 연달아 일어났기 때문이다. 첫째, 당신은 부조화를 알아차렸다. 처음에는 할아버지가 침대에 평화롭게 누워 있는 모습을 상상했지만, 이윽고 그가 버스(혹은 비행기)를 운전하고 있었다는 걸 깨달았다. 둘째, 당신은 부조화를 해결했다. 할아버지는 운전대를 잡은 채 잠든 것이었다. 셋째, 뇌 안의 해마

옆 뇌이랑 부위가 작동한 덕분에, 당신은 이 문장이 심각하지 않은 농담이라는 것을 깨닫고 재미를 느꼈다.[14] 이 모든 게 당신에게 약간의 즐거움을 선사했고, 당신이 나쁜 기분에 사로잡히지 않도록 막아주었다.

그런데 이렇게 하나하나 분석하고 나면, 유머라는 명약은 약효가 떨어지고 당신의 얼굴에선 웃음기가 가신다. 작가 E. B. 화이트E. B. White는 적었다. "개구리를 해부하듯 유머를 해부할 수는 있다. 그러나 그 과정에서 유머는 죽어 버리고, 그 내장 앞에서는 순수하게 과학적인 정신을 제외하곤 누구나 풀이 죽고 만다."[15] 두 번째 들을 때나 어디서 웃어야 하는지 설명이 필요할 때, 유머는 순식간에 재미를 잃는다. 의외의 요소가 없어졌기 때문이다. 하지만 유머에는 부정적 기분을 막는 효능이 있으니, 그 안에 담긴 과학을 살펴볼 가치가 있다.

유머를 소비하는 것, 즉 농담을 즐기는 것은 우리에게 즐거움을 주고, 괴로움을 덜어준다. 마음이 슬플 때 아무리 기운이 넘치는 척을 해봤자, 뇌를 속일 수는 없다. 하지만 특정 상황에서 유머를 찾아내는 건 괴로움이 아예 존재하지 않는 시늉을 하는 것과는 다르다. 유머는 우리의 부정 수용기에 꼭 들어맞게 결합될 수 있다.

연구자들이 조사한 결과 유머의 효과는 제법 믿음직스럽다. 2010년의 한 연구에서 어느 노인 집단에 8주 동안 "유머 치료"를 실시했다. 매일 농담을 들려주고, 웃는 연습을 하고, 재미있는 이야기를 들려주는 치료였다.[16] 통제 집단은 유머 치료를 받지 못했다. 연구가 시작되었을 때 두 집단이 보고하는 행복도는 비슷했다. 그러나 실험이 끝날 무렵, 유머 치료를 받은 집단은 처음보다 행복도가 42% 증가했다. 그들은 통제 집단에 비해 35% 높은 행복도를 경험했으며, 고통과 외로움은 감소했다.

하지만 유머에서 행복감을 높이지 않는 요소가 하나 있다. 바로 자신이 직접 우스갯소리를 하는 것이다. 이를 두고 "광대의 역설"이라고 부른다. 2010년의 한 연구에서 연구자들은 피험자들에게 캡션 없는 만화를 보여주고, 일상에서 일어나는 좌절스러운 상황에 대해 농담을 생각해 내라고 요청했다.[17] 연구 결과, 스스로 재미있는 (즉 다른 평가자들에게 재미있게 여겨지는) 생각을 해내는 것과 더 행복해지는 것에는 유의미한 관계가 없었다. 또 다른 연구에서는 직업 코미디언들이 무쾌락증(쾌락을 느끼지 못하는 증상)을 측정하는 척도에서 인구의 평균보다 높은 점수를 기록한다는 사실을 발견했다.[18]

유머는 당신의 감정적 아데노신뿐만 아니라, 남들의 감정적 아데노신도 막아준다. 유머는 마취약과 비슷해서, 고통에 대한 집중도를 낮춰주고 최악의 상황에서조차 인생의 즐거움을 환기하도록 도와준다. 알고 보면, 사람들은 아주 오래전부터 끔찍한 재난 상황을 버티기 위해 유머를 활용해 왔다. 이탈리아의 소설가 조반니 보카치오Giovanni Boccaccio는 흑사병이 유럽을 휩쓸어 거의 3명에 1명꼴로 목숨을 잃은 1353년에 《데카메론*Decameron*》을 집필했다.[19] 《데카메론》은 흑사병을 피해 시골에서 격리 생활에 들어간 젊은 친구들(여자 일곱, 남자 셋)이 들려주는 100편의 희극으로 이루어진 소설이다. 전염병이 창궐한 유럽에서 병에 대한 두려움과 고립의 지루함을 덜어준 이 소설은 대단한 인기를 끌었다. 《데카메론》에서는 병과 죽음이라는 주제를 억지로 회피하진 않았으나, 굳이 강조하지도 않았다. 소설의 요점은 상황이 아무리 시궁창이어도 인생은 제법 재미있을 수 있다는 것 그리고 인생의 재미를 결정하는 건 단순히 우리의 태도라는 것이었다. 이 교훈은 오늘날 우리에게도 시사하는 바가 크다. 인생은 원래 슬픔과 비극과 절망으로 가득하다. 그러나 그런 인생을 받아들이고 그 안에서 재미있는 부분을 찾아낼 수 있다면, 삶은 덜 힘들 수 있다. 이 가르침을 실천으로 옮기기 위해 지금 당장 당신이 취할 수 있는 행동은 세 가지다.

첫째, 엄숙함을 내려놓아라. 세상이 자꾸만 헤쳐나갈 수 없는 난관을 던져놓는다고 느끼는가? 세상의 각종 위기와 부당함 앞에서, 명랑한 태도를 갖는 것이 부적절하다고 느끼는가? 이런 사고방식은 한마디로 실수다. 한번 생각해 보자. 남들이 당신의 엄숙함에 매력을 느끼고 세상을 더 낫게 만들려는 당신의 노력에 동참할 것 같은가? 물론 유머가 부적절한 순간도 있다(인생의 많은 부분이 그렇듯, 제일 중요한 건 타이밍이다.). 하지만 그런 상황은 생각보다 드물다. 장례식에서 읊는 추도 연설조차, 보통은 가장 유머러스한 것이 가장 훌륭하다.

자신의 믿음에 관한 근본주의적 태도에는 특히 유머가 부족하다. 이는 연구를 통해 밝혀졌다. 이를테면 "나는 선이고, 다른 이들은 악이다" 같은 생각엔 눈 씻고 보아도 유머러스한 구석이 없다.[20] 현재 미국의 (다른 여러 국가의) 이데올로기적 지형에는 유머가 크게 부족하며, 극단주의자들은 언제든지 유머를 향해 공격을 퍼부을 태세가 되어 있다. 만일 당신이 더 행복해지고 남들도 더 행복하게 만들고 싶다면, 농담에 대한 공격에는 참전하지 않길 당부하고 싶다.

둘째, 남들을 웃기지 못할까 봐 걱정하지 마라. 도무지 농담에 소질이 없는 사람들도 있다. 유머의 핵심을 좀처럼 기억하지 못하거나, 이야기 도중에 혼자서 웃기 시작해서 남들이 이해하지 못하게 되기도 한다. 그래도 괜찮다. 행복해지고 싶다면, 유머를 공급하는 것보다는 소비하는 것이 유리하다. 그게 훨씬 쉽기도 하다. 재미있는 사람이 되려면 보통은 특정한 신경학적 특질과 높은 지능을 타고나야 한다.[21] 반면 재미있는 것을 즐기는 사람이 되려면 유머를 다른 것보다 우선시하고, 유머에 관한 취향을 가꾸고, 스스로에게 마음껏 웃으라고 허락하는 것으로도 충분하다. 유머에 깃든 행복이라는 선물을 받고 싶다면 농담은 남들이 하도록 놔둬라. 그냥 듣고, 웃으면 된다.

셋째, 긍정적인 유머를 선택해라. 당신이 소비하고 공유하는 유머의 유형은 중요하다. 남들을 깎아내리지 않고 단지 자신의 상황을 웃어넘기게 하는 유머는 자존감·낙관·인생의 만족도와 관련되며 우울·불안·스트레스를 줄여준다.[22] 반면 남을 공격하거나 스스로 폄하하는 유머에선 정반대의 패턴이 나타난다. 찰나의 만족감은 생길지 몰라도, 부정적 감정을 막아주는 효과는 일어나지 않는 것이다. (디카페인 커피와 비슷하달까.)

희망을 선택하기

누구든지 걸릴 수 있는 갖가지 감정적 질병 가운데, 제일 해로운 것을 꼽으라면 비관주의다. 〈곰돌이 위니 더 푸*Winnie the Pooh*〉 시리즈에 나오는 당나귀 이요르를 아는가? 이요르처럼 언제나 최악의 상황이 닥칠 거라고 가정하는 유형이 있다. 이들이 실질적인 위협을 예민하게 감지해내는 시인 유형과 다른 점은, 존재하지 않는 위협을 만들어낸다는 것이다. 비관주의자들은 남들과 함께 즐겁게 어울리는 법을 모르고, 스스로 고립시키는 경향이 있다. 게다가 비관주의는 세상을 보는 관점으로서도 불리하다. 연구에 따르면, 비관주의자들은 난관에 맞닥뜨렸을 때 회피하거나 수동적으로 행동하는 경향이 있다고 한다.[23] 비관주의에 빠져든 사람은 적극성이 줄어들고, 애초에 문제를 잘못 판단할 가능성도 크다.[24]

그렇다면 우리의 감정 수용기에 비관주의가 결합하는 일을 막기 위해 이와 반대되는 어떤 감정을 강화하는 게 좋을까? 머릿속에 제일 먼저 떠오른 단어는 낙관주의일지도 모르겠다. 하지만 알고 보면 낙관주의는 정답이 아니다.

제임스 스톡데일James Stockdale이라는 이름의 미국 해군 중장은 베트남 전쟁 중에 북베트남 교도소에 7년 이상 수감되어 지내는 동안 동료 수감자들 사이에서 놀라운 경향을 발견했다. 혹독한 조건에서 살아남는 이들이 있는 반면, 살아남지 못하는 이들도 있었다. 그런데 생존하지 못한 이들은 놀랍게도 집단에서 가장 낙관적인 이들이었다. 스톡데일이 훗날 경영 분야의 작가 짐 콜린스Jim Collins에게 들려준 이야기는 이러했다. "'크리스마스엔 나갈 수 있을 거야'라고 말하던 사람들이 있었습니다. 크리스마스가 오고, 아무 일 없이 지나갔죠. 부활절이 오고, 아무 일 없이 지나갔습니다. 추수감사절이 지나고 다시 크리스마스가 왔습니다. 그들은 상심해서 죽었습니다."[25]

코로나 팬데믹 동안, 덜 극적이긴 해도 비슷한 패턴을 목격했을 것이다. 오래지 않아 정상적인 일상을 회복할 수 있을 거라고 믿은 낙관주의자들은 팬데믹이 길어지자 절망했고 심하게 괴로워했다. 반대로 팬데믹에 가장 잘 대처한 사람들은, 외부에 대해 비관적인 태도를 지니긴 했으나 바꿀 수 없는 것에 지나치게 골몰하기보다는 어려운 상황을 이겨내기 위해 할 수 있는 것에 집중한 사람들이었다.

현실을 왜곡시키지 않으면서도, 자신이 상황을 더 낫게 만들 수 있다고 믿는 건 가능하다. 이런 믿음을 가리키는 단어가 있다. 낙관주의가 아니라, 희망이다. 희망과 낙관주의는 통상적으로 동의어로 사용되지만 정확한 의미는 다르다. 2004년의 한 연구에서 두 심리학자가 설문조사 데이터를 근거로 두 개념을 분리해 냈다.[26] 그들은 "희망은 개인의 구체적 목표 달성에 직접적으로 집중하고, 낙관주의는 미래에 찾아올 결과 전체를 예상하는 것에 더 넓게 집중한다"라고 결론지었다. 다시 말해 낙관주의는 모든 게 잘될 거라는 믿음이다. 희망은 모든 게 잘될 거라고 믿지는 않지만, 자신이 행동에 나섬으로써 어떤 식으로든 상황을 낫게 만들 수 있다는 확신이다.

희망과 낙관은 공존할 수 있으나, 늘 그런 건 아니다. 자신이 무력하다고 느끼지만, 그래도 모든 게 잘될 거라고 믿는 희망 없는 낙관주의자가 존재한다. 또는 미래에 대해 부정적으로 예측하지만 스스로 자신과 남들의 삶을 개선할 수 있다고 확신하는 희망찬 비관주의자도 존재한다.

희망과 낙관이 어떻게 다른지 보여주는 유용한 예를 살

펴보자. 건강이 크게 상했다는 사실을 알게 되었다. 생명이 위태로울 정도는 아니지만, 고칠 수 있으면 좋을 것이다. 의사는 당신이 평생 건강상의 문제를 안고 살아야 할 가능성이 크다고 말하고, 당신은 그 말을 믿는다. 희박하지만 당신이 시도할 수 있는 몇 가지 방법이 있다. 운동하거나, 신약을 시도해 볼 수 있다. 당신은 도전해 보기로 결심한다. (낙관적이지 않은) 진단을 신뢰하되, 당신이 할 수 있는 선에서 상황을 개선하려는 (희망찬) 행동을 하는 것이다. 희망과 낙관, 둘 다 기분을 좋게 해준다. 하지만 둘 중 더 강한 건 희망이다. 한 연구에서는 낙관과 희망이 둘 다 질병의 가능성을 낮춰주지만, 효과가 훨씬 큰 쪽은 희망이라고 증명했다.[27]

희망은 개인의 주체성을 활용한다. 즉 희망은 개인에게 힘을 실어주고 동기를 부여한다. 희망을 "의지를 갖고 방법을 찾는 것"이라고 정의한 어느 연구에서는 직장에서 희망이 높은 직원들이 성공할 가능성이 28% 더 높고, 좋은 건강과 안녕감을 누릴 가능성이 44% 더 높다는 사실을 밝혀냈다.[28] 또 다른 연구에서는 영국의 두 대학에 다니는 학생들을 수년간 연구한 결과, "나는 열심히 목표를 추구한다"와 같은 자기 평가 척도로 평가한 희망의 수준이 학업 성취를 예측하는 척도로서 지능, 성격, 심지어 기존의 성취도보다도 더 강력함을 밝혔다.[29]

안녕감을 얻고자 하는 사람에게 희망은 그저 "있으면 좋은 것" 이상이다. 희망을 잃었을 때 맞게 되는 결과는 재난에 가깝다. 2001년의 한 연구에서, 1992년과 1996년에 한 설문조사에 참여한 노인들을 추적했다. 이때 연구자들이 답변을 근거로 "희망 없음"이라고 분류한 이들의 29%가 1999년 전에 사망한 반면, 희망이 높았던 이들의 사망률은 11%에 그쳤다. 연령과 스스로 평가한 건강 상태를 보정한 수치임에도 두 집단의 차이는 크게 벌어진다.[30]

희망을 갖는 성격부터가 타고난 운에 달렸다고 주장하는 이들도 있으리라. 이 주장은 낙관에 관해선 어느 정도 맞는 말이다. 한 연구에서는 낙관이 36% 유전이라고 밝히기도 했다.[31] 그러나 희망에 관해선 아직 유전적 연결고리가 발견되지 않았다. 여러 철학과 종교에서 가르치듯, 희망은 능동적 선택이기 때문이다. 기독교에서 희망은 단지 기분 좋은 예측이 아니라 자발적인 행동을 의미하며, 종교적 미덕으로 분류된다. 희망은 더 나은 세상을 만들기 위해서도 꼭 필요하다.

더 희망찬 사람이 되고 싶지만, 그러려면 일단 상황이 따라 주어야 한다고 느낄지도 모르겠다. 이렇게 물을지도 모르겠다. "상황이 조금도 희망적이지 못하면 어쩌죠?" 사실 희망이 전혀 없는 상황이란 없다. 희망을 실천하고 익히는 건 언제든지 가능하다. 다음 세 단계를 따라 희망 갖기를 연습해 보자.

첫째, 더 나은 미래를 상상하고, 그 세부적인 내용도 상상한다. 희망이 부족하다고 느끼면 우선 미래에 대한 전망부터 바꾼다. 예를 들어 사랑하는 가족이 자기 미래에 대해 아무 생각이 없고, 교육을 받지 않겠다고 거부하며, 스스로를 파괴하는 선택을 하고 있다고 생각해 보자. 그를 기다리는 건 나쁜 결과와 가망 없는 미래뿐이다. 이 상황에 희망이 없다고 결론을 내리기는 쉽다. 하지만 사랑하는 가족의 행복을 위해 그리고 당신의 행복을 위해 할 수 있는 일이 있다. 더 나은 생활 방식을 현실적으로 상상해 보면 된다.

이때, 모호하게 더 나은 상황의 백일몽을 떠올리고 즐기는 것으로는 부족하다. 먼저 개선해야 하는 구체적인 요소들을 목록으로 적어본다. 예를 들어 사랑하는 가족이 학교로 복귀하고 더 성실한 친구들을 사귀는 모습을 상상해 보라. 좋은 연인을 만나고, 약물 사용을 그만두는 모습을 상상해 보라.

둘째, 행동으로 옮기는 자기 모습을 그려본다. 단순히 상황이 더 나아질 수 있다고 믿는 단계에서 그만두면 당신이 품은 건 낙관에 불과하다. 더 나은 미래를 그리는 것만으로는 그 미래가 현실이 되지는 않는다. 하지만 우리가 상상한 미래를 바탕으로 행동에 나서면 어떻게 될까? 그 결과는 틀림없이 이로울 것이다. 따라서 '희망 연습'에서 두 번째 단계는 더 나은 미래를 위해 당신이 현실적으로 행동하는 모습을 상상하는 것이다. 아무리 사소한 행동이어도 괜찮다.

앞서 든 예의 경우라면, 문제가 있는 가족을 도덕적으로 평가하거나 혼내는 태도가 아니라 그를 인간 대 인간으로서 사랑하고 신경 쓴다는 친근한 태도로 그를 대하는 자기 모습을 그려보라. 지금보다 나은 미래에 대해 어떤 희망을 품고 있는지 물어보고, 힘이 닿는 데까지 돕겠다고 자청하는 자기 모습을 그려보라. 혹시 갈 곳이 없으면 당신의 집에 머물러도 된다고 말하는 모습, 학교나 일자리 면접에 갈 때 차에 태워주는 모습을 상상해 보라. 그를 위해 무적의 구원자가 되겠다는 환상은 버리고, 작고 구체적인 행동을 실천하는 자기 모습을 세세하게 떠올리는 것이다.

이제 희망으로 무장한 당신은 가장 중요한 단계로 나아갈 수 있다. 그 단계는 행동하는 것이다. 더 나은 미래에 대한 큰 그림을 그리고, 구체적인 행동을 통해 그 그림에 보탬이 되겠다는 소박한 야망을 품고, 그에 따라 실천해라. 인간 대 인간 수준에서 상대를 도울 수 있는 방법들을 실행해라.

공감이라는 양날의 검

때로 당신의 인생에서 가장 큰 걸림돌은 당신 자신의 부정적 감정이 아니라 당신과 가까운 사람의 감정이다. 가족의 일원·배우자·친구가 괴로워하고 있을 때, 당신과 그 사람의 관계는 상대의 괴로움을 중심으로 돌아가며 그로 인해 당신의 기분마저 가라앉기 일쑤다. 그렇다고 해서 상대에게 냉담해지고 싶진 않을 것이다. 이 상황에서 당신에게 필요한 건, 타인의 감정적 아데노신이 당신의 뇌에 들어오지 않게 막을 감정적 카페인이다. 이 책의 뒷부분에서도 설명하겠지만, 가족 안에서 부정적 감정은 그냥 놔두었다간 바이러스처럼 전염된다. 이때 꺼낼 가장 좋은 카드가 '공감empathy'이라고 생각할지도 모르겠다. 하지만 그렇지 않다. 공감은 도리어 상황을 악화시키기 쉽다.

'공감'이라는 단어가 영어 어휘에 처음 등장했을 때 그 의미는 칭찬과는 거리가 멀었다. 이 단어가 만들어진 건 1956년, 남들의 감정을 느낄 수 있다는 것을 이용해 노동자들을 착취하는 존재를 다룬 공상과학 이야기에서였다.[32] 그 뒤로 공감이라는 단어에 긍정적 의미가 얹혔고, 오늘날 스스로 공감 능력이 좋다고 말하는 사람들은 보통 자신이 친절하며 타인의 고통을 함께 느낄 만큼 남에게 신경을 많이 쓴다는 의미로 이 말을 사용한다. 오늘날 문화에서 공감은 애써 갖추어야 마땅한 미덕으로 여겨진다. 그러나 공감을 미덕이라고 부르는 건 과대평가다. 공감만 많이 해주는 행위는 공감하는 사람과 공감받는 사람 양쪽에게 해를 입히기 때문이다.

공감은 신체나 감정적으로 고통받는 사람에게 단순히

유감을 느끼는 것이 아니다. 그건 동정sympathy이다.[33] 공감은 고통받는 사람의 입장에 정신적으로 들어가서, 그의 고통을 똑같이 느끼는 것이다. 동정과 공감의 차이는 말하자면 "어서 나으세요"와 "지금 얼마나 불편하실지 상상이 갑니다"의 차이이다. 어떤 연구자들은 심지어 공감형 인간들의 (타인의 행동을 관찰하고 모방하는 뇌세포인) 거울뉴런이 다른 사람보다 과하게 반응한다는 가설을 세우기도 한다.[34] 다른 사람이 우는 걸 보면 자기도 울고 싶어지는 것이다.

공감이 실제로 다른 사람의 짐을 덜어줄 수 있다는 증거가 있다. 2017년에 이루어진 일련의 실험에서 참가자들은 다른 사람이 공감을 표할 때 신체적 고통이 상당히 완화되는 것을 경험했지만, 공감하지 않거나 중립적인 말을 했을 때에는 그런 효과를 얻지 못했다.[35] 이와 유사한 경우로 나쁜 소식을 듣는 환자는, 의사가 환자의 고충을 개인적으로 이해해 주고 감정적인 표현을 건넬 때 더 잘 대처한다.[36] 그러나 고통이 줄어드는 데에는 대가가 따른다. 대가를 치러야 하는 건 공감해 주는 사람이다. 2014년에 연구자들은 공감을 훈련한 사람들이 타인의 고통에 대응해 부정적 느낌이 늘어나는 경향이 있음을 밝혔다.[37] 생각해 보면 당연한 이야기다. 타인의 고통을 받아들이면, 자신의 인생에도 고통이 늘어나는 셈이다.

공감은 자신뿐 아니라 타인도 다치게 할 수 있다. 토론

토대학교의 심리학자 폴 블룸Paul Bloom은 《공감의 배신*Against Empathy*》에서 공감이 "비합리적이고 불공정한 정치적 결정을 낳을 수 있다"라고 주장한다.[38] 예를 들어 정치인이 자신과 같은 인종·종교 집단에 속한 사람들을 유리하게 대우할 경우, 그에 속하지 않은 이들은 불공정한 처우를 받는다. 블룸은 심지어 공감이 친구·부모·배우자로서 우리를 더 못한 사람으로 만들 수 있다고도 주장한다. 때로 진정한 사랑에서 우러나온 행동이 상대의 고통을 줄여주기는커녕 오히려 고통을 유발할 수 있다. 예를 들어 상대를 위하는 마음으로 고통스러운 진실을 직면하도록 하는 행동이 그러하다.

공감 능력을 발휘하다가 적절히 사용해야 할 "사랑의 매"를 아낀 경우를 직접 보고 들어봤을 것이다. 앞선 사례로 돌아가자면, 인생을 함부로 허비하는 가족에게 실질적 도움은 주지 않으면서 계속 공감만 해준다고 생각해 보자. 상대의 괴로움을 잠시 덜어줄 수야 있겠지만 그가 올바른 삶의 궤도에 오르도록 돕는 건 불가능하다.

공감이 온전한 미덕이 되어 우리를 보호해 주는 감정적 카페인으로 기능하려면, 몇 가지 행동으로 보완해 연민으로 발전시켜야 한다. 연민 관련 종합 연구에서는 연민을 '괴로움을 알아차리고, 이해하고, 괴로움을 겪는 사람에게 공감하는 것, 또한 자신과 상대가 겪고 있는 불편한 감정을 참고, 무엇보다

도 그 괴로움을 완화하기 위해 행동하는 것'으로 정의한다.[39]

연민은 괴로움을 겪는 사람과 그를 돕는 사람 양쪽 모두에게 유익하다. 위에서 소개한 2014년의 공감 훈련 연구에서 일부 참가자들은 공감 능력이 아닌 연민 능력을 훈련받았다.[40] 연민 훈련은 공감 훈련과 달리 참가자가 부정적 느낌을 받는 결과를 막고, 타인의 고통을 목격한 뒤에도 기분 전체가 나아지도록 했다. 연민은 받는 사람에게도 이롭다. 괴로워하는 환자 앞에서 평정심을 유지하는 의사는 침술과 같이 고통스러운 술기를 더 잘 실행할 수 있다고 한다.[41] 타인의 불편을 분석적으로 바라보고 도움을 줄 때, 주는 사람과 받는 사람 둘 다 기분이 나아질 기회가 열린다.

높은 연민 능력을 타고난 사람들도 있다. 연민은 일부분 유전되며, 사람들은 그 특질을 가진 이에게 자연스럽게 이끌릴 가능성이 있다는 연구 결과도 있다.[42] 물론 연민이 후천적으로 학습이 가능한 능력이라는 증거도 많다.[43] 연민을 실천하는 열쇠는 느낌에 머무르는 것이 아니라, 의식적으로 한 단계 너머로 나아가는 데에 있다. 고통 앞에서 굳건하게 행동하는 건 자신에게나 타인에게나 이롭다. 연민 능력이 좋다는 말은 공감 능력이 좋다는 말에 비해 널리 쓰이지 않지만, 연민 능력을 발휘해 얻는 효과는 자신에게도 타인에게도 확실하게 드러난다.

연민 능력이 좋은 사람 그리고 더 행복한 사람이 되려면 무엇보다도 굳세져야 한다. 타인의 고통 앞에서 굳세다는 건, 고통을 덜 느낀다는 뜻이 아니라 고통을 느끼면서도 그에 지장 받지 않고 행동한다는 뜻이다. 해병대원들은 훈련소에서 평생 겪어본 적 없는 고초를 겪는다. 매일 퇴소하고 싶은 마음이 굴뚝 같을 것이다. 해병대 전투단의 경우, 훈련소를 마친 다음 2년에 걸쳐 여러 차례 전투 훈련을 받는다. 그런데 전투 훈련은 갈수록 쉬워진다. 훈련이 거듭되면서 극한 상황에서도 잘 기능하는 법을 익히기 때문이다. 마침내 훈련을 마친 해병대원은 피할 수 없는 고통 앞에서도 더 이상 당황하지 않는다.

연민 능력이 좋은 사람들은 훈련을 마친 해병대원과 비슷하다. 남들처럼 고통을 느끼지만, 그것을 참고 견디면서 잘 기능할 수 있다. 공감형 의사는 공감으로 환자의 고통을 덜어준다. 연민형 의사는 차분한 마음가짐으로 환자의 수술에 임할 수 있다. 공감형 부모는 아이가 대학에서 힘겨워하면 같이 괴로워한다. 연민형 부모는 학장에게 전화를 걸거나 차를 타고 대학으로 달려가고 싶은 충동을 억누를 수 있다.

연민 능력이 좋은 사람들은 심지가 굳을 뿐만 아니라 행동 지향적이다. 환자들은 아파하면서도 효과적인 치료법을 거부하는 경우가 많다. 그 치료법이 일시적으로는 고통을 주기 때문이다. 수술받고 회복하는 과정을 상상만 해도 도저히 견딜 수 없어서 고장 난 무릎관절을 안고 몇 년을 버티는 사람들이 있다(그러나 연구에 의하면, 사람들은 수술의 고통을 과대평가하는 경향이 있다고 한다.).[44] 이와 유사하게, 연인이나 배우자를 떠나는 게 너무 힘들 것 같아 해로운 관계에 머무는 사람들도 있다.

이런 사례들에서 또 다른 중요한 사실을 알 수 있다. 우리가 공감이 아닌 연민을 발휘할 대상은 타인뿐 아니라 우리 자신이기도 하다. 공감하는 마음으로 자기를 돌보면 고통스러워만 할 뿐, 대개 그 고통을 해결하기 위한 실천까지 가지는 못한다. 반면 자신을 연민하면 고통과 부정적 감정에 매이지 않고 어려운 일들을 해결해 낼 힘이 생긴다. 무릎을 수술받거나, 배우자와의 문제를 정면 돌파할 수 있게 된다. 공감이 변연계의 영역이라면, 연민은 메타인지라고 할 수 있겠다.

공감형 인간은 타인이 어려운 해결책을 선택하고 그에 힘을 쏟도록 돕지 못한다. 그가 줄 수 있는 도움은 상대의 감정을 느끼는 데에서 멈추기 때문이다. 그러나 연민형 인간은 굳센 태도로 행동에 나선다. 연민형 인간은 고통받는 상대가 원하지 않지만 사실 가장 이로운, 힘든 일을 해낼 수 있는 사람이다. 연민은 사랑의 매다. 듣기 싫은 조언이다. 일자리에 적합하지 않은 직원에게 고하는 작별 인사다. 실망한 아이에게, 그래도 어쩔 수 없다고 타이르는 것이다. 놀랍게도 이 지점에서 선순환이 시작된다. 연민을 받은 사람은 회복탄력성이 높아지고, 자기 연민 능력도 높아진다.

관대해질수록 관리되는 '나'

이 장에서 소개한 감정적 카페인 전략에는 부정적 감정에서 벗어나는 것 말고도 큰 가치가 있다. 원래는 부정적 감정이 들어갔을 자리에, 진심으로 원하는 감정들을 대신 채워넣는다는 점이다. 감사·유머·희망·연민은 감정을 넘어 그 자체로 미덕이기에, 우리가 노력하여 추구할 대상이 된다.

이런 미덕들을 키워나갈 때, 또 하나의 깨달음이 찾아온다. 전보다 생산적이고 관대한 태도로 타인에게 집중하면서, 자연히 스스로에게 집중하는 품은 줄어든다는 것이다. 다음 장에서 소개할 감정적 자기 관리의 원칙이 바로 이것이다.

4

바깥의 시선보다는 내 관점으로

2020년 노스웨스턴대학교의 애덤 웨이츠Adam Waytz와 독일 쾰른대학교의 빌헬름 호프만Wilhelm Hofmann이라는 두 심리학자가 하나의 질문에 답을 구하고 있었다. "나 자신의 욕망에 집중할 때 더 행복해지는가, 아니면 타인을 위해 무언가 해줄 때 더 행복해지는가?"[1]

우리는 자신을 돌보는 것과 타인을 돌보는 것을 일종의 교환 관계로 생각한다. 전자는 기분이 좋아지고, 후자는 도덕적으로 우월하다. 오후에 반차를 쓰고 쇼핑하러 가면 즐거워질 것이다. 쇼핑 대신 지역 자선 단체로 봉사하러 가면, 재미는 없겠지만 더 나은 사람이 될 것이다. 그런데 이를 교환 관계로만 생각할 때 우리는 뚜렷한 한계에 부닥친다. 남을 도우려면 먼저 자신부터 돌보아야 한다. 타인을 돕는 것도 얼마든지 나를 재미있게 만들 수 있다. 그러나 우리는 습관처럼 나를 선택하거나, 타인을 선택해야 한다는 프레임에 갇혀 함정에 빠진다.

두 심리학자는 우리가 교환 관계로 생각하는 이 선택에서 실제로 교환이 일어나는지 궁금했다. 혹시 세간의 믿음과 반대로 자신을 돌볼 때보다 남에게 집중할 때 더 행복해지는 건 아닐지 궁금했다. 그래서 263명의 참가자를 세 집단으로 나누고, 서로 다른 지시 사항을 주는 실험을 기획해 궁금증을 풀어보기로 했다.

① 타인을 위한 도덕적 행동 집단

오늘, 타인을 위해 적어도 한 개의 도덕적 행동을 하기 바랍니다. 타인을 위한 도덕적 행동이란 타인이나 집단에게 이로운 행동을 말합니다. 자선 단체에 기부하기, (지역사회를 위해) 쓰레기 줍기, 노숙자에게 적선하기, 다른 사람의 일 돕기, 다른 사람을 칭찬하기, 가족 돕기, 낯선 사람에게 친절하게 굴기 등이 여기 해당합니다. 직간접적으로 다른 사람에게 이로운 행동은 전부 도덕적 행위로 간주합니다.

② 타인을 위한 도덕적 생각 집단

오늘, 타인을 위해 적어도 한 개의 도덕적 생각을 하기 바랍니다. 타인을 위한 도덕적 생각이란 타인이나 집단에 대해 긍정적으로 생각하는 것, 그들을 위해 좋은 생각을 해주는 것, 행운을 빌어주는 것, 그들을 위해 기도하는 것, 그들이 성공하기를 바라는 것, 자신이 그들을 위해 얼마나 마음 쓰는지 생각하는 것입니다. 타인에 관한 모든 긍정적 생각은 도덕적 생각으로 간주합니다.

③ 자신을 위한 행동 집단

오늘, 자신을 위해 적어도 한 개의 긍정적 행동을 하기 바랍니다. “자신을 위한 긍정적 행동”이란 당신에게 이로운 행동을 말합니다. 자신을 위한 선물 사기, 마사지 받기, 영화 보러 가기, 친구와 기분 좋은 시간 보내기, 휴식 시간 갖기, 맛있는 식사 즐기기 등이 여기 해당합니다. 직간접적으로 당신에게 이로운 행동은 전부 긍정적 행동으로 간주합니다.

세 집단은 연구자들의 지시를 따랐고 열흘 동안 매일 저녁에 열한 단계의 척도로 자신의 안녕감을 기록했다. 실험이 끝난 뒤 연구자들은 결과를 취합했다. 예상할 수 있는 결과였지만, 세 전략 모두 어떤 방식으로든 이로웠다. 세 집단 모두 전보다 만족감이 높아졌다. 그런데 결과에서 확실한 격차가 나타난 부분도 있었다. ‘타인을 위한 도덕적 행동’ 집단은 ‘타인을 위한 도덕적 생각’ 집단보다 안녕감 척도에서 높은 점수를 기록했고, ‘자신을 위한 행동’ 집단은 안녕감이 꼴찌였다. 타인을 돌본 사람들은 인생에서 더 큰 목적의식과 통제감을 느꼈고, 나머지 두 집단은 그러지 못했다. 분노와 사회적 고립감이 줄어든 집단은 타인을 돌본 사람들이 유일했다.

최종 결과에서 명백히 드러난 사실은, 자신과 자신의 욕구에 덜 집중해야만 더 행복해진다는 경향과 일치한다. 그렇다고 해서 스스로를 돌보지 않거나, 자기 욕구에 주의를 기울이지 말라는 것은 아니다. 비행기에서 안내하듯 먼저 자기 산소 마스크부터 써야 한다. 내가 먼저 행복해야, 타인도 행복해지도록 도울 수 있다. 그러나 이것이 주변인들에게 일어나는 일을 무시하고 자신만 생각하는 것과는 다르다는 걸 유념하자.

삶의 초점을 바깥으로 옮기는 것, 즉 자기 자신에게 몰두하는 좁은 시야에서 벗어나 더 넓은 바깥세상을 관찰하고 타인을 돌보는 것은 자신의 안녕감을 높이는 최고의 방법이다. 이것이 감정 관리의 세 번째 원칙이다. 자기 자신에게 덜 집중해 보자. 이는 앞서 소개한 실험처럼 이타적인 태도로 타인을 돌보라는 의미이기도 하지만, 더 깊이 파헤쳐 보면 나와 내 욕구에 대해 끊임없이 쏟는 주의를 다른 데로 돌리라는 의미이기도 하다. 구체적으로는 거울 앞에서 보내는 시간을 줄이고, 소셜 미디어에 전시된 자기 모습을 무시하고, 남들이 나에 관해 갖는 생각에는 신경을 끄고, 가지지 못한 것을 가진 타인을 질투하려는 경향을 억누르라는 뜻이다.

자신에게 덜 집중하라는 원칙을 이야기한 건, 당신이 자기중심적이라고 꾸짖기 위해서가 아니다. 자신에게 집중하는 것은 세상 그 무엇보다도 당연한 일이다. 하지만 문제는 우리가 그로써 더 행복해지지는 않는다는 것이다. 자신에게 집중하려는 자연적 경향에 맞서는 건 쉽지 않다. 하지만 자기가 주인

공인, 머릿속에서 매일 방영되는 시트콤을 잠깐이나마 꺼보자. 인생의 초점을 조금만 바깥으로 옮겨야 할 이유를 알아보고, 실천해 보자. 그러면 큰 행복이라는 보상이 따를 것이다.

당신은 사실 두 사람이다

자기 모습은, 거울에 비춰 보았을 때 제일 자연스러워 보인다. 사진 속 자기 모습은 마치 다른 사람처럼 부자연스럽게 느껴지기 일쑤다. 그런데, 철학자들은 실제로 당신이 두 사람이라고 말한다. 당신은 보는 사람이자, 보이는 사람이다. 이를 이해하면 자기 내부에 덜 집중하고 바깥세상에 더 집중하는 일이 한결 수월해진다.

미국의 철학자 윌리엄 제임스William James는 두 자아라는 개념을 깊이 탐구했다. 그는 사람이 생존하고 삶을 잘 살아가기 위해 주위 사물을 관찰해야 하지만, 일관적인 자기 개념과 상像을 가지기 위해 자신 역시 자신과 타인에게 관찰당해야 한다고 믿었다.[2] 바깥을 관찰하지 않는 사람은 자동차에 치이거나 굶주리는 처지가 될 수 있다. 자신이나 타인에게 관찰당하지 않는 사람은 기억도, 역사도, 지금 하는 일을 왜 하는지에 대한 감각도 갖지 못할 것이다. 출근길에 운전할 때는 다른 차와 사람들을 두루 관찰해야 안전하게 목적지에 다다를 수 있다. 그러나 직장에 도착하면 남들이 자신을 어떻게 보는지에 주의를 기울여서, 자신이 일을 잘하고 있는지 확인해야 한다.

관찰자인 자아는 '보는 나'다. 타인에게 관찰당하거나, 자신을 살펴보고 자신에 대해 생각하는 자아는 '보이는 나'다. 우리는 하염없이 두 상태를 오가며 살아간다. '보는 나'와 '보이는 나' 사이에서 균형을 잡을 때, 안정감을 높이는 비법은 '보는 나'를 늘리고 '보이는 나'를 줄이는 것이다. 현실에서 사람들 대부분이 관찰하는 것보다 관찰당하는 데에 치우쳐 있기 때문이다. 우리는 자기 자신에 관해 그리고 남들이 자신을 어떻게 보는지에 관해 끊임없이 생각한다. 거울이 보이면 지나치지 못하고 꼭 들여다보아야 직성이 풀린다. 우리는 소셜 미디어에서 자신이 어떻게 언급되는지 쉼 없이 확인하고, 자기 정체성에 관해 강박을 가진다.

여기서 문제가 불거진다. 앞에서 언급했듯 바깥세상에 집중할수록 행복감이 더 커지는 반면 자신에게 집중할수록 기분은 불안정해진다.[3] 자신을 긍정적으로 인식하는지, 부정적으로 인식하는지에 따라 행복도는 요요처럼 마구 오르내리기 때문이다. 이런 불안정은 정신적으로 견디기 어렵다. 그러니 자기도취가 불안 및 우울증과 연관되는 건 이상하지 않다.[4]

자신을 (외부를 내다보는) 주체가 아니라 (내부를 들여다보는) 대상으로 보는 데에는 일상적 과제에서 성과가 낮아진다는 단점도 있다. 연구자들은 학습 실험에서 사람들이 자신에게 집중하면 새로운 것을 시도할 가능성이 작아진다는 사실을 발견했다.[5] 이해할 수 있는 결과다. 자신에게 너무 집중하고 있는 사람은 바깥세상의 많은 부분을 무시하게 된다. "지금 내가 무얼 하고 있지?"보다 "남들이 나를 어떻게 생각할까?"를 더 염려하는 사람은 자유를 잃어버린다. 어린아이가 자의식 없이 그저 자기답게 행동하는 모습에서 사람들이 영감을 얻는 것은, 그들이 '보는 나' 상태에 오랜 시간을 머물며 단순히 관찰하고, 즐기고, 행복해하기 때문이다.

자신에 관해 생각하는 시간보다 세상에 관해 생각하는 시간이 더 길어야 한다는 개념은 현대 과학과 철학이 발달하기 전부터 존재했다. 선불교에서는 순수하게 외부를 관찰하는 태도를 핵심으로 삼는다. D. T. 스즈키 선사는 1934년에 적었다. "인생은 예술이다. 완벽한 예술이 그러하듯, 자신을 잊어야만 한다."[6] 하버드대학교의 정신의학 교수이자 선승인 로버트 월딩어Robert Waldinger는 이렇게 설명한다. "'밥'이라고 불리는 나의 자아를 의식할 때, 나는 세상과 관련해 나라는 대상을 의식한다. (명상을 통해, 혹은 폭포 앞에서 경외심에 빠져 있을 때) 자의식이 스러지면, 다른 모든 것과 분리된 자아감은 가라앉고, 단순히 소리와 감각만이 남는다."[7]

어떤 종교에서 '보는 나'는 행복으로 가는 지름길일 뿐 아니라, 신성과 곧바로 연결되는 방법이기도 하다. 힌두교에서 '참된 나'인 '아트만atman'은 세상을 목도하지만 그 안에 휘말리지는 않는 내면의 의식 상태다. '아트만'이 우주의 궁극적 원리인 '브라만Brahman'과 하나가 되는 것이 힌두교의 목표다. "나를 따르고자 하는 자는 저 자신을 부정해야 한다"라는 예수의 가르침은 보통 자신보다는 다른 사람들과 신에게 집중하라는 뜻으로 해석되는데, 여기서도 역시 '보이는 나'보다 '보는 나'에 힘이 실린다.

물론 '보이는 나' 자아를 완전히 없앨 수는 없다. 하지만 대상화된 상태에서 보내는 시간을 의식적으로 줄이는 습관을 들이면 틀림없이 행복도를 높일 수 있다. 의식적인 습관 세 가지가 도움이 된다.

첫째, 자기 모습을 보는 일을 피해라. 거울은 워낙 매력적인 존재이며, 소셜 미디어의 게시물 등 거울과 비슷한 현상들도 하나같이 우리를 유혹한다. 우리는 자석처럼 자기 모습에 이끌린다. 그러나 거울은 당신의 친구가 아니다. 가장 정신이 건강한 사람조차 거울을 보면 자신을 대상화하게 된다. 특히 자아상과 관련된 질병이 있는 사람에게 거울은 괴로움의 원천이다. 2001년에 연구자들은 신체변형장애(자기 신체에서 결점이라고 생각하는 부분에 강박을 갖고 집착하는 증상)를 가진 사람들을 조사하여, 그들이 거울을 제일 오랫동안 들여다본 (따라서 괴로움을 주는 신체 부위에 집중한) 시간이 장애가 없는 사람이 거울을 제일 오랫동안 들여다본 시간보다 3.4배나 길었음을 발견했다.[8]

당신이 세상에 내보이는 모습이 갑자기 당신 눈앞에 들이밀어지지 않도록, 몇 가지 조치를 취해라. 집에서 거울을 한두 개만 남기고 전부 치워버릴 수도 있다. 아침을 제외하고는 자기 모습을 보지 않는 규칙을 세울 수도 있다. 자기 몸에 심한 강박이 생겨 건강하고 정상적인 삶으로 돌아가길 갈구하던 한 피트니스 모델은, 자기 몸을 관찰하고 평가하는 습관을 버리기 위해 꼬박 1년 동안 거울을 보지 않았고, 심지어 샤워도 어둠 속에서 했다고 한다.[9]

가상의 거울은 실제 거울보다 없애기가 더 쉽다. 소셜 미디어의 알람을 꺼라. 자기 이름을 검색하는 건 금기다. 화상 서비스에 접속할 땐 자기 모습이 보이는 창을 꺼라. 셀피를 찍지 마라. 처음엔 물론 어려울 것이다. 자기를 관찰하는 습관은 만족감을 주는 신경조절 물질인 도파민을 분비시키기 때문이다. 하지만 연습하면 전보다 쉬워진다. 자기 모습을 보지 않아 생겨나는 안도감을 한 번 경험하면 더 쉬워질 것이다.

둘째, 당신을 둘러싼 것들에 대한 평가를 줄여라. 평가는 얼핏 순수한 관찰처럼 보이지만, 사실은 그렇지 않다. 평가는 외부 세계에 대한 관찰을 내면으로 끌어와서 자신과 연관시키는 행위다. 예를 들어 "날씨가 형편없네"는 날씨 자체보다는 당신의 감정과 관련되어 있다. 게다가 당신이 통제할 수 없는 대상에 부정적인 기분을 결부시킨다.

세계를 평가하는 건 당연한 일이며 필요한 과정이고, 비용 편익 분석의 바탕이 되기도 한다. 그러나 우리는 습관적으로 쓸모없고 불필요한 평가를 한다. 방금 들은 노래가 별로였다고 반드시 평가해야 하는 까닭이 있는가? 의견을 내세우지 않으면서 주위를 관찰하는 연습을 해보자. 가치판단을 바탕으로 말하는 대신, 순수하게 관찰하는 말을 하는 것부터 시작하자. "커피 맛이 끔찍하네" 대신 "이 커피는 맛이 쓰네"로 표현을 바꿔보자. 처음에는 대단히 어렵게 느껴질 것이다. 모든 걸 평가하는 게 습관인 일생을 살아왔으니 당연하다. 하지만 일단 습관이 들고 나면, 모든 것에 대해 이러쿵저러쿵 의견을 내지 않아도 된다는 게 얼마나 마음을 편하게 만드는지 깨달을 것이다. 열띤 정치적 토론이 벌어질 때마다 참전하지 않아도 된다. 수많은 의견을 굳이 제시하지 않아도 된다. 그럼으로써 당신은 더 차분해지고, 내면의 평화를 더 많이 느끼게 될 것이다.

셋째, 당신 주위 세상에 경탄하는 일에 더 많은 시간을 보내라. 경이감을 주로 연구하는 캘리포니아대학교 버클리캠퍼스의 심리학자 대처 켈트너Dacher Keltner는 이를 "세상에 관한 자신의 이해를 초월하는, 어떤 광활한 존재 안에 있다는 느낌"으로 정의한다.[10] 켈트너가 발견한 경이감의 이점 중 하나는 자의식을 줄여주는 것이다. 한 연구에서 그는 사람들에게 아름다운 자연에서의 경험과 자신감을 느꼈던 경험 둘 중 하나를 떠올려 보라고 요청했다.[11] 자연을 생각한 사람들은 자신감에 대해 생각한 사람에 비해 자신이 작거나 중요하지 않은 존재라고 답할 가능성이 2배 높았으며, 자신보다 더 큰 무언가의 존재를 느꼈다고 말할 가능성은 30% 가량 높았다.

경이감을 느끼는 경험에 더 많은 시간을 할애해야 한다. 행복 전문가 그레천 루빈Gretchen Rubin은 거의 매일 메트로폴리탄 미술관을 방문한다고 한다. 일상에 경이감을 불어넣기 위해 최대한 자주 노을을 바라본다거나 천문학을 공부할 수도 있다. 무엇이든 당신에게 감동을 주는 것이라면 괜찮다.

마지막 연습은 쉬는 날에 시도해 보자. 온종일 정처 없이 헤매 보는 것이다. 한 유명한 선문답에서, 젊은 스님이 나이 든 스님이 걸어가는 것을 보고 어디로 가는지 묻는다.[12] "순례 중이지." 나이 든 스님이 답한다. "어디를 향해 순례하십니까?" 젊은 스님이 묻는다. "나도 모른다네. 모르는 것이야말로 가장 친절하다네." 나이 든 스님이 답한다.

나이 든 스님은 어떤 의도도, 평가도 없이 단순히 자신이 가는 길을 관찰하고 있었다. 인생에서 가장 심오하고 내밀한 경험은, 목적지나 외적 보상을 예상하지 않고 자신의 여정을 가만히 관찰할 때 찾아온다. 단 하루라도 좋으니, 나이 든 스님을 따라 해보길 바란다. "오늘 무슨 일이 일어날지 모르지만, 모든 것을 받아들이겠다"라는 말로 아침을 시작해 보자. 습관처럼 튀어나오는 평가를 억누르고, 자신과 관계된 모든 것을 피해, 자기 바깥의 것들에 집중하며 하루를 보내보자. 유독 모험심이 차오른다면 목적지를 정하지 않고 차에 올라 나들이를 떠나도 좋다.

남들이 뭐라고 생각하든

잘 알려진 성경 경구 가운데 "평가받지 않으려거든 너 역시 평가하지 마라"라는 글귀가 있다.[13] "평가하지 않는" 것은 타인과 외부 세계에 건강한 방식으로 집중할 때 가능해진다. 그렇다면 이 경구의 앞부분에서 이야기하는 "평가받지 않는" 것은 어떻게 해야 가능할까? 평가받지 않으려면, 적어도 타인의 평가에 주의를 기울이지 않으려면, 타인이 당신을 뭐라고 생각하든 신경을 꺼야 한다.

잠깐, 한 가지 짚고 넘어갈 게 있다. 타인에게 관심을 가지고 주의를 기울이는 것과, 타인이 자신을 뭐라고 생각하는지 걱정하는 건 전혀 다르다. 전자는 당신에게 이롭고 좋다. 그러나 후자는 자기중심적이고 파괴적이다. 사실 타인의 의견에 과도하게 신경 쓰는 건 사람들 대부분이 겪고 있는 문제이며, 이는 감정을 잘 관리하지 못하게 만드는 걸림돌이다. 그런데 타인의 의견에서 신경을 거두는 건 집에서 거울을 없애는 것보다 더 힘들다. 제일 최근에 누군가 당신을 비판했던 상황을 생각해 봐라. 집에 초대해서 오랜 대화를 즐길 상대가 아님에도, 그의 비판에 속을 끓이는 동안 그는 당신 머릿속에서 방 한 칸을 떡하니 차지하고 있었을 것이다. 당신의 머릿속에 남은 한마디는 소셜 미디어에서 빈정대는 댓글이거나, 직장에서 누군가 당신을 깎아내린 말이었을 것이다. 사소한 말에 신경 쓰는 자신에게 짜증이 나면서도, 좀처럼 그 말을 떨쳐낼 수 없었을 것이다. 사실 사람들은 남의 의견에서 스트레스를 느낀다. 비판에 깊은 상처를 받고, 모르는 사람에게 칭찬받으려 지나치게 애쓰고, 남들이 뭐라 생각할지 고민하며 밤새 뒤척거리는 사람들도 많다.

왜 그럴까? 우리가 우리 인생을 힘들게 만드는 건 (여기서도) 자연의 법칙 때문이다. 우리는 타인이 우리를 뭐라고 생각하는지 신경 쓰도록 진화했기에 남의 의견에 집착한다. 지금으로부터 약 2천 년 전, 로마의 스토아 학파 철학자 마르쿠스 아우렐리우스는 이렇게 관찰했다. "우리는 남들보다 우리 자신을 사랑하지만, 우리 자신의 의견보다 남들의 의견을 더 신경 쓴다." 남들이란 친구일 수도 있고, 모르는 사람일 수도 있으며, 심지어 철천지원수일 때도 있다.[14] 더 행복해지기 위한 여정에서, 자신에 관한 타인의 의견에 집착하는 것은 자신에게 집착하는 것보다 더 해롭다. 남들의 의견에 신경 쓰는 것은 이해할 수 있는 일이며 일부는 합리적이라고도 할 수 있다. 그 바탕이 되는 논리는 다음과 같다. 당신은 자신의 의견을 믿는다. 그런데 당신의 의견은 애초에 당신과 비슷한 사람들의 의견으로 채워지고 빚어진 것이다. 그러니 당신은 원하든 원치 않든 그들의 의견도 믿게 된다.[15] 동료 중 한 사람이 어떤 TV 프로그램이 아주 훌륭하다고 말하면, 그 프로그램에 관한 당신의 평가는 조금이라도 나아질 것이고 그 프로그램을 볼 가능성도 더 커질 것이다.

사람들이 특히 자신에 관한 타인의 의견에 신경을 쓰는 이유는, 진화를 통해서도 설명할 수 있다. 인류의 역사 거의 전체에서, 인간의 생존은 좁은 부족·씨족에 속하는 것에 달려 있었다. 경찰과 슈퍼마켓이 존재하는 현대 문명사회가 구성되기 전, 집단에서 쫓겨난다는 것은 곧 추위나 굶주림에 시달리다가 죽거나 포식자의 먹잇감이 된다는 의미였다. 이로써 당신이 안녕감을 얻기 위해 타인에게 승인받아야 하는 이유, 사회적으로 거부당했을 때나 신체적 통증을 느꼈을 때 뇌의 동일한 부위(배측 전대상피질)가 자극받도록 진화한 이유가 쉽게 설명된다.[16] (참고로 뇌과학자들은 약국에서 처방전 없이 살 수 있는 약 가운데, 배측 전대상피질을 겨냥하는 타이레놀과 같은 아세트아미노펜이 사회적 배제와 관련된 부정적 느낌 역시 줄여준다는 사실을 알아냈다!)[17]

불행히도 타인의 승인을 원하는 본능은 현대 사회에는

대단히 부적합한 성질이다. 외톨이가 되어 숲으로 쫓겨나리라는 두려움은 먼 과거에는 합리적이었다. 하지만 오늘날 우리는 얼굴도 모르는 인터넷의 타인들이 말실수 때문에 "구독 취소"를 할 거라거나, 옷을 구리게 입은 사진을 인스타그램에 올리면 남들이 비웃을 거라는 생각에서 격심한 불안을 느낀다.

이런 경향은 자연스럽긴 하지만, 자연스러운 경향을 그냥 놔두었다간 당신은 미쳐버릴 수도 있다. 완벽하게 이성적인 사람이라면 타인의 의견에 대한 두려움이 과장되었으며 대부분은 그렇게 조바심 낼 필요가 없다는 걸 이해할 것이다. 하지만 완벽하게 이성적인 사람은 존재하지 않고, 사람들 대부분은 기억하는 것보다 훨씬 오래전부터 습관적으로 남의 의견을 신경 쓰면서 살아왔다.

최악의 경우, 타인의 인정에 대한 불안은 '의견 듣기 공포증allodoxaphobia'이라는 증상을 낳을 수도 있다.[18] 흔한 일은 아니니 미리 걱정할 필요는 없지만, 공포증까지는 아니더라도 타인의 의견에 관한 걱정은 일상적 수준의 의사결정을 비롯한 기본 역량을 수행할 때 지장을 초래한다. 어떤 상황에서 무얼 할지 생각할 때, 예를 들어 여럿이 있는 자리에서 발언할지 말지 결정할 때에 심리학자들이 '행동 억제 시스템BIS'이라고 부르는 뇌 내의 네트워크가 자연스럽게 활성화되어 상황을 판단하고, (부적절하게 행동할 때 치러야 하는 비용에 집중하여) 어떻게 행동할지 결정하게 해준다.[19] 상황에 대해 충분히 인지하고 있을 때, BIS는 비활성화되고 다음으로 보상에 집중하는 '행동 활성화 시스템BAS'이 활성화된다. 그러나 연구에 따르면 타인의 의견에 관한 염려는 비활성화되어야 할 BIS를 계속 자극해, 행동할 능력을 손상시킨다고 한다.[20] 상황을 벗어난 다음에도 계속 후회하며 '이렇게 말했어야 하는데' 하고 되뇌는 버릇이 있다면, 그 바탕에는 타인의 생각에 관한 염려가 있어서일지 모른다.

타인의 의견을 두려워하는 이유 중 하나는 부정적 평가가 수치심을 일으켜서다. 수치심은 자신이 쓸모없고, 무능하고, 불명예스럽거나 부도덕하다고 평가받는다는 느낌이다. 타인의 의견에 큰 무게를 싣게 되면, 수치심은 쉽게 찾아온다. 수치심은 피하는 쪽이 당연히 좋다. 수치심은 우울과 불안의 증상인 동시에 촉발제라고 연구에서 밝혀진 바 있다.[21]

고대 중국의 철학자 노자는《도덕경》에 적었다. "타인의 인정에 신경 쓰면, 그들의 포로가 될 것이다."[22] 노자가 아마 사람들에게 엄중히 경고하기 위해 썼을 이 글에서 우리는 희망과 기회도 엿볼 수 있다. 타인의 인정이라는 감옥은 사실 당신이 직접 짓고, 유지하며, 감시하는 것이다. 원문을 보충하도록 한 문장을 덧붙일 수도 있겠다. "타인의 생각을 무시하면, 감옥의 문이 열릴 것이다." 수치심과 평가의 감옥에 갇혀 있다면, 안심해도 좋다. 당신의 자유를 열어줄 열쇠는 이미 당신의 손에 있

으니까.[23]

당신의 목표는 타인에게 집중하되 그들이 당신에게 갖는 의견에는 집중하지 않는 것임을 유념해라. 실제로 당신에게 신경 쓰는 사람은 별로 없다는 걸 기억하는 것도 좋은 방법이다. 자신에 대한 타인의 생각으로 인해 기분이 나빠지는 데에는 사실 아이러니가 있다. 타인은 좋은 것이든 나쁜 것이든 당신에 대해 별다른 의견이 없다. 연구에 의하면 사람들은 누구나 타인이 자신에 대해, 자신의 실패에 대해 어떻게 생각할지를 과대평가한다. 그 결과 스스로를 지나치게 억제하며, 이로 인해 삶의 질은 떨어진다.[24] 당신의 소셜 미디어 팔로워나 이웃들이 만일 당신에 대해 골똘히 생각해 본다면, 실제로 부정적 의견을 가질지도 모른다. 하지만 사람들 대부분은 당신에 대해 생각하지 않는다. 또 한 번 자의식이 폭발할 때면, 당신 자신에 대해 생각하는 건 당신뿐이라는 걸 기억해라. 당신을 둘러싼 사람들도 자기 자신에 대해서만 생각하고 있다고 짐작해도 좋다.

둘째, 수치심에 맞서라. 타인의 의견에 관한 지나친 관심 뒤에는 보통 수치심에 대한 공포가 도사리고 있으므로, 수치심에 직접 맞서는 것이 효과가 있다. 약간의 수치심을 느끼는 건 당연하고, 심지어 우리를 건강하게 만들기도 한다. 예를 들어, 본의 아니게 실수로 타인에게 상처가 되는 말을 했을 때는 수치심을 느끼는 것이 맞다. 하지만 바지 지퍼를 깜박하고 잠그지 않았거나 머리 모양이 엉망이라는 이유로 수치심을 느끼는 건, 말 그대로 터무니없다.

일부러 바지 지퍼를 내리고 다니라고 권하는 건 아니다. 하지만 한번 자문해 보길 바란다. 내가 약간 부끄러워서 남들에게 숨기고 있는 게 무엇인가? 그것을 지금부터는 숨기지 않기로 결심해라. 그럼으로써 수치심이 쓸데없이 당신의 발목을 잡지 못하게 막아라. 메타인지를 통해 당신이 당혹감을 느끼는 원천을 통제하고, 그에 발목을 잡히지 않겠다고 결심하면, 당신은 더 큰 힘을 느끼고 훨씬 더 행복해질 거라고 장담한다.

잡초 같은 질투에 물을 주지 말 것

우리가 자신에게 잘못 집중하는 또 하나의 형태는 질투라는 못된 죄에 빠져드는 것이다. 남을 질투할 때, 우리는 우리가 가졌거나 가지지 못한 무언가에 집착한다. 언뜻 보기에 이는 외부에 집중하는 것처럼 보이지만, 잘 들여다보면 집중의 대상은 자신이다. 내가 뭔가를 가져야 한다고 소망하는 데에서 나오는 감정이 질투이기 때문이다. 질투는 우리의 인간관계를 망치고, 남들에게 좋은 사람이 되지 못하도록 방해하고, 인생을 즐기지 못하게 훼방을 놓는다.

14세기 이탈리아 시인 단테의 《신곡》 연옥편 13장에서는, 생전에 질투에 사로잡혔던 사람들이 받는 궁극적인 벌이 낭떠러지 가장자리에 불안하게 서서 버티는 것이라고 묘사한다. 질투는 무언가를 보는 데서 시작되었으므로, 눈은 감아야 한다. 그들은 낭떠러지로 떨어지지 않기 위해 난생처음 서로 의지해야 한다.[25] 퍽 암울한 벌이다.

당신은 단테가 이야기한 사후의 벌에는 관심이 없을지도 모르겠다. 그러나 지금 우리가 살아가는 이승에서도 질투, 즉 타인이 가진 것을 원통한 마음으로 원하는 감정이 지옥을 불러온다는 증거가 차고 넘친다. 질투가 어떤 느낌인지는 누구나 알 것이다. 사랑을 상하게 하고, 영혼을 메마르게 하는 것. 질투는 우리 자신뿐 아니라 우리가 가지지 못한 타인의 것에 집중하게 한다. 질투는 악의에 찬 추한 내면의 환상을 깨워서, 상대적으로 부족한 사람이 된 기분이 든다는 이유만으로 타인의 고통에 즐거워하게 만든다. 에세이스트 조지프 엡스타인Joseph Epstein은 "일곱 가지 대죄 가운데 질투만이 조금도 재미있는 구석이 없다"라고 적었다.[26] 요컨대 질투는 행복 제거제다.

불행히도 질투는 전적으로 자연스러운 감정이라, 질투에서 완벽하게 자유로울 수 있는 사람은 없다. 질투가 어떻게 진화 과정에서 생겨났는지는 이해하기 쉽다. 우리는 사회적 비교를 통해 사회 내에서 자신의 상대적 위치를 파악한다. 자원 획득에 경쟁력 있는, 짝짓기 시장에서 매칭 확률이 높은 개체가 되기 위해 자신이 무엇을 노력해 쟁취해야 할지 알아낸다. 우리가 남보다 뒤처지는 걸 알아차렸을 때 느끼는 고통은, 자신을 개선해 나가게끔 (또는 남을 끌어내리게끔) 박차를 가하는 자극제가 되기도 한다. 인류가 동굴에 살던 시절에는 이 모든 것에 죽고 사는 문제가 달려 있었다. 하지만 오늘날 질투는 시대에 동떨어진 감정이다. 이를테면 당신의 소셜 미디어 게시물이 남보다 '좋아요'를 덜 받는다고 해서 당신이 고독사할 가능성은 작지만, 인간은 과거와 똑같이 마음을 후벼파는 고통을 느낀다.

몇몇 학자들은 질투에 사로잡힌 사람들이 행동하는 방식을 근거로, 질투를 '양성 질투'와 '악성 질투'로 분류했다.[27] 양성 질투도 비참하긴 하지만, 선망하는 사람을 모방하여 자신을 개선하려는 욕구를 낳는다는 장점이 있다. 반면 악성 질투는 적대적 생각과 타인을 해치려는 행동과 같이 전적으로 파괴적인 행동만을 불러온다. 양성 질투는 자신이 부러워하는 상대가 선망받아 마땅하다고 믿을 때 일어난다. 악성 질투는, 그가 받는 선망이 마땅하지 않다고 느낄 때 일어난다.[28] 이것이 사람들이 유명한 전쟁 영웅을 부러워하면서 그가 망하기를 바라지는 않지만, 리얼리티 프로그램의 일반인 출연자가 방금 구속되었다는 뉴스를 접하고 즐거움을 느끼는 이유다.

질투, 특히 악성 질투는 대단히, 무척 해롭다. 당신이 질투할 때 느끼는 통증은 단순히 기분 탓이 아니라 엄연히 실체가 있다. 뇌과학자들은 다른 사람을 질투할 때 통증을 처리하는 뇌의 부위인 배측 전대상피질이 자극된다는 사실을 발견했다.[29] 질투에는 심지어 당신의 미래를 망칠 힘이 있다. 2018년에 학자들은 무작위로 선발한 18,000명을 조사해서, 질투하는 경험이 미래에 상대적으로 나쁜 정신건강과 낮은 안녕감을 강력하게 예측하는 요소라는 사실을 발견했다.[30] 일반적으로 사람들은 나이를 먹을수록 정신적으로 더 건강해지는데, 질투는 이런 경향에도 훼방을 놓는다.

사람마다 질투하는 대상은 다르다. 사람들이 질투하는 대상이 나이에 따라 달라지는 경향이 있다고 주장하는 연구도 있다.[31] 젊은 사람은 나이 든 사람보다 학업 및 사회에서의 성공·외모·연애운을 부러워하는 경향이 있었다. 나이 든 사람은 이런 것들엔 별 관심이 없지만, 돈이 있는 사람을 질투하는 경향이 있었다. 이해할 수 있는 경향이다. 젊은 날에는 좋은 삶을 꾸리고 안정된 가정을 이룰 기회를 높여줄 것들을 원한다. 나이가 들면 무엇보다도 금전적 안정을 원하게 된다.

질투를 느끼려면 우선 자신보다 운이 좋아 보이는 사람을 보아야 한다. 보통의 인간관계에서는 복잡하지 않은 이야기다. 하지만 잘 알지 못하는 사람들이 자기 삶을 가능한 한 화려하고, 성공적이고, 행복해 보이도록 선별해서 보여줄 때 질투의 방아쇠는 당겨진다. 눈치챘겠지만, 소셜 미디어 얘기다. 소셜 미디어는 질투라는 파괴적 감정을 부추기는 특출한 환경이며, 일부 학자들은 이 점을 포착하여 '페이스북 질투'라는 용어를 고안해 내기도 했다.[32] 다양한 실험을 통해, 수동적인 페이스북 사용이 (물론 페이스북에만 국한된 얘기는 아니다.) 질투를 키우고 그로써 안녕감 척도를 낮춘다는 사실이 증명되었다.[33]

질투를 쉽게 관리할 수 있는 묘약이 있을까? 15세기의 유명한 상인 코시모 데 메디치Cosimo de Medici는 질투를 자연히 생겨나는, 생명력 강한 잡초에 비유했다.[34] 우리가 할 일은 잡초를 뿌리 뽑으려고 애쓰는 게 아니다. 어차피 잡초는 끈질기게 다시 생겨난다. 메디치는 잡초에 물을 주지 말라고 가르쳤다. 여기 구체적인 세 가지 방법이 있다.

첫째, 타인의 삶에서 평범한 부분에 집중한다. 우리는 주의를 기울임으로써 질투라는 잡초에 물을 준다. 우리가 특히 강렬하게 집중하는 대상은 간절히 원하지만 채워지지 않는 부분이다. 예를 들어 어떤 연예인의 명성과 부를 질투하면서, 자신에게도 그런 명성과 부가 주어지면 자기 삶도 훨씬 쉽고 재미있어질 거라고 상상한다. 하지만 기왕 상상하는 김에 멈추지 말고 조금 더 파고들어 보자. 정말로 그 연예인의 삶이 당신이 상상만큼 좋기만 할까? 그는 돈과 명성 덕분에 자동으로 행복한 결혼 생활을 하게 될까? 그는 살면서 슬픔과 분노를 하나도 느끼지 않을까? 그렇진 않을 것이다.

심리학자들은 이렇듯 관찰을 통해 질투를 누그러뜨릴 수 있다고 밝혔다. 2017년에 연구자들은 한 집단의 사람들에게 자신과 연령·성별·인종 등의 인구학적 특징이 유사하되, 자신보다 특출하게 좋은 상황을 누리고 있다고 여겨지는 사람들에 대해 생각해 보라고 했다. 연구자들은 질투의 대상이 되는 상황에만 집중하면 실험 참여자들이 상대의 삶을 자기 삶과 고통스럽게 비교하고 질투에 빠져든다는 걸 발견했다.[35] 그러나 질투의 대상인 사람들도 분명 매일 일상의 우여곡절을 경험할 것이라는 점도 생각해 보라고 지도하자, 질투는 사라졌다.

둘째, 질투를 일으키는 기계를 끈다. 소셜 미디어는 세 가지 면에서 질투를 키운다. 소셜 미디어는 당신보다 운 좋은 사람들의 삶을 보여준다. 소셜 미디어 덕분에 자신의 행운을 대중에게 자랑하는 일이 역사상 어느 때보다도 쉬워졌다. 마지막으로 소셜 미디어는 현실 공동체에 같이 속하지 않은 사람들을 가상 공동체에 소속시켜 서로 비교하게 만든다.[36] 셀러브리티와 인플루언서의 포스트는 특히 쓸데없는 질투를 낳는다. 이런 질투를 줄이기 위해 소셜 미디어 앱을 지울 필요까지는 없다. 현실에서 알지 못하는 사람들, 원하는 걸 갖고 있다는 이유로 팔로우하는 사람들을 취소하는 것만으로도 충분하다.

셋째, 남이 부러워할 리 없는 자아를 꺼내든다. 수치심에 맞서기 위해, 내부가 아닌 외부를 향하며 살아야 한다고 말했던 걸 기억하는가? 이 방법도 비슷한 맥락이다. 타인에 갖는 질투를 줄이려 노력하는 동시에, 스스로 타인의 질투를 사려는 노력도 그만두어라. 누구나 다른 사람 앞에서는 강점을 드러내고 약점을 숨기고 싶어진다. 하지만 이런 포장은 잠깐은 기분이 좋아질지 몰라도, 길게 보면 실수다. 자신에게든 타인에게든 진실을 숨기는 것은 모두를 불안과 불행으로 몰고 가는 지름길이다. 2019년의 한 연구에서 밝혀졌듯, 자신이 잘한 것뿐 아니라 그 과정에서 실패한 것도 솔직하게 밝혀야만 주위 사람들이 악성 질투를 덜 느낀다.[37] 여기서 주의할 점이 하나 있다. 당신이 이야기하는 실패는 진짜여야 한다는 것이다. 겸손한 척을 하지만 뽐내려는 의도가 깔린 "은근한 자랑"은 아무리 숨겨도 티가 나기 마련이며, 타인에게 더욱 비호감을 살 것이다.[38]

원하는 삶을 만들기 위한 다음 단계

지금까지 세 장에 걸쳐 더 나은 삶을 살기 위해 자신과 자신의 감정을 바꾸는 방법을 다루었다. 다시 말하지만, 당신의 감정을 없애라는 뜻이 아니다. 부정적 감정조차도 없애야 마땅한 대상은 아니다. 힘든 상황에서 올라오는 부정적 감정은 물론 즐거울 리 없다. 부정적 감정을 경험하는 건 힘든 일이고, 그 힘듦이 남들보다 유독 크게 다가오는 사람들도 있다. 하지만 부정적 감정은 삶에 꼭 필요하며, 스스로 통제가 가능하다. 마음을 먹고 연습하면 이를 관리하는 법을 익힐 수 있다. 원치 않는 감정을 다른 감정으로 대체하는 기술에 능숙해질 수 있고, 자기 자신에 대한 강렬한 집중을 거둬들임으로써 마음이 편안해질 수 있다.

이 모든 것엔 연습이 필요하다. 쉽지는 않을 것이다. 당신이 지금 하려는 일은 말하자면 감정 관리의 "숙련자 단계"에 속한다. 잘 되는 날도 있고, 엉망인 날도 있을 것이다. 워낙 어려운 일이니 당연하다. 하지만 영영 불가능한 과제는 아니다. 당신은 할 수 있다. 조금씩 발전해 나갈수록 당신은 더 행복해질 것이고, 당신 주위의 사람들도 더 행복해질 것이다. 게다가 감정을 관리할 줄 알게 되면, 진정으로 중요한 것들에 집중할 수 있게 된다.

당신이 원하는 삶을 일구기 위해 인생에서 진정으로 중요한 것들이 무엇인지, 지금부터 알아보자.

스스로 쌓는 행복의 재료들

PART 2

지금까지 설명한 감정 관리를 잘 익혔다면, 당신은 아마 감정에 끌려다니는 상태에서 벗어나 조금 더 행복해졌을 것이다. 감정 관리는 몸과 건강을 두루 개선하는 종합 피트니스 프로그램과 비슷하다. 하지만 몸 상태가 좀 나아졌다고 해서 그게 끝은 아니다. 당신의 몸은 이제 더 많은 새로운 활동과 사교 활동에 도전하며 인생을 전보다 많이 즐길 준비를 마친 셈이다. 감정 관리도 이와 같아서, 당신이 더 행복한 생활로 향하는 긍정적인 걸음들을 내디딜 수 있도록 준비시켜 준다.

1장에서 이야기했듯 행복은 즐거움·만족·목적의식이라는 3대 영양소로 구성된다. 행복을 키우기 위해 우리는 세 요소 모두 의식적으로 꾸준히 보살펴야 한다.

감정 관리의 기술인 메타인지·감정 대체·외부 집중을 익히기 전에, 우리는 행복의 3대 영양소를 얻지 못하도록 방해하는 행동들에 많은 시간을 허비했다. 소비경제·엔터테인먼트·소셜 미디어가 부추기는 충동에 휘둘려 진짜 중요한 것보다 사소한 기분 전환에 시간을 흘려보냈다. 돈·물건·권력·사회적 지위·쾌락과 안락·명성·타인의 관심에 주의를 온통 빼앗기고 있었다. 이는 현대인만 겪는 문제가 아니다. 13세기의 철학자이자 신학자 토마스 아퀴나스는 재물·권력·쾌락·위신을 우리의 시간을 차지하고 인생을 허비하게 만드는 '우상'으로 지목했다.

이런 우상들은 우리가 진정한 즐거움과 만족과 목적의식을 얻지 못하도록 훼방을 놓는다. 즐거움 대신 쾌락을 추구하도록 부추기고, 그렇게 걸려든 쾌락의 쳇바퀴를 점점 빠르게 돌린다. 만족을 얻고 유지하는 일을 더 어렵게 하고, 의미 없고 사소한 것들에 정신을 사로잡히게 만든다. 요컨대 네 가지 우상은 우리가 더 행복해지는 걸 어렵게 만든다.

그런데 우리는 어째서 이런 우상들을 좇는 걸까? 그 이유는 불행한데 상황을 바꿀 수 없을 때, 자기 파괴적 행동에 빠져드는 이유와 같다. 다시 말해, 기분을 전환하기 위해서다. 공항에서 기약 없이 지연되는 비행기를 마냥 기다린 적이 있는가? 대단히 불만스럽지만, 상황을 바꿀 길이 없어 주의를 다른 데로 돌리고 시간을 보내기 위해 핸드폰을 만지작거리기 시작했을 것이다.

네 가지 우상은 이처럼 우리가 마음에 들지 않고 통제할 수 없다고 느끼는 감정적 상황에 무뎌지도록 주의를 전환한다. 결혼 생활이 마음에 들지 않는가? "소비 치료"로 몇 분이나마 기분을 전환할 수 있다. 일 때문에 우울한가? 한 시간 정도 소셜 미디어에 몰두하거나 유튜브 동영상을 보면 잠시나마 잊을 수 있다. 외로운가? 연예인 가십에 낄낄거리다 보면 잠깐 기분이 풀릴 것이다. 편리하게도 우리는 주의를 전환해 줄 수백만 개의 상업적 선택지에 둘러싸여 살고 있다. (불행한 사람들은 소비자로서 으뜸이다.)

이런 종류의 주의 전환은 일시적인 마취 효과는 있을지언정 우리를 괴롭히는 문제를 근본적으로 치료해 주지는 않는다. 불편한 감정에서는 벗어나게 해주지만 거기서 더 진전하지 못하도록 훼방을 놓는다. 더 나쁜 건, 주의 전환에는 중독성이 있어서 거기에 빠져들다 보면 감정에 더 많이 휘둘리게 된다.

자신의 감정을 잘 관리하면, 이런 기분 전환이 덜 매력적으로 느껴진다. 공항에서 담당자를 찾아 지연된 비행기 문제를 해결할 수 있다면 핸드폰 보는 데에 시간을 허비할 텐가? 아마 당신은 핸드폰을 내려놓고 당장 행동에 나설 것이다. 감정을 관리할 도구를 손에 쥐고 있을 때, 시간을 잡아먹는 허울 좋은 활동들은 더는 매력적인 선택지로 느껴지지 않는다. 그런 데에 허비할 시간이 없기 때문이다. 이제는 이러지도 저러지도 못하는 처량한 신세에서 벗어났으니까. 현재의 시간을 흘려보내지 않고, 건실한 미래를 쌓아올릴 의지와 능력이 있으니까.

바로 여기서 중요한 다음 질문이 등장한다. 우리가 집중해야 할 대상이 기분을 전환할 우상이 아니라면, 정확히 무엇인가? 더 행복한 삶을 만들고 싶고, 이제는 거기에 투자할 시간과 기운이 있다면, 무엇부터 해야 하는가?

이 질문에 수천 편의 학술 논문이 답하고 있으며, 자기계발 전문가들이 쓴 글은 그보다도 많다. 행복을 늘리기 위한 작은 실천법은 1만 가지도 넘게 찾아낼 수 있다. 인터넷에는 미심쩍은 "행복 꿀팁"이 수천 개는 올라와 있다. (개중 몇 개는 구독료를 내고 보라고 권할 것이다.)

다행히 우리는 행복해지는 수많은 방법 사이에서 무얼 택할지 헤매지 않아도 된다. 믿음직한 사회과학 연구 결과들을 들여다보면, 행복을 떠받치는 네 기둥의 윤곽이 드러난다. 가능한 한 행복한 삶을 일구기 위해, 우리는 그 네 가지에 온 마음을 다하여 집중해야 한다. 감정 관리를 함으로써 생겨난 시간과 주의와 에너지를 바로 여기에 쓰면 된다. 우리 자신에게 그리고 우리가 사랑하는 사람들에게 큰 도움이 될 것이다.

행복을 이루는 네 가지 기둥은 바로 가족·우정·일·믿음이다.

가족: 우리 인생에 그저 주어졌을 뿐, 우리가 선택할 수 없는 사람들이다(배우자는 예외다).

우정: 가족은 아니지만 깊이 사랑하는 사람들과 맺는 유대감이다.

일: 매일 밥벌이를 하고 인생에서 가치를 창출하는 수단이다. 임금이 있을 수도 있지만 없을 수도 있고, 일하는 장소가 직장이 아닌 집일 수도 있다.

믿음: 여기서는 특정 종교가 아니라, 삶에 대해 초월적 관점과 태도를 지닌다는 의미로 사용한다.

바로 이 네 가지가 좋은 삶을 떠받치는 기둥이다. 인생의 다른 요소들이 중요하지 않다는 것은 아니다. 건강을 돌보고, 즐기고, 잠을 자고, 영리하게 돈 관리를 하는 것들도 전부 중요하다. 하지만 가족·친구·일·믿음은 인생의 나머지를 지탱하는 튼튼한 기둥이다.

물론 인생의 이 네 영역에는 난관이 많다. 매우 험난한 것도 있을 것이다. 애초에 우리가 다른 데로 주의를 돌리고 싶었던 건, 그 난관이 워낙 힘들어서였을지도 모른다. 하지만 이제 감정 기술을 습득했으니 가족·우정·일·믿음에서 마주하는 난관은 오히려 우리가 사랑과 행복을 배우고 스스로 더 성장할 기회가 되어줄 것이다. 다음 네 장에 걸쳐 이 네 가지 영역에 대해 알아보겠다.

오프라의 편지

더 행복한 삶에 관해 내가 아는 내용 대부분은 경험에서 비롯한 것이다. 내가 직접 경험한 것, 타인이 경험하고 이야기해준 것 모두 내게 가르침을 준다. 아서는 나와 달리 연구를 통해 행복에 접근한다. 우리 둘은 행복에 대한 접근법만 다른 게 아니다. 무언가를 설명하거나 주장할 때, 나는 항상 어떤 일화를 꺼내들고 그는 연구를 (또는 고대 철학자의 말을) 들이민다. 우리는 그렇게 다르다.

지난 30년 동안 내 인생의 동반자였던 스테드먼은 나나 아서와는 또 다른 성격이다. 우리 둘은 예전에 노스웨스턴대학교 켈로그경영대학원에서 리더십에 관해 공동으로 강의한 적이 있는데, 학생들은 우리가 너무 다른 사람이라며 신기해했다. 스테드먼은 계획자이자 전략가다. 무엇을 하든 제일 먼저 결과가 어떻게 될지에 관한 비전을 세우고 시작한다. 골프를 칠 때도, 중국 사업가와 대화를 할 때도 마찬가지다. 반대로 나는 매 순간 그다음에 어떤 행동을 하는 게 올바를지 직관과 본능에 의존해 선택한다. 스테드먼은 남들이 자기를 뭐라고 생각하는지 전혀 신경 쓰지 않는다. 반면 나는 성인기 내내 타인의 비위를 맞추고 싶은 마음을 누그러뜨리느라 노력했다.

내 절친한 친구 게일 킹은 또 다르다. 앞서 소개한 파나스 성격 유형을 들자면 나는 판사고 게일은 치어리더다. 내가 차분할 때 게일은 흥분한다. 나는 조용히 운전하는 걸 좋아하고, 게일은 라디오를 틀어놓는 걸 좋아한다(노래를 따라 부르는 건 또 얼마나 좋아하는지). 어떤 행사에 참석했다가 떠나는 길에 나는 "집에 가고 싶어 죽는 줄 알았어"라고 말하고 게일은 "밤새 있을 수 있는데 아쉬워!"라고 말한다.

다시 말해 아서와 나, 스테드먼과 나, 게일과 나는 서로를 보완해 준다. 우리들의 성격은 제각기 다르지만 서로 잘 어울린다. 서로 다르되 상호 보완적인 성격이야말로 가장 오래가고 굳건한 인간관계를 만들어준다고 한다. 참 다행이다.

다음 파트에서는 이렇듯 서로 다른 유형의 인간관계들을 다루려고 한다. 제일 먼저 가까운 인간관계, 즉 가족에 초점을 맞춘다. 이윽고 점점 시야를 넓혀서 친구들, 직장 동료들 그리고 그것이 무엇이든 당신이 생각하는 우주적 존재와의 관계까지 다룰 예정이다.

이 책을 읽어나가면서 당신은 아마 내가 '안과 밖의 역설'이라고 이름 붙인 것과 마주할 것이다. 우리의 내면을 개선하는 가장 확실한 방법이 외부 세계에 집중하는 것이라는 역설이다. 내면의 행복은 바깥을 내다볼 때 생겨난다. 행복이 외적 상황에 달렸다는 의미는 아니다. 앞에서 보았듯, 다른 사람이나 상황이 자신을 행복하게 해주기만을 기다린다면 실패할 수밖에 없다. 내가 하고 싶은 말은, 우리가 고립된 존재가 아니라는 점이다. 우리는 모두 연결되어 살아간다. 누구나 타인과, 일과, 자연과, 신성과 연결되어 있다. 자신과 연결된 것들을 더 낫게 만들려 노력할수록, 우리 자신도 더 잘 살게 된다. 이어지는 내용에서 당신은 자신이 누구와 교류하는지 돌아보고, 그와의 관계를 개선하기 위해 무엇을 할 수 있을지 생각해 볼 것이다. 당신의 주위에는 누가 있고, 무엇이 있는가? 갈등에 직면했을 때 당신이 할 수 있는 일은 무엇인가? 좀 더 의도를 가지고 의미 있게 관계에 임할 방법이 있을까?

이런 질문들은 또 다른 역설을 낳는다. 행복에 관해 가장 중요한 이 역설을, 나는 '분리된 애착'의 역설이라고 부른다. 여기엔 내가 살면서 배운 교훈이 들어 있다. 내가 하는 일, 내가 만들어내는 것, 내게 중요한 사람들과 갖는 연결감은 중요하다. 하지만 여기에 결코 기대가 개입되어선 안 된다. 나는 이 교훈을 힘들게 배웠다. 내가 꼬박 10년 동안 노력을 쏟아부어 제작한, 대단히 존경하는 소설을 원작으로 하는 영화 〈빌러

비드Beloved〉가 개봉한 때였다. 박스오피스에서 영화가 처참한 성적을 거두자 나 역시 영화와 함께 바닥으로 추락하는 기분이었다.

그때, 영화가 망했으니 나도 망했다고 느꼈다. 그러나 〈빌러비드〉 사건은 궁극적으로 내게 자유로워지는 법을 알려주었다. 이제 나는 무엇을 하든, 무엇을 만들든, 무엇을 주장하거나 조언하든, 단순히 '제안'이라고 생각한다. 그 이상의 의미는 없다. 내가 제안한 것이 사람들에게 통하면, 통하는 것이다. 받아들여지면, 받아들여지는 것이다. 내 제안이 받아들여지지 않더라도 나는 잃은 게 없다. 반드시 어떤 결과를 얻어야 한다고 연연하지 않기 때문이다. 그 덕분에 나는 훨씬, 훨씬 더 행복해졌다. 당신도 그러길 바란다. 물론 여기서도 내가 할 수 있는 건 바라는 것뿐이다. 당신이 무얼 할지는, 당신의 선택에 달렸다.

5

가족:
포기하기엔 유일하기에

"가족들과 집에 있을 때 제일 행복해요." 마흔 살의 앤절라는 말한다. 14년 동안 결혼 생활을 했으며 열두 살인 첫째부터 네 살인 막내까지 아이 셋을 키우고 있는 그에게 가족은 인생에서 가장 중요한 부분이다. 파트타임으로 일하긴 하지만, 그에게는 커리어보다 가정생활이 절대적으로 중요하다.

그렇다면, 가장 불행한 순간은 언제일까? 이 질문을 받자 앤절라는 잠시 생각에 잠기더니 미묘한 미소를 띠고 고백한다. "그것도 가족들과 집에 있을 때죠."

앤절라만의 얘기는 아니다. 가족은 우리에게 가장 큰 기쁨을 주는 동시에 가장 큰 절망도 준다. 화목한 가족만큼 우리에게 깊은 만족감을 주는 건 인생에 흔치 않다. 2021년 퓨 리서치 센터에서 조사한 결과, 미국 및 전 세계 사람 대부분(선진국 17개국 중 14개국 사람들)이 인생에서 가장 큰 의미를 주는 존재로 가족을 꼽았다.[1] 마찬가지로 가족 간의 갈등만큼 속상한 일도 드물다. 아무리 의연한 사람도 가족의 불화 앞에서는 무너져 버리곤 한다. 사랑하는 가족의 건강 악화와 죽음은 미국인들이 일반적으로 두려워하는 것 순위에서 각각 2위와 4위를 기록한다.[2] (궁금할까 봐 덧붙이면 1위와 3위는 각각 '부패한 공무원'과 '핵전쟁'이었다.) 이렇듯 가족은 우리 행복의 많은 부분을 좌우한다. 그러니 더 행복한 삶의 첫 기둥을 제대로 세우는 것이야말로 안녕감을 높일 가장 확실하고 좋은 방법이다.

사람들은 흔히 "행복한 가족"을 원한다고 말한다. 그런데 그 말이 정확히 어떤 뜻일까? 가족은 일반적으로 함께 살며 혈연·입양·결혼으로 연결된 사람들을 뜻한다. 보통 자녀·부모·형제자매·배우자가 가족에 속한다. 여기까진 간단하다. 그런데 온 가족이 확실히 "행복"하다는 게 어떤 의미인지 알아내는 건 어렵다. 그게 애초에 가능하긴 할까? TV에서 힌트를 얻고자 한다면 (좋은 생각은 아니다.) 행복한 가족이 되기 위해 시트콤 〈비버는 해결사Leave It to Beaver〉나 〈브래디 펀치The Brady Bunch〉에 나오는 가족을 목표로 삼아야 한다고 생각할지도 모르겠다. 그러나 이런 가족은 현실에 존재하지 않는다.

가족의 행복이 자녀에게 달렸다고 생각하는 사람들도 있다. "부모는 가장 불행한 자녀보다 더 행복할 수 없다"라는 옛말도 있지 않던가. 실로 부모는 자녀가 괴로워하는 것을 보고도 도와줄 수 없을 때 큰 절망을 느낀다. 그렇다면 행복한 가족은, 불행한 자녀가 존재하지 않는 가족일까? 자, 행운이 따른 덕분에 자녀들이 모두 행복하다고 치자. 하지만 자녀가 행복하다고 해서 부부 금실이 자연스레 좋아지고, 실직이나 간병 등을 겪지 않아도 되는 걸까? 누가 봐도 그건 아니다.

진실을 말하자면, 진정으로 "행복한" 가족은 가족 드라마 작가들의 머릿속에만 존재한다. 실제 현실에 그런 가족은 존재하지 않는다. 현실에서 가족이란 여러 사람이 한데 모인 집단이다. 그래서 가족 간의 사랑은 가장 신비로운 유형의 사랑이다. 당신은 가족을 선택하지 않았지만, 그래도 당신에게는 가족의 사랑이 주어졌다. 여기서 불가피하게 무수한 갈등 요소가 생겨나기도 한다. 가족 구성원 사이에 어느 정도의 긴장이 있는 건 너무 당연하고, 위기가 일어나는 건 예사다. 어느 연구자들은 가족 간의 유대감이 "자율과 의존 사이의 교환, 염려와 실망 사이의 긴장"에 의해 닳아버린다고 말했다.[3] "가족생활은 엉망진창일 수 있다"는 걸 학술적으로 표현한 거다.

이 장에서는 가족생활을 복잡하게 만드는 흔한 다섯 가지 난관을 살펴보겠다. 각 난관은 이 책의 전반부에서 살펴본, 우리 개인의 머릿속에 있는 문제들과 닮아 있다. 그러므로 당연히 앞에서 사용한 것과 같은 단순한 도구로 해결할 수 있다. 잠깐, 시작하기 전에 중요한 사실을 한 번 더 상기하자. 가족생활에서 찾아오는 난관은 사실 이 독특하고도 강력한 사랑의 영역에서 성장하는 법을 배울 좋은 기회다. 앞에서 익힌 도구를 잘 사용하기만 하면, 위기를 기회로 바꿀 수 있다.

첫 번째 난관:
기대 부조화

"행복한 가정은 모두 엇비슷하다. 불행한 가정은 각자의 이유로 불행하다." 러시아 작가 레오 톨스토이의 소설《안나 카레니나*Anna Karerina*》의 유명한 첫 문장이다.[4] 이 소설은 오블론스키 가에서 아버지의 불륜이 발각된 직후의 혼란스러운 시점부터 시작된다. 부모들이 정신이 온통 딴 데에 가 있는 동안에 자녀들은 "집안 곳곳을 설치고 다녔으며" 가족 구성원들 모두가 이제는 함께 사는 것에 아무 의미가 없다고 느꼈다.

오블론스키 가족이 겪은 이 난관을 당신의 가족은 겪지 않았을지도 모르겠지만, 다른 난관은 겪어봤을 것이다. 그리고 그로 인해 극심한 불행을 느꼈을 것이다. 당신에게 그 불행감은, 당신이 모든 걸 잘못하고 있다는 증거처럼 느껴졌을지도 모른다. 그러나 사실 가족 간의 갈등으로 인해 불행을 느낀다면, 중요한 것이 제자리에 있다는 신호다. 당신이 속상한 건, 가족이 당신에게 소중하기 때문이다. 그렇지 않다면 당신 가족의 갈등이든, 옆집에 사는 가족의 갈등이든 당신에게 똑같이 느껴졌을 것이다. 조금 안타깝고 딱하긴 해도, 남 일에 비참한 기분까지는 들지 않을 것이다.

당신도 잘 알다시피, 불행을 피하려고 노력해서 삶이 정말로 더 나아지는 경우는 거의 없다. 그렇다면 가족 간의 갈등을 피하려고 공연히 애쓰기보단, 갈등에 관한 관점을 바꾸어보자. 갈등은 음식점에서 맛있는 식사를 하고 치러야 하는 밥값과 같다. 밥값을 내지 않는 유일한 방법은 외식을 하지 않는 것이다. 즉 가족 간의 갈등은 우리가 가족에게서 흘러넘치는 사랑을 받기 위해 치러야 하는 비용이다. 그러므로 우리가 세워야 할 목표는 갈등을 완전히 없애는 게 아니라, 메타인지 관점으로 바라보는 것이다. 부정적 감정을 긍정적 감정으로 대체하고 다독여, 관리할 수 있을 수준으로 낮추는 것이 목표가 되어야 한다.

가족의 갈등은 어디서부터 생겨날까? 보통은 가족 구성원들끼리 서로의 관계와 각자의 역할에 관한 의견이 불일치할 때 일어난다. 다시 말해, 갈등을 낳는 주된 원인은 기대 부조화다. 예를 들어, 부모들은 가족 간 유대에서 얻는 이점을 '사랑의 공유'의 관점으로 보지만 자녀들은 '도움의 교환'의 관점에서 보는 경향이 있다. 연구에 따르면, 아버지들이 자신이 관계에 관여한다고 생각하는 수준은 자녀들이 인식하는 것보다 더 높다.[5] 자녀들 역시 부모가 생각하는 것보다 자신이 부모를 더 많이 돕고 있다고 생각한다.[6] 이 불일치 앞에서 당사자들이 분개하는 건 당연하다. 당신이 사랑하는 사람이 당신의 기대에 미치지 못하면 화가 나지 않겠는가? 당신이 화가 난 걸 상대가 알아차리지 못한 듯 보이면 기분은 더 나빠진다.

가족 간에 기대가 충족되지 않는 영역은 그 외에도 많다. 젊은 날부터 고생해서 가정을 부양해 온 부모들에게 자녀들은 야망이 부족한 존재처럼 보일 수 있다. 학업에 매진하지 않는다는 이유로, 성인기엔 결혼이나 출산을 포기한다는 이유로 부모는 자녀에게 실망하거나 못마땅한 시선을 보내곤 한다. 반면 부모가 성인 자녀에 대한 재정적 지원을 거둬들이는 것은 자녀에게 이기적으로 보일 수 있다. 자녀와 손주들의 삶보다 부모 자신의 삶에 더 관심이 있는 것처럼 보이는 것이다. 형제자매끼리 서로를 실망시키는 방법은 그야말로 무궁무진하다.

가족 간의 기대가 가장 극단적으로 충족되지 못하는 경우는 가족 구성원이 다른 구성원이 품은 핵심적인 믿음을 거부하는 '가치 위반'이다. 자녀가 부모의 종교를 거부하거나, 부모의 믿음이 비도덕적이라고 선언하는 게 그 예다. 자녀를 대학에 보내놨더니 어느 날 집에 와서 부모에게 당신들이 믿는 건 전부 틀렸다고 말하더라는 이야기를 우린 자주 듣는다.

어떤 갈등은 관계를 파국으로 밀어넣는다. 2015년 연구자들은 둘 이상의 장성한 자녀를 둔 65세~75세의 여성 가운데 11% 가량이 한 명 이상의 자녀와 완전히 의절했음을 발견했다.[7] 의절이 일어난 근본 원인은 대개는 행동 기준 위반(예를 들어 신앙을 실천하지 않는 것)보다는 가치 위반이었다. (잠시 멈춰서, 이게 어떤 의미인지 생각해 보자. 가족은 당신이 실제로 어떻게 사는지보다, 자신이 믿는 것에 관해 당신이 뭐라고 말하는지에 더 신경을 쓴다.)

가족 간에 갈등이 존재한다고 인정하는 것은 이롭다. 그래야 가족 간에 소통이 더 원활하게 이루어지고, 그로써 문제를 해결할 기회가 생겨난다. 가족 갈등을 부정하는 것은 도움이 되지 않는데, 이는 시간이 지나면서 자연스럽게 해소되는 유형의 갈등이 아니기 때문이다. 연구에 의하면 부모-자녀 및 형제자매 사이의 갈등을 해결하려고 노력하지 않을 경우, 나이를 먹은 이후에도 당사자 간에 깃든 긴장이 줄어들지 않는다고 한다. 이 현상은 '발달상 분파 가설(부모와 자녀의 발달 단계상 욕구가 서로 충돌해 갈등이 일어난다는 가설—옮긴이)'이라는 이론으로도 설명된다.[8] 그러니 당신의 가족은 예외일 거라는 기대는 내려놓자. 여기, 가족 간의 관계를 개선할 기회를 얻는 방법 세 가지를 소개한다.

첫째, 독심술을 그만둔다. 많은 사람이 함께 지낸 세월이 길기에 말하지 않아도 서로의 마음을 알고 있다고 지레짐작한다. 대화 없이도 서로 이해할 수 있다고 믿는 것이다. 이것은 오해로 가는 지름길이다. '자기 생각을 직접 말하고 다른 사람의 말을 경청하기'를 명확한 가족 정책으로 삼는 것이 오히려 최선이라는 증거가 있다.[9] 이를 실천하는 좋은 방법은 정기 가족 회의를 열어서, 작은 문제가 오해를 거쳐 큰 갈등으로 불거지기 전에 각자 불편한 점을 털어놓게 만드는 것이다.[10] 회의가 너무 어색하게 느껴진다면, 민감한 주제에 관해 두 사람씩 정기적으로 만나 이야기한다. 이렇게 하는 이유는 상대의 반응을 바꾸기 위해서가 아니다. 당신이 당신의 입장을 알렸을 때 상대가 보일 반응을 지레짐작하지 않고, 상대에게 실제로 반응할 기회를 주는 것이 요점이다.

둘째, 당신의 삶을 살되, 상대의 가치를 바꾸라고 요구하지는 마라. 가족끼리의 절연은 대체로 비극이다. 학대가 일어난 경우라면 모를까, 자존심이 충돌해서 의절하는 일은 많은 경우에 피할 수 있다. 서로 다른 가치관을 두고 토론하면서 가족끼리 좋은 관계를 유지할 수 있다고 생각할지도 모른다. 그러나 연구에서 밝혀졌듯 가족 구성원들(특히 부모들)은 자녀가 선택한 생활 방식이 자신과 달라도 비교적 잘 받아들이지만, 자녀가 자신과 다른 신념이나 가치관을 갖는 것은 사적으로 거부당했다고 느껴 쉽사리 받아들이지 못한다.[11]

생각보다 많은 사람이 자신이 진정으로 믿는 가치에 대해 사랑하는 가족과 터놓고 이야기하지 않는다. 도덕적으로 모순된다거나 심지어 위선적이라고 느껴질지도 모르겠지만, 그렇지 않다. 근본적인 가치관이 다른데도 서로 상처를 주거나 기분을 나쁘게 하지 않으면서 공존하려면, 상대가 생각을 바꾸어야 한다는 기대를 내려놓아야 한다. 가족 간에 의견이 일치해야 한다고 고집하지 않으면 불만의 싹이 자라날 이유가 없다.

셋째, 가족을 감정적 ATM으로 취급하지 마라. 가족을 도움과 조언을 무한히 쏟아내는 일방통행의 급수관처럼 취급하면(일반적으로 주는 쪽은 부모고 받는 쪽은 자녀다.) 그로부터 생겨나는 불만은 아이러니하게도 양쪽 모두를 향한다. 대화·방문·통화가 진정한 의미에서의 대화가 아니라 반복적이고 진 빠지는 면담으로 변질된다. 특히 구성원이 완전히 성장하지 않은 상태일 때 이런 함정에 빠지기 쉽다. 예를 들어 갓 성인이 된 자녀는 부모가 자신을 아직도 어린애 취급하는 게 불만일 수 있다. 하지만 자녀 역시 장성한 성인임에도 부모의 삶에 인간 대 인간으로서 진실한 관심을 두지 않는다.

가족 구성원들이 화수분처럼 도움과 지혜를 무한정 퍼주길 기대하지 마라. 상대가 청하지도 않은 조언을 던지지 마라. 당신이 앞장서서, 친구를 대하듯 가족을 대해보자. 관대하게 내어주고, 감정적 응원에 대해선 감사한 마음을 가져라. 연구에 의하면 성인 자녀와 부모가 서로를 각자 살아온 역사와 한계를 지닌 개인으로 대할 때, 관계가 크게 향상된다고 한다. 다시 말해, 서로를 '진짜 사람'으로 대하라는 말이다.[12]

두 번째 난관:
상호 보완이 부족할 때

약간의 갈등이 일어나는 게 당연하게 여겨지는 가족 관계도 있다. 예를 들어 사춘기 자녀와 부모 사이에 갈등이 전혀 없으면 이상할 것이다. 하지만 가족 간의 갈등이 실질적인 위협으로 느껴질 때도 있다. 우리가 속한 문화에서 나쁘게 취급받기 때문이다. 이 특징이 가장 잘 드러나는 사례가 배우자 또는 연인 간의 갈등이다. 배우자나 연인과의 관계가 삐걱거리면 무언가 잘못되었다는 증거로 여겨지지, 결코 좋게 느껴지지 않는다.

배우자나 연인과의 갈등을 피하려면 어떻게 해야 할까? 상대와 상호 보완적인 관계를 이루는 게 방법일 수 있다. 연애에 관한 오래된 통념 가운데, '자신과 닮은 사람'을 만나야 한다는 말이 있다. 자신과 아주 비슷한 상대를 만나면 서로 덜 불편하고, 갈등이 덜할 것이며, 같이 있을 때 편안하니 서로에 대해 더 큰 매력을 느끼고, 결과적으로 관계도 더 잘 풀려나갈 거라는 생각이다.

이 생각은 한마디로 틀렸다. 현실에서 데이트가 어떻게 이루어지는지만 살펴봐도 증거가 충분하다. 요즘 데이팅 앱 덕분에 '자신과 닮은 사람'을 찾기는 전보다 훨씬 쉬워졌다. 누군가를 직접 만나기 전에, 여러 개의 필터를 걸어서 '비슷한 상대를 만날' 가능성을 있는 대로 끌어올릴 수 있다. 최소 노력으로 최대 효과를 얻으려는 선택이다. 그런데, 이상한 게 있다. 정착할 사람을 찾는 사람이든, 가볍게 데이트를 즐기는 사람이든 데이트 앱 이용자들이 괴로움을 겪고 있다는 데이터다.[13] 2020년의 설문조사에서 67%의 데이트 앱 이용자가 연애 사업이 잘 풀리지 않고 있다고 답했다.[14] 75%는 데이트 상대를 찾기가 어렵다고 말했다.

오히려 서로 닮을수록 사랑을 느끼고 유지하기는 어려워진다. 1989년에서 2016년까지 20대 기혼자 비율은 27%에서 15%로 떨어졌다.[15] 결혼이라는 제도의 문제라 생각한다면, 또 다른 연구가 있다. 2008년에서 2018년까지, 18세에서 29세 성인 중 1년 동안 섹스를 하지 않은 사람의 비율은 8%에서 23%로 3배나 뛰었다.[16]

자신과 공통점이 많은 사람을 찾는 '동종 선호'는 자연스러운 경향이다. 자기중심적인 존재인 인간들은 자신과 닮은 사람을 자신과 다른 사람보다 (사회적으로든 연애 상대로든) 더 매력적이라고 평가한다.[17] 정치적 입장을 취할 때도 이런 경향이 두드러진다. 온라인 데이팅 사이트 오케이큐피드OkCupid에 의하면, 2021년에 실시한 설문조사에서 밀레니얼 세대의 85%가 잠재적 데이트 상대의 정치 성향이 "극도로 중요하거나 아주 중요하다"라고 답했다.[18] 대학생 가운데, 민주당 지지자의 71%

와 공화당 지지자의 31%가 반대 정당 후보에 투표한 사람과는 데이트하지 않겠다고 말했다.[19]

동종 선호 경향은 교육 분야에서 더 강하게 나타난다. 연구자들에 의하면 밀레니얼 세대에게 학력은 잠재 소득, 신체 특징, 정치 및 종교를 뛰어넘는 가장 중요한 데이트 기준이었다. 석사 학위가 있는 데이트 앱 이용자의 43%가 출신 대학을 잣대로 잠재적 데이트 상대를 평가했다.[20]

가치관이 어느 정도 비슷한 건 물론 연애에 이롭지만, 너무 똑같은 사람끼리 만나는 데에는 큰 단점이 따른다. 낭만적 사랑에는 상호 보완성이 필요하다. 즉 차이가 필요하다. 1950년에 이 아이디어를 개진한 사회학자 로버트 프랜시스Robert Francis는 다양한 커플을 인터뷰하고 그중 사이가 좋은 커플과 사이가 나쁜 커플의 성격 특징을 평가했다.[21] 그 결과, 가장 행복한 커플은 서로 보완하는 경향이 있었다. 즉 외향적인 사람과 내향적인 사람처럼 반대 성격을 지닌 사람으로 구성되어 있었다.

연구에 의하면, 서로 모르는 사람끼리 짝지어서 어떤 과제를 수행하도록 했을 때, 성격이 서로 비슷한 사람보다 서로 보완되는 사람들이 서로에게 더 따뜻한 감정을 느꼈다고 한다.[22] 또 다른 연구에서 사람들은 이상적인 연애 상대를 묘사해 보라는 요청을 받았을 때 자신과 비슷한 사람을 그렸지만, 그들의 실제 배우자나 연인의 성격은 그들 자신의 성격과 상관관계가 없었다.[23] 다시 말해 우리는 머리로는 자신과 닮은 파트너를 원한다고 생각할지 몰라도, 실제로는 자신과 다른 사람과 관계를 맺는다.

반대에 끌리는 이유에는 생물학적 원인이 있을지도 모른다. 예를 들어 과학자들은 오래전부터 주조직적합성복합체 major histocompatibility complex, MHC라고 하는 유전자가 부모와 크게 다른 자녀가 더 다양한 면역 방어를 물려받는다는 점을 알고 있었다. 물론 잠재적인 짝을 보자마자 MHC를 판독해 낼 수 있는 사람은 없겠지만, 냄새를 통해 그 요소들을 감지할 수 있다는 증거가 있다. 후각 뉴런은 의식보다 낮은 차원에서 기능하기 때문이다. 그게 우리가 자신과 다른 냄새가 나는 유전자를 지닌 사람들에게 더 끌리는 이유다.[24] 1995년에 스위스의 동물학자들은 여성들에게 모르는 남성이 이틀 동안 입은 티셔츠 냄새를 맡아보게 했다.[25] 여성들은 자신과 MHC가 가장 다른 남성들이 입은 티셔츠의 냄새를 선호했다. 다른 인구 집단을 대상으로 이루어진 후의 연구에서도 같은 결과가 나왔다.[26]

데이트 상대로 자신과 비슷한 사람을 찾지 말아야 한다는 증거는 이렇듯 많다. 하지만 오늘날 미국인들이 데이트 상대를 물색하는 플랫폼에서는 자기와 똑같은 특질들을 뷔페처럼 골라 담게 해준다.[27] 알고리즘 덕분에 사람들은 가차 없이,

효율적으로 자신과 닮은 상대를 찾을 수 있다.[28] 덕분에 상대와 말다툼은 줄어들었을지 모르겠다. 하지만 자신의 도플갱어를 물색하느라 자신을 정신적·신체적으로 보완하는 사람을 외면하고 있다면 너무 아깝지 않을까?

'자신과 통하는 사람'을 찾아야 한다는 생각이 지나치게 널리 퍼진 나머지 안정적으로 자리 잡은 커플의 관점에까지 영향을 미치고 있다. 오래 사귄 커플이 사이가 틀어지면, '서로 너무 달라서'라고 생각하는 것이다. 물론 정말로 그게 이유일 수도 있다. 모든 커플에게는 일정 정도의 공통점이 필요하다. 그러나 높은 확률로 진짜 문제는, 커플이 서로의 차이를 보완하며 건강한 관계를 맺으려고 노력하지 않아서일 수 있다.

상호 보완적인 관계를 이루는 데에는 세 가지 방법이 있다. 첫째, 성격과 취향의 차이를 물색해라. 예를 들어 데이트 상대를 찾을 때, 외향-내향 척도가 당신과 반대인 사람을 찾아라. 그러면 하룻밤은 파티에 가고 하룻밤은 단둘이 보내면서, 두루 즐거움을 누리고 서로에게 많이 배울 수 있을 것이다(다음 장에서 이 점을 깊이 다루겠다.). 당신과 다른 사람을 찾아나설 때 잠재적 데이트 상대의 풀은 넓어지고 삶은 더 즐거워진다. 결혼 생활을 오래 했다면, 배우자와 당신의 차이점을 적어 목록으로 만들어보자. 예를 들어 당신은 걱정이 많은데 배우자는 만사에 태평한 유형이라면, 인생의 온갖 문제에 대해 배우자가 "충분히 신경 쓰지 않아서" 속상한 적이 많을 것이다. 이때 배우자가 '당신의 마음을 편안하게 다독이는 개인 비서'라고 생각을 바꿔보자. (반대로 당신은 배우자를 위한 위협 탐지기 역할을 해줄 수 있다.)

둘째, 정말로 중요한 것에 더 집중해라. 정치적 입장으로 인해 사이가 틀어지는 건 솔직히 말도 안 된다. 그런 비극을 피하는 방법은, 두 사람이 인생에서 가장 중요하다고 생각하는 열 가지 존재의 목록을 만들고 이에 합의하는 것이다. 두 사람 사이에 아이가 있으면 아마도 아이가 최우선일 테다. 다른 가족들, 믿음, 일 역시 목록 위쪽에 위치할 것이다. 정치를 비롯한 각종 논란은 목록에 아예 오르지 못하거나, 목록 저 아래쪽에 위치할 것이다. 둘에게 중요한 게 무엇인지 알아냈으면, 이제 함께 보내는 소중한 시간을 중요한 것에 집중하기로 약속하면 된다.

셋째, 데이트 상대를 찾는 일은 기계보다 사람에게 부탁해라. 지난 30년 동안, '친구의 소개'로 데이트 상대를 만나는 경향이 점점 줄고 있다. 데이팅어드바이스닷컴DatingAdvice.com에 의하면 54세에서 64세 인구의 절반 이상이 (상대를 모르지만 서로의 지인이 주선한) '블라인드 데이트'를 해보았다고 답했지만, 18세에서 24세의 성인은 단 20%만이 블라인드 데이트를 경험했다고 한다.[29] 당연한 결과다. 웹사이트에 접속해 몇 번 클릭하면 잘 통하는 상대가 나오는데, 다른 사람이 추천했다는 것만으로 누군가를 만나야 할 이유가 뭔가?

여기까지 읽었으면, 이제 알 것이다. 전통적인 블라인드 데이트는 당신을 잘 아는 사람, 당신의 성격과 데이트 상대의 성격이 서로 잘 맞으리라 예측하는 사람이 주선한다. 인터넷 프로필에 덜 의존할수록, 이성적 편견에서 벗어나 좀 더 원시적인 메커니즘에 입각해 (예를 들어 당신의 후각에 의존해) 데이트 상대를 찾을 수 있다. 이 전략이 통하려면 물론, 당신의 친구가 당신과 어울리는 상대를 알고 있어야 한다. 친구들에게 도움을 청했는데 묵묵부답이라면 사교 활동 범위를 넓혀야 한다는 의미일지도 모르겠다.

세 번째 난관:
감정 전염

건강한 가족은 갈등을 회피하지 않는다. 그러나 갈등과 구별되는 만성적인 부정성은 가족 관계를 망가뜨릴 수 있다.

가족과 같이 긴밀한 집단에 퍼져 있는 문화는 그 구성원들이 문제를 해결할 능력을 결정한다. 문화는 방 안의 온도와 비슷하다. 집 안 온도가 섭씨 38도에 육박해 너무 더울 경우, 옷을 전부 벗어던져도 더위를 피할 길이 없을 것이다. 가족

내의 부정적인 문화는 높은 실내 온도와 같다. 문제 해결을 불가능하게 만들며 가족 내에서 성장도, 배움도 일어나지 못하게 막는다. 그런 가족 내에는 만성적인 불행만이 남을 뿐이다. 이런 비극이 일어나는 주된 원인은 심리학자들이 폭넓게 연구해온 감정 전염이다.[30] 가족 안에 구체적으로 해결해야 할 안건이 있는 것보다, 가족 구성원들끼리 매사에 짜증 내는 태도가 전염되는 게 더 큰 문제라는 것이다.

부정적 감정은 전염성이 있어서 끊어내기가 어렵다. 우리는 사랑하는 사람(특히 가족)이 괴로워할 때 그들의 슬픔·절망·공포·불안을 외면하고 싶지 않을 것이다. 돕고 싶은 마음이 굴뚝같을 것이다. 그건 당연히 나쁘지 않다. 우리가 부정적 감정을 외면하지 않음으로써 자신의 문제를 해결하고 스스로 성장할 수 있듯, 타인의 감정을 수용함으로써 그를 도울 수 있다. 하지만 그 과정에서 상대의 불행을 떠안을 필요는 없다.

물론 감정 전염이 부정적인 감정에서만 일어나는 건 아니다. 언제나 웃고 있어서 당신마저 웃게 하는 사람이 있고, 당신에게 따뜻하고 관대한 느낌을 전파하는 사람도 있다. 긍정적 감정 전염을 연구한 연구자들은 당신을 더 행복하게 해주는 친구나 가족과 1.6킬로미터 이내 거리에 살 경우, 당신도 더 행복해질 가능성이 25% 높아진다고 밝혔다.[31] 그러나 안타깝게도 불행은 행복보다 전염성이 더 강하며 전염되는 속도도 더 빠르다.[32] 회의에서의 부정적인 기분은 몇 초만에 회의실 전체를 물들이기도 한다.

감정이 사람들 사이로 전염되는 메커니즘에는 몇 가지가 있다.[33] 그중 가장 알아차리기 쉬운 것은 대화다. 우리는 표정, 목소리 톤, 자세로써 타인에게 감정을 전하고 타인의 감정을 전달받는다. 어떤 사람들과 대화할 때는 별로 웃길 게 없어도 평소보다 많이 웃게 된다는 사실을 알고 있을지도 모르겠다. 반면, 누군가와 있을 때는 별문제도 아닌 것에 대해 자꾸만 불평하게 된다.

부정적 감정 바이러스는 학교나 직장에서 집으로 옮겨갈 수도 있다. 역설적으로 그건 가족 사이에 신뢰가 존재하기 때문이다. 어린아이를 키우고 있다면 (혹은 키워본 적이 있다면) 아이가 학교에서 온종일 잘 지내다가 보호자를 만나자마자 울면서 힘들었던 얘기를 늘어놓는 일을 겪어봤을 것이다. 그건 아이가 보호자를 신뢰하고, 자신이 겪은 불편을 보호자에게 털어놓기 때문이다. 보호자로선 벌을 받는 기분이지만 사실 아이는 이 행동으로 사랑을 표현하고 있다. (알고 보면 어른들도 똑같이 행동한다. 직장에선 종일 미소를 짓고 지내다가 집에 오면 저녁 내내 불평을 늘어놓지 않는가.)

감정은 생리적으로도 전염된다. 적어도 일부는 그러하다. 어느 실험에서, 혐오스러운 냄새를 맡은 사람과 동영상에서 혐오스러운 표정을 지은 타인을 본 사람은 뇌의 같은 영역이 활성화되는 것을 확인했다.[34] 앞에서 보았듯, 고통에서도 결과는 비슷하다. 우리의 뇌는 고통 받는 사람을 단순히 보는 것만으로 그의 고통을 감지해 낸다.[35] 그 사람이 같이 사는 사람이라면 더욱 그러하다.[36]

감정 전염이라는 개념은 새로운 게 아니다. 지금으로부터 1800년도 더 전에, 로마의 황제였던 스토아 학파 철학자 마르쿠스 아우렐리우스는 끔찍했던 안토니우스 역병(천연두)의 시기에 감정 전염에 대해 적었다.[37] 당시 역병으로 인한 사망자가 하루에 2천 명까지 나왔다.[38] 마르쿠스는 "부패한 정신은 우리가 숨 쉬는 불쾌한 냄새와 손상된 공기보다도 훨씬 나쁜 역병이다. 후자는 생물에게 퍼지는 전염병으로서 생명에 영향을 주지만, 전자는 인간에게 퍼지는 전염병으로서 인간성에 영향을 준다"라고 적었다.[39] 코로나 팬데믹 동안 봉쇄로 인해 가족들과 집에 갇혀서 지내본 많은 사람이 이 말에 공감할 수 있을 것이다. 안 그래도 힘든 봉쇄 기간 중 최악의 상황은 가족 구성원들이 서로에게 못되게 굴고 모두 나쁜 기분에 전염되는 것이었을 테다. 가족 휴가를 떠났을 때도 마찬가지다. 다들 기분이 안 좋아져서 즐거운 시간을 망치느니, 차라리 감기에 걸리는 게 낫다.

부정적 감정 전염을 피하는 방법은 여느 전염병을 피하

는 방법과 다르지 않다. 불행한 사람을 피하면 된다. 그러나 불행한 상대를 사랑하는 마음이 불행을 피하려는 마음보다 더 클 때, 즉 상대가 당신의 배우자·부모·자녀·형제나 자매일 때 그와 같은 집에 살면서도 부정적인 감정에 전염되지 않고도 도울 방법이 다행히 존재한다. 연구자들은 네 가지 원칙에 집중하라고 말한다.

첫째, 이 책에서 줄곧 이야기했듯 당신부터 산소 마스크를 써라. 가족을 행복하게 만들려고 노력하기 전에, 당신 먼저 행복해져라. 나보다 타인에게 더 주의를 기울여야 한다는 연구와 모순된다고 느낄지도 모르겠다. 하지만 둘은 다르다. 남을 도우려면, 우선 자신을 보호해야 한다. 불행한 부모가 같은 집이나 같은 동네에 사는 사람은 아침마다 자신의 행복 수준부터 돌봐야 한다. 운동하고, 명상하고, 친구와 통화를 해라. 가능하다면 두세 시간이라도 불행한 사람에게서 떨어져 보내는 시간을 확보하고, 당신이 즐기고 감사하는 대상에 집중해라. 타인의 기분을 북돋기 위한 행복 예비분을 마련하는 것이다.

둘째, 상대의 부정적인 감정을 당신 개인에 관한 것으로 받아들이지 마라. 설령 상대와의 사이에 갈등이 있더라도, 그의 불행이 당신을 향한다고 생각하는 건 착각이다. 상대의 부정적인 감정과 갈등을 당신 개인에게 해당하는 것으로 받아들인다면, 불행이 빠르게 퍼져나가도록 판을 깔아주는 것과 같다. 감정 전염을 연구하는 심리학자들은 부정적 감정을 자신을 향한 것으로 받아들였다가는 반추 사고에 빠지게 되며, 타인을 기피하고 복수를 갈망하게 되어 정신 및 신체 건강에 해를 입고, 인간관계가 망가진다고 말한다.[40]

불행한 가족 구성원을 돌보고 있다면, 혹은 단순히 그와 같은 공간에서 시간을 보내고 있다면, 매일 기억해라. "이건 내 잘못이 아니야. 내 기분이 상하게 놔두지 않을 거야." 신체적 질병을 보듯이 불행을 봐야 한다. 불행이라는 질병에 걸린 사람은 절망에 빠져서 당신을 비난하고 탓할지 모른다. 그렇다고 해서 당신마저 당신을 탓하지는 마라. 당신이 그 사람을 병에 걸리게 한 건 아니니까.

셋째, 부정적인 문화를 깨뜨리는 힘은 뜻밖의 행동에 있다. 다른 사람이 행복해지도록 돕는 데에는 간접적인 방법도 유용하다. 예를 들어 기운이 없는 사람에게 "힘내!"라고 말하는(심리학자들이 '재구성 기법'이라고 부르는) 것은 별로 효과가 없다.[41] 기분이 우울한데 누군가 지나가면서 "힘내!"라고 말하는 걸 상상해 보자. 도움이 되는가? 그보다는 불행한 사람이 그가 좋아하는 활동을 하도록 이끌어 주는 게 훨씬 유용하다. 연구에 의하면 즐거운 활동에 적극적으로 참여하는 것이 아무것도 하지 않거나, 나쁜 기분을 꾹 참고 억누르거나, 막연히 좋아질 날들을 상상하는 것보다 기분을 개선하는 데에 도움이 된다고 한다.[42]

단, 여기엔 함정이 하나 있다. 연구자들은 불행한 사람들에게 행복한 활동을 상상하라고 요청할 때 (그 활동을 미리 준비하기 위해 필수적인 단계다.) 그 활동에 참여할 가능성이 오히려 낮아진다는 사실 역시 발견했다. 행복한 활동으로 기분이 좋아지는 상상을 하면, 기분이 좋아지는 것 자체가 너무 어렵게 느껴지는 나머지 기분 좋은 활동을 실천하는 것마저 어려워지는 것이다. 평소에 즐기던 자전거 타기가 슬프거나 우울한 상태에서는 버겁게 느껴질 수 있다. 그래도 가족이 자전거를 타러가자고 권하면 그에 응할 가능성이 혼자 자전거를 타러갈 가능성보다 커진다.

마지막으로, 부정적인 감정이 퍼지는 걸 막아라. 지금까지 우리의 조언은 불행한 가족을 돕고자 하는 사람에게 들려주는 것이었다. 그런데 만일 당신이 불행한 사람이라면, 사랑하는 가족들이 당신을 돕고 싶어 한다는 걸 반드시 기억해라. 그러면 가족들도 더 행복해질 것이다. 무엇보다도, 당신을 사랑하는 사람들은 당신이 괴롭기를 바라지 않는다. 스스로 고립시키거나 다른 사람들을 불편하게 하지 않으려고 행복한 척을 하는 건 누구에게도 도움이 되지 않는다.

남들과 거리를 두기보다는, 다른 사람과 적극적으로 소통해서 인간관계를 건강하게 유지해라. 그러려면 용기를 내서 가족에게 "지금 내가 좀 힘들다는 걸 알려주고 싶은데, 널 탓하려는 건 아니야"라고 솔직하게 말해야 할지도 모른다. 만약 일과 중 특정한 시간에 우울해진다면, 우울하게 만드는 요인을 회피할 전략이 필요할지도 모르겠다. 중요한 건, 기분을 의지로 바꾸는 건 어렵지만 다른 사람을 대하는 태도는 당신이 선택할 수 있다는 사실이다. 그래야 당신이 필요로 할 때 사랑하는 가족들이 에너지를 잃지 않고 당신을 도울 수 있을 것이다.

네 번째 난관:
용서

인도 남부에서 원숭이를 잡을 때 사용하는 덫에 대해 들어본 적이 있는가?[43] 말뚝에 코코넛을 매달고, 속을 파서 안에 쌀을 조금 넣어둔다. 코코넛 위쪽에는 원숭이가 손을 넣을 수는 있되 쌀을 움켜쥔 주먹을 뺄 수는 없을 만한 크기의 구멍을 뚫는다. 마을 사람들이 멀찍이 지켜보는 가운데, 배고픈 원숭이가 코코넛에 다가갔다가 덫에 걸린다. 손에 쥔 쌀을 놓으면 자유롭게 풀려날 수 있지만, 원숭이는 쌀을 놓지 못한다. 놓을 생각이 없다. 마을 사람들은 이제 원숭이에게 다가가서 녀석을 붙잡기만 하면 된다.

원숭이를 멍청하다고 비웃기 전에, 혹시 가족 간에 갈등이 일어날 때마다 당신도 원숭이와 비슷하게 행동하고 있진 않은지 자문해 보아라. 당신 가족의 분위기가 지금보다 따스했으면 좋겠다고 바라지만, 그러면서도 해묵은 분노에 발목 잡혀 있진 않은가? 그렇다면 당신도 감정의 원숭이 덫에 걸려 있는 것이다.

이런 덫에 빠져 있는 건 당신 혼자가 아니다. 거의 모두가 비슷한 잘못을 범한다. 가족을 절대로 용서하지 않겠다고 결심한 채 나쁜 기분에 빠져 있을 때는, 스스로 잘못하고 있다는 게 명백히 보인다. 하지만 자신이 걸린 덫이 잘 보이지 않는 상황도 있다. 입으로는 누군가를 용서했다고 말하면서, 스스로 자유를 저버릴 때도 있다. 마음속 깊은 곳에 여전히 분노가 가라앉아 있거나, 나중에 자신에게 잘못한 사람에게 쓰려고 무기를 간직하고 있기 때문일 수도 있다. 그러나 더 행복해지고 자유로워지기 위해 우리는 '부분적 용서'에서 헤어나와야 한다.

2018년에 학자들은 가족 내에서 위반 행동이나 갈등이 일어난 뒤 관계를 회복시켜 주는 네 가지 성공적인 용서 전략을 밝혀냈다. 토론("우리 대화로 상처를 치유해 보자."), 명시적 용서("용서할게."), 비언어적 용서(싸운 뒤 애정을 표현하는 행동), 최소화(가족의 위반 행동을 중요하지 않다고 취급하고 무시하기로 선택하는 것)가 그것이었다.[44] 연구자들은 이 네 가지 전략은 모두 효과가 있으며, 그중 무엇을 선택할지는 당사자들이 품은 불만의 정도가 얼마나 심한지에 달렸다고 말한다.[45] 예를 들어, 결혼 생활에서 한 사람이 불륜을 저지르는 것과 같이 가장 심각한 문제에는 보통 토론 전략이 사용된다. 최소화와 비언어적 용서는 저녁 약속에 늦는 것처럼 가벼운 문제에 쓰인다. 명시적 용서는 그사이 어디엔가 위치하는 갈등에 가장 적합할 것이다.

그런데 문제를 대화로 해결하거나 명시적으로 "용서할게"라고 말하려면 상당히 노력해야 한다. 자존심을 내려놓아야 하며, 때론 원하는 것을 포기해야 한다. 그래서 사람들은 용서 말고 괜찮아 보이는 다른 지름길을 택하기도 한다. 언뜻 보기에는 갈등을 해결해 줄 것 같지만, 자세히 들여다보면 아무런 효과가 없는 방법들이다.

'조건부 용서'란, 조건을 붙여서 상대를 용서하는 일을 연기하는 것이다. ("X와 Y를 하면 용서할 것이다.") '유사 용서'란 진심으로 용서하는 마음 없이 문제를 그냥 덮고 지나가거나 무시하는 것이다. (최소화 전략과는 다르니 혼동하지 말자.)[46] 연구에 의하면, 마음에 상처를 입은 사람은 조건부 용서를 통해 감정적으로 보호받는 기분, 즉 안전하다는 기분을 느낄 수 있지만, 근본적 상처는 아물지 않고 그대로 남는다. 유사 용서는 불행한 가족 관계를 그대로 유지하게 하는데, 실제로는 용서가 일어나지 않았기 때문에 관계에 해롭다.

불만을 품은 가족 구성원에게 조건부 용서와 유사 용서

는 여러 이유로 매력적으로 보일 수 있다. 조건부 용서는 가해자에게서 피해자에게로 권력을 옮겨준다. 진정한 용서라는 당근을 흔들면서, 가해자에게 자신이 원하는 행동을 유도할 수 있다. 유사 용서는 실질적으로 아무것도 해결하지 않은 채, 상대에게 짜증이 날 때마다 마음 한구석에 덮어둔 분노가 불쑥불쑥 튀어나오게 만든다. 조건부 용서와 유사 용서는 원숭이 덫과 같다. 감정이라는 쌀을 움켜쥐고 놓지 못하느라 화나고 쓰라린 마음에서 자유롭게 벗어나지 못하는 것이다.

감정의 원숭이 덫에 빠지지 않으려면, 의식적으로 주의를 기울여야 한다. 손아귀에 꼭 쥔 쌀을 놓고자 한다면 인내심과 자기 통제를 발휘해야 한다. 이때 몇 가지 기억해야 할 점이 있다. 첫째, 상대를 용서하기로 선택했다면, 갈등 해소가 당신이 상대에게 일방적으로 베푸는 행위가 아니라는 걸 명심해라. 갈등을 해결하면 상대뿐 아니라 당신에게도 이득이다. 원숭이 덫의 은유에서 이 사실을 분명히 보여준다. 먼 과거의 격언에도 같은 진실이 담겨 있다. 서기 5세기의 불교학자 불음은 분노에 사로잡혀 용서하기를 거부하는 사람은 "다른 사람을 때리고 싶어서 불이 붙은 숯을 집어들고 (…) 스스로 화상을 입는 사람"이라고 말했다.[47] 현대의 많은 연구도 용서가 용서하는 사람에게 정신적·신체적으로 이득이 된다는 것을 증명한다.[48]

둘째, 갈등에 대처하는 해법의 레퍼토리를 넓혀라. 만일 전에 시도한 해결책이 효과가 없다면, 더더욱 다른 방법들을 채택할 필요가 있다. 최소화 전략을 편안하게 느껴서, 가족이 자신에게 잘못한 걸 쉽게 떨치고 빠르게 용서하는 사람도 있다. 그런데 그와 갈등에 놓인 사람은 둘 사이의 문제가 최소화 전략으로 해결하기엔 너무 심각하다고 생각할 수도 있다. 만일 당신이 불만을 품은 쪽이라면, 최소화에서 한 발짝 나아가 명시적 용서를 시도해라. 양쪽 다 불만이 있다면, 토론 전략을 택하여 대화로 풀어보자.

셋째, 최소화 전략을 항상 염두에 두어라. 사소한 갈등은 굳이 해결하는 것보다 그냥 내버려두는 게 완벽한 해법일 때도 많다. 예를 들어 사랑하는 가족과 다투었던 일이 그와 연락을 끊을 만큼 중요한지 자문해 보고, 마음이 답하는 대로 행동해라.

다섯 번째 난관:
거짓말

가족과 공유하고 싶지 않은 비밀이 있는가? 머릿속에 떠오르는 모든 생각을 가족과 나누지 않는 건 꽤 논리적이고 합당한 선택이다. 특히 가족과 의견이 강하게 어긋날 때 모든 생각을 솔직하게 말하면, 서로 기분을 상하게 하거나 불쾌한 결과를 낳을 수 있다. 마음속으로는 그게 아니라고 비명을 지를 지언정, 겉으로는 속마음을 감추고 고개만 주억거리는 것이 실용적인 처세로 느껴질지도 모르겠다.

하지만 때로 문제를 외면하지 않고 자신이 보는 그대로를 말하는 것이 진정한 사랑에서 우러나오는 행동일 수 있다. 진실을 말할 용기를 내고, 가족들도 당신의 용기를 받아들일 수 있도록 노력하는 행위에는 깊은 사랑이 깃들어 있다.

1990년대에 정신치료사이자 작가인 브래드 블랜튼Brad Blanton이 저서 《급진적 정직*Radical Honesty*》에서 같은 내용을 주장했다. 상대가 받아들이기 어려운 진실을 말하는 데에는 대가가 따른다. 가족과의 관계에 금이 가는 대가를 치러야 할 수도 있다.[49] 그러나 블랜튼은 설령 그런 대가를 치러야 하더라도 선의의 거짓말, 예외적인 거짓말이 없는 완전한 정직은 추구할 만한 가치가 있다고 주장한다. 완전한 정직은 스트레스를 줄여주고, 다른 사람과 더 깊은 관계를 맺게 해주며, 감정적 반응성을 낮춰주기 때문이다.

가족 관계에서 "그 얘기는 하지 말자"라고 주장하는 쪽이라면, 블랜튼의 주장을 믿기 어려울지도 모르겠다. 그러나 연구 결과는 부정직보다 정직이 낫다는 사실을 증명한다. 자신의 감정과 믿음을 억누르고 있는 가족은, 온전한 자신의 모습대로 행동할 수 없기에 최고의 상태에 이르지 못한다. 부정직을 택하여 갈등으로 인한 불행을 피하려다가, 더 친밀하게 서로 이해하는 데서 오는 행복마저 덩달아 회피한 것이다.

우리가 사랑하는 가족에게 진실을 숨기거나, 심지어 거짓말을 하는 이유는 무얼까? 많은 이가 상대를 보호하기 위해서라고 말하고 싶을 것이다. 하지만 부정직을 선택하는 동기는 자기 자신에게 초점을 맞춘 경우가 대부분이다. 우리는 상대가 자신을 높게 평가해 주길 바라고("학교는 잘 다니고 있어."), 갈등을 회피하고 싶고("나도 정치적으로 그런 의견이야."), 다른 사람을 보호하고 싶다("아빠, 오늘 멋지네요.").[50] 부정직을 택하는 게 단순히 게으름의 산물일 때도 있다. 엄마가 "저녁이 입맛에 맞았니?"라고 물었을 때, 너무 짰다고 설명하는 데에 드는 에너지를 아끼고 싶은 것이다.

어떤 거짓말은 삶을 더 쉽게 만들어준다. 하지만 자기 자신에게 집중한 행동 대부분이 그렇듯, 삶을 더 행복하게 만들어주지는 않는다. 거짓말이 발각되면 신뢰에는 금이 간다. 가족 사이에서는 작은 선의의 거짓말도 해로울 수 있다. 마음에도 없이 단순히 상대가 듣고 싶은 말을 해줄 거라면, 가족이나 모르는 사람이나 다를 게 뭔가? 배우자가 당신과의 대화에 진심으로 임하지 않고, 듣기 좋은 소리로 대충 시간을 보내려고 한다는 걸 알아차렸다고 생각해 보자. 대단히 속이 상할 것이다. 더 행복해지고 싶다면, 일시적으로 화합이 깨지더라도 상대와 친밀한 관계를 유지하는 것이 더 중요하다.

솔직하기로 마음먹었을 때 유념해야 할 점은, 서로에게 힘겹더라도 충분한 사랑을 바탕 삼아 상대에게 투명한 자신의 모습을 보여주는 것이다. 물론 말보다 행동이 어렵다. 감정을 적당히 덮고 지나가는 게 전통인 가족에 속해 있다면 더욱 솔직해야 한다. 다행히, 심리학자들이 우리에게 알려준 괜찮은 시작점들이 몇 가지 있다.

첫째, 남에게 솔직해지기 전에 먼저 남에게도 솔직함을 요청하고, 그의 태도를 수용해라. 남의 기분이 상하든 말든 진실을 이야기하면서, 자신은 진실을 받아들이기 어려워하고 까칠하게 구는 사람들이 있다. 자신은 남을 비판하면서 남의 비판을 받아들이지 못하는 건 나르시시스트의 전형적인 특질이다. 덜 학술적인 용어로는 '내로남불(내가 하면 로맨스, 남이 하면 불륜)'이라고 한다.[51] 이건 사랑에서 우러나온 행동이라고 할 수 없다.

솔직함을 위한 노력의 시작점은 우선 스스로에게 솔직해지는 것이다. 그리고 다른 사람에게, 특히 사랑하는 가족에게 완전히 솔직한 진실을 말해달라고 청한 다음 어떤 이야기든 열린 마음으로 받아들이는 것이다. 일단 당신과 가까운 사람들에게 진실을 있는 그대로 말해달라고 요청해라. 진실을 들었을 때 기분을 상하지 않으려고 노력해라. 그들의 의견이 객관적 사실은 아니며, 그것을 기준으로 당신의 행동을 바꿀지는 당신의 판단에 달렸다. 어쩌면 상대가 일부러 당신의 마음을 상하게 하려는 말을 던질지도 모른다. 그런 때조차도, 마음이 상하거나 상하지 않는 건 오롯이 당신의 선택에 달려 있다.

둘째, 상처를 주는 진실이 아니라 상처를 치유하는 진실을 말해라. 우리가 다른 사람을 설득하는 일이 어려운 것은 우리가 우리 의견을 상대에게 선물처럼 건네는 게 아니라 무기처럼 휘두르기 때문이다. 진실에 있어, 이 원칙은 더 큰 힘을 발휘한다. 자신이 상처를 입었다고 해서 상대에게도 똑같이 상처를 주려고 진실을 꺼내 휘두르면(가족 간의 감정적 다툼에서 자주 있는 일이다) 그때 솔직함은 사랑의 표현일 수 없다. 상대에게서 부족한 부분을 보기보다 좋은 부분을 찾아내라. 그렇게 하면, 당신이 입에 올리는 진실은 상대를 솔직하게 칭찬하고 인정하는 말이 될 것이다.

셋째, 진실을 매력적으로 꾸며라. 아무리 좋은 것에만 집중하려고 해도, 이따금 피치 못하게 좋지 못한 말을 들려줘야 하는 순간이 온다. 그럴 때는 상대에게 들려주어야 하는 말을 성장의 기회로 재구성할 방법을 찾아내라. "네 생각은 틀렸어"라고 말하기보다 "그 문제에 대해 다르게 생각할 방법이 있어"라고 말하는 것이다. 물론 솔직한 피드백은 언제나 도움이 되겠지만, 타격감을 줄일 방법을 찾아내라.

가족끼리 진짜 솔직하게 이야기하는 것을 규칙으로 삼

는다니, 미친 짓이라는 생각이 들지도 모른다. 천천히 시작해라. 가족들에게 서로를 더 잘 이해하기 위해 솔직해지자고 이야기해라. 처음엔 어려워도, 시간이 지나면 조금씩 쉬워질 것이다. 솔직함이 습관이 되면 모두가 차츰 자기방어 태세를 내려놓고, 서로에게 더 관대해진다. 솔직함은 운동과 비슷하다. 처음에는 시간이 걸리지만 이내 습관이 되고, 나중엔 생활의 필수 요소로 자리 잡는다. 솔직함이라는 근육을 단련하면 가족뿐 아니라 친구들과 다른 타인에게도 더 정직해질 수 있다. 다만 당신의 솔직함이 상대를 치유하고 상대에게 매력적이어야 한다는 것, 그래야만 사랑의 표현이 된다는 점을 명심해라.

쉽게 포기하기엔
너무나 가까운

다른 곳에서는 얻을 수 없는 고유한 즐거움이 깃든 가족생활은 더 행복한 삶을 일구는 여정에서 결코 무시할 수 없는 존재다. 그러나 아무리 사이좋은 가족들도 한 번씩 난관을 겪는다. 갈등·유사성·부정성·용서·솔직함에 관해선 특히 많은 가족이 어려움을 마주한다. 각각의 난관을 성장의 밑거름으로 바꾸기 위한 중요한 원칙들을 요약해 봤다.

① 갈등을 회피하지 마라. 갈등이 어디서 비롯되는지 이해하고 적절하게 관리하면, 온 가족이 배우고 성장할 기회가 된다.

② 자신과 비슷한 상대와의 연애가 좋은 연애이며, 연인 사이의 차이점은 갈등의 씨앗이라고 생각할지도 모르겠다. 그러나 공통점은 몇 가지만 있어도 충분하다. 당신이 상대에게서 정말로 필요로 하는 건, 당신의 부족한 부분을 채워줄 보완적인 특성들이다.

③ 가족의 문화 전체가 부정성이라는 바이러스에 감염될 수 있다. 이럴 때에는 감정 관리를 개인이 아닌 집단에 적용해 보자.

④ 용서는 가족에게 주어진 비밀 무기다. 해결되지 않은 갈등은 거의 언제나 해소되지 않은 분노를 낳는다. 언어로 표현하든 말없이 표현하든, 서로 용서하는 것은 지극히 중요하다.

⑤ 명시적인 용서를 비롯해 까다로운 대화에는 언제나 솔직함이 필요하다. 서로에게 진실을 숨기는 가족은 가까워질 수 없다.

마지막으로 한 가지만 짚고 넘어가자. 가족과의 관계가 살얼음판을 걷듯 어렵다면, 관계 개선을 위해 노력하는 게 헛수고처럼 느껴질 수 있다. 우리 가족에겐 답이 없다며 손을 놓아버리기도 쉽다. 우리는 거의 매일 전 세계 사람들에게서 해결책이 없는 가족 문제로 골머리를 앓고 있다는 이야기를 듣는다. 이렇게 말하는 사람들도 있다. “그 사람들은 모른 척하고, 내 삶이나 잘 살고 싶어요.”

하지만 쉽게 포기해 버리면, 이는 대체로 후회로 남는다. “그 사람들”은 바로 당신 자신이기 때문이다. 이것이 가족의 신비로운 점이다. 당신의 배우자는 당신을 한 개인으로 완성시키는 사람이다. 당신의 자녀는 당신의 과거를 들여다보게 해주는 존재다. 당신의 부모는 당신의 미래를 엿보게 해준다. 당신의 형제와 자매는 사람들이 당신을 보는 모습을 비추어준다. 이것들을 포기한다는 건 자신에 대한 통찰을 잃는다는 의미다. 자신을 더 잘 알고 인간적으로 발전할 기회를 잃는다는 의미이기도 하다. 비록 당신이 선택하지 않은 가족이더라도, 절대 포기하지 마라.

그런데 당신에게는 당신이 직접 선택한 사람들도 있다. 친구들 말이다. 친구들에 관해선 어떻게 행동해야 할까? 친구들과의 우정은 우리가 삶에서 다음으로 세워야 할 기둥이다.

6

우정:
무용할수록 돈독해지는

"어릴 때부터 나는 남들과 달랐네." 에드거 앨런 포Edgar Allan Poe는 1829년에 으스스한 시 〈나 홀로*Alone*〉에 적었다.[1] 이 시에서 그는 남들과 감정적으로 연결되지 못하는 것에 관해, 즐거움과 슬픔을 나누지 못하는 것에 관해 상세히 적었다. "내가 사랑한 그 모든 것을—나 홀로 사랑했네."

포가 유별나게 타인으로부터 고립되어 산 건 아니다. 그는 평범한 가정에서 그럭저럭 자랐고 학교에 다녔으며 군에도 복무했다. 그러나 그는 그 기간 내내 다른 누구와도 인간적으로 깊이 연결되지 못했다. 예외가 있다면 그가 27세에 결혼한 사촌 버지니아(13세였다.)가 유일할 텐데, 안타깝게도 버지니아는 이른 나이에 결핵으로 세상을 떠났다.

부고에 적힌 글에 의하면 포는 "친구가 아예 없었거나, 있더라도 몇 사람 되지 않았"다.[2] 포는 대부분의 사람에 대해 자신의 시간을 내어줄 가치가 없다고 생각했다. 즉 사람들이 포와 있기 싫어한 게 아니라, 포가 다른 사람과 있기 싫어했다. 다시 한번 부고를 보자. "그는 한없이 복잡한 사교계에 관해 입장이 확고했다. 사교계라는 체계 전체가 그에게는 협잡이나 다름없었다." 포가 느낀 외로움은 스스로 만들어낸 것이었다.

그러나 포는 친구가 없어서 대단히 괴로웠다. 고통을 잠재우기 위해 알코올과 도박에 빠지기도 했다. 알코올 중독과 관련된 모종의 이유로 40세의 젊은 나이에 세상을 떠나기 전, 그는 자기 문제를 고백했다. "내가 인생과 명성과 이성을 걸고 추구한 대상은 쾌락이 아니었다. 견딜 수 없는 외로움의 감각이었다."[3]

우정은 더 행복한 삶을 떠받치는 두 번째 기둥이다. 친구의 존재는 힘든 날 어깨에 실린 짐을 덜어준다. 친한 친구를 오랜만에 만나는 것만큼 황홀한 즐거움은 드물다. 친구가 없는데도 잘 살 수 있는 사람은 없다. 이것이 수십 년 동안의 연구가 내놓은 명확한 결론이다.[4] 우정은 내향성·외향성과 무관하게 개인이 느끼는 행복도 격차의 60% 정도를 차지한다.[5] 인생에서 아무리 많은 부분이 잘못되더라도, 친한 친구들과 어울려 지내고 있다면 행복할 수 있다. 친한 친구가 없는 삶은 겨울에 난방이 되지 않는 (매사추세츠의) 집과 같다.

그러니 우리 사회에서 친구 없는 사람이 점점 늘고 있다는 건 안타까운 일이다. 사회과학자들이 "개인적인 기분이나 문제를 털어놓는 사적 대화를 한 게 마지막으로 언제입니까?"라고 물었을 때, 여기에 "한 적 없다"라고 답한 미국인의 비율이 지난 30년 동안 거의 2배로 늘었다.[6] 친한 친구가 3명 미만

이라고 답하는 미국인의 비율은 1990년 이래 2배로 뛰었다.[7]

그 이유 중 하나는 우리가 단체로 '포 증후군'에 걸려서다. 우리는 일부러 우정을 거부하고 있다. 심지어 원래 교류하던 친구들도 곁에서 밀어내고 있다. 오늘날, 스크린과 소셜 미디어에 빠져서 혼자 시간을 보내는 것이 과거의 어느 때보다도 쉬워졌다. 그 결과 많은 젊은이가 현실에서 친구를 사귀는 게 어색하거나 심지어 무섭게 느껴진다고 고백한다.

잘 굴러가던 우정이 해로운 정치적 싸움으로 인해 깨진 일은 또 몇 건일까. 설문조사 결과, 2016년 이후 정치로 인해 친구나 가족과 말하지 않는 사이가 된 미국인이 여섯 명 중 한 명이었다.[8]

물론 팬데믹도 빼놓을 수 없다. 팬데믹 종식이 선언된 뒤에도 2019년 이전의 "정상"으로 완전히 복귀하지 못한 사람은 당신뿐만이 아니다. 2022년 3월에 실시된 설문조사에서 응답자의 59%가 팬데믹 이전 활동으로 완전히 되돌아가지 못했다고 답했다.[9] "저 옛날"보다 재미를 위한 사교를 우선시하는 사람이 줄었다는 것 역시 행복에 큰 영향을 미친다. 팬데믹으로 인한 봉쇄가 끝나고 한참 뒤에 이루어진 설문조사에서, 응답자의 21%는 코로나바이러스 창궐 이후 사교가 자신에게 더 중요해졌다고 답했지만 35%는 덜 중요해졌다고 답했다.[10] 타인을 만나 사귀는 일에 관해 많은 사람이 불안을 느끼는데, 그들이 내놓은 가장 큰 이유는 "남과 어떤 말을 나누고 어떻게 교류할지 몰라서"였다.[11] 친구를 사귀는 법을 잊은 사람이 그만큼 많다.

좋은 소식은, 교우 기술을 다시 배우고 오래된 인간관계를 부활시키기에 늦은 시기란 없다는 것이다. 올바른 방법을 알기만 하면 어떤 난관이든 극복할 수 있다. 이번 장에서 우리는 사람들이 가장 흔히 마주치는 난관 다섯 가지를 다룰 것이다. 잘만 관리하면, 그 난관들을 소중한 기회로 바꿀 수 있다.

첫 번째 난관:
당신의 성격

에드거 앨런 포는 어느 모로 보아도 내향적이었다. 내향적인 사람이라면 본인 성격 때문에 친구를 더 많이 사귈 기회를 놓치거나 사람들과 가까워질 능력에 지장을 받는다고 생각할 수 있다. 하지만 내향성이 반드시 그런 결과로 이어지는 건 아니다. 친구를 더 많이 사귀지 못하게 만드는 장벽이라고 생각했던 성격이, 잘 활용하기만 하면 당신의 강점이 될 수도 있다.

당신의 우정이 얼마나 건강한지 평가하는 쉬운 척도는 친구의 수를 세는 것이다. 친구가 3명, 5명, n명 있어야 행복해질 수 있다는 이야기를 들어봤는가? 하지만 이는 당신의 구체적인 성격을 고려하지 않은 숫자들이며, 절대적인 게 아니다. 대강의 원칙은, 배우자 외에 가까운 친구가 최소한 한 사람은 있어야 하지만 현실적으로 '가까운 친구'로 간주할 만큼 함께 충분한 시간을 보낼 수 있는 친구는 많아야 열 명 정도라는 것이다. 그러나 정확한 숫자는 당신에게, 특히 당신이 내향적인지 외향적인지에 달렸다. 잘 관리하기만 하면 내향적이든 외향적이든 특별히 어려울 건 없지만, 성격에 따라 우정에서 겪게 되는 어려움의 종류는 달라진다.

심리학자들이 보는 외향성·내향성은 친화성·성실성·신경증과 더불어 '빅 파이브big5' 성격 이론에서 사람을 분류하는 한 특성이다.[12] 빅 파이브 이론은 1980년대 이후 심리학에서 단골로 쓰였지만, 외향·내향 이분법을 처음 대중화한 사람은 스위스의 심리학자 칼 융Carl Jung이었다. 그는 1921년에 발표한 성격 이론에서 내향적 집단과 외향적 집단이 서로 다른 인생 목표를 가진다고 상정했다.[13] 내향적 집단은 자율성과 독립을 추구하는 반면, 외향적 집단은 타인과의 화합을 추구한다. 이런 고정관념은 오늘날까지도 이어지고 있다.

독일에서 출생한 심리학자 한스 아이젠크Hans Eysenck가 1960년대에 융의 이론을 한 단계 더 발전시켜, 우리의 외향성 정도가 유전으로 결정된다고 주장했다.[14] 그는 내향형 인간보다 외향형 인간이 피질 각성, 즉 뇌를 깨우는 것을 더 힘들어하기에 타인과 함께하며 새로운 자극을 추구한다고 믿었다. 외향형 인간에게는 새로운 사람을 만나는 것이야말로 이상적인 자극이었다.[15] 뒤따른 연구들은 아이젠크의 가설 자체에 대해서는 엇갈리는 결과를 내놓았지만, 외향 집단과 내향 집단 사이에 분명한 인지적 차이가 있다는 사실을 발견했다.[16]

대체로 외향인이 내향인보다 더 행복하다. 2001년에 옥스퍼드대학교의 학자들은 설문을 실시해 응답자들을 네 가지(행복한 외향인·불행한 외향인·행복한 내향인·불행한 내향인)로 분류했다.[17] 이 연구에서 행복한 외향인의 수는 행복한 내향인보다 거의 2배 많았다. 내향인과 외향인 간에 존재하는 행복도 차이에 관한 설명은 흔히 융과 아이젠크의 고정관념을 따른다. 인간은 타고나길 사회적 동물이라서 타인과의 접촉에서 행복을 느끼고, 외향인은 타인과의 교류를 추구하는 만큼 더 행복하다는 것이다.

외향인의 열의는 타고난 것이다. 1960년대에 한 유명한 정신분석가가 "열정적인 정신 상태"라고 정의한 열의는 인간 성격의 요소 가운데 행복과 가장 긴밀하게 연결되어 있다.[18] 인생에서 일어나는 사건들에 대해 열의를 가지면 더 즐거워지고 기분도 나아진다. 열의가 있을 때, 사회적으로 고립되려는 경향은 낮아진다.

내향인이 고독을 선호하고 사교 활동을 힘들어하는 건

사실이지만, 그렇다고 해서 그들에게 친구가 필요하지 않은 건 아니다. 단지 그들은 새 친구를 사귀는 게 더 어려울 뿐이다. 반대로 외향인은 다른 난관을 마주하게 된다. 친구가 많아서 누군가와 깊은 관계를 맺기가 어려운 것이다. 외향인은 얕게 아는 사람들 여럿과 어울려 노는 경향이 있어서, 인생에 위기가 닥치면 수많은 지인 가운데 자신을 깊이 알고 사랑해 주는 사람이 하나도 없다는 걸 깨닫고 공허감을 느낄 수 있다.

내향인과 외향인 모두, 성격 때문에 진정한 우정을 일구지 못하는 건 아니다. 어떤 성격이든 잘 관리하면 괜찮다. 자기 성격의 단점을 극복하는 좋은 방법 하나는 성격이 반대인 사람에게서 교훈을 얻는 것이다. 먼저 거의 모든 사람에게 행복을 주는 요소인 미래에 관한 희망·목적의식·자존감을 살펴보자.

외향인은 미래에 관해, 자기 꿈에 관해, 자기 인생의 목적에 관해 남들에게 이야기하는 걸 무척 좋아한다. 과거부터 많은 심리학자가 증명했듯, 사람은 타인에게 어떤 결심을 알리면 그 결심을 더 잘 실천하는 경향이 있다. 누굴 만날 때마다 자기 목표를 알려주는 외향인의 습관은 실제로 목표를 이루고 더 행복해질 가능성을 높인다.[19] 내향인은 잘 모르는 사람들에게 개인적인 희망과 꿈을 이야기하는 게 불편하다. 그러나 가까운 친구와 일대일로 대화할 때는 꿈과 희망에 관해 솔직하게 털어놓으면 이를 이루는 데에 더 좋을 것이다.

한편 외향인도 내향인에게 배울 점이 있다. 소수의 친구와 깊게 사귀고 우정을 유지하는 것은 무리 지어 놀기, 여러 사람 앞에서 이야기하기, 새로운 사람과의 짜릿한 흥분을 좋아하는 외향인에게 어려운 일이다. 외향인은 다른 외향인 여럿과 얕은 관계를 맺는 경향을 지닌다는 연구 결과가 있다.[20] 그렇다면 외향인의 경우 매년 한 사람과 더 깊이 교류하겠다는 목표를 세우면 좋다. 그러려면 항상 여럿이서 만나기를 고집하는 대신, 상대를 일대일로 만나 인생의 심오한 것들에 관한 대화를 나누어야 한다. 취미와 정치 같은 가벼운 주제는 되도록 피하고, 믿음·사랑·행복 같은 깊은 문제를 이야기해 본다. 그러면 외향인도 전보다 깊은 인간관계를 맺을 수 있다. 만일 잘되지 않을 경우, 상대가 더 깊은 관계를 시도하기에 적절하지 않다는 걸 빠르게 깨달을 수도 있다.

두 번째 난관:
편의주의

당신의 친구들은 당신에게 유용한가? 그러면 좋겠다고 말할 수도 있겠다. 바로 여기에, 우리가 행복해지지 못하도록 방해하는 착각이 있다. 지금 바로 떠오르는 친구 열 명의 이름을 적어보자. 그중 몇 명은 가벼운 마음으로 메시지를 보낼 수 있을 테지만, 몇 명은 1년에 두어 번만 연락하는 사람일 것이다. 당신이 존경하는 일부도 있지만, 당신이 좋아하긴 해도 딱히 동경하진 않는 사람도 있을 것이다. 당신 역시 타인에게 이렇게 분류된다. 누군가에겐 단순히 유익한 사람이고, 누군가에겐 속 깊은 비밀마저 털어놓을 수 있는 상대일 것이다. 관계마다 주고받는 것도 다르며, 그건 전혀 나쁜 게 아니다.

이때, 거의 누구에게나 있는 친구의 유형이 있다. 당신이 무언가 원하거나 필요로 하는 친구다. 엄밀히 말해, 당신이 이 사람을 '이용'하는 건 아니다. 이득을 보는 사람이 양쪽 다일 수 있으니까. 이 관계의 핵심은 단순한 동료애가 아니라, 서로에게 유용한 사람으로서 주고받는 이득이다.

사회과학자들은 이런 관계를 편의주의적 우정이라고 부르며 그 상대를 거래 친구라고 부른다. 거래 친구는 거의 모든 사람에게 있다.[21] 2019년에 미국인 2만 명을 대상으로 설문한 결과, 평균적인 성인에게는 친구로 분류할 만한 사람이 열여섯 명 정도 있다고 한다.[22] 그중 "인생 친구"는 세 명, 정말 좋아하는 친구는 다섯 명이었다. 나머지 여덟 명은 일대일로는 어울리지 않을 사람들이었다. 논리적으로 우리는 이런 우정이 그 자체로 목적이라기보단 커리어를 발전시키거나 사회생활을 수월하게 해주는 등 목표의 수단으로서 기능한다는 것을 알 수 있다.

편의주의적 우정은 인생에서 단연코 유용하며 심지어 유쾌할 수도 있지만, 지속적인 즐거움과 위안을 주지는 않는다. 사교 활동을 열심히 하는데도 인간관계가 어딘지 공허하고 만족스럽지 않게 느껴진다면, 당신에겐 진짜 친구보다 거래 친구가 너무 많은 건지도 모른다.

중년에 느끼는 안정감을 가장 잘 예측하는 요소가 진정으로 가까운 소수의 친구라는 사실이 연구를 통해 밝혀졌다.[23] 방금 논했듯 진짜 친구를 열 명이나 가질 필요는 없으며, 실제로 사람들은 나이가 들면서 친구를 선별해 수를 줄여나가는 경향이 있다.[24] 그러나 배우자나 연인 이외의 진짜 친구가 한 사람도 없어서는 안 된다.

일단 지금 가진 우정이 그대로 괜찮은지 솔직하게, 찬찬히 점검해 보자. 고대 그리스의 철학자 아리스토텔레스는《니코마코스 윤리학*Nicomachean Ethics*》에서 편리한 방법 하나를 제안한다.[25] 그는 우정을 일종의 사다리로 분류할 수 있다고 주장했다. 사다리 바닥에는 감정적으로 가장 느슨하게 연결된, 서로에게 가장 적게 헌신하는 사람들이 있다. 이는 직장을 비롯한 사회생활에서 서로가 서로에게 유용하기에 관계를 유지하는 거래 친구들이다. 동료, 거래 파트너 등 서로에게 필요한 걸 제공할 수 있는 사람들이 여기 해당한다. 사다리를 조금 올라가면, 쾌락의 친구들이 있다. 지성이나 유머 감각 등 그가 가진 무언가를 당신이 좋아하고 동경하는 사람들이다. 사다리 꼭대기에는 아리스토텔레스가 "완벽한 우정"이라고 부른 미덕의 친구들이 있다. 이들과의 우정은 수단이 아니라 오롯이 목적이다. 아리스토텔레스는 이런 우정이 그 자체로 추구되며 현재에서 온전히 실현된다는 점에서 "완벽하다"고 말한다.

그런데, 어떤 친구가 반드시 사다리의 한 층에만 속하는 건 아니다. 어떤 친구는 함께 카풀을 할 수 있어 당신에게 유용하지만, 당신은 그의 당당한 솔직함을 닮고 싶을지도 모른다. 이렇듯 친구들을 주된 기능에 따라 분류해 보는 것은 우정을 점검하는 과정에서 중요하다.

완벽한 우정이 무엇인지 말로 설명하지는 못하더라도, 그것이 어떤 느낌인지는 대충 알 것이다. 이런 우정에서는 대개 당사자가 아닌 제삼의 무언가(초월적인 종교이든 야구 같은 취미이든)가 공유되지만, 그것이 일이나 돈이나 야망과는 관계가 없다. 이런 우정이야말로 우리에게 가장 깊은 만족을 주는 친밀한 우정이다.

이와 대조적으로 아리스토텔레스의 사다리에서 밑바닥을 차지하고 있는 편의주의적 우정은 만족감이 덜하다. 편의주의적 우정이 불완전하게 느껴지는 건 당신의 자아가 온전하게 참여하지 못하기 때문이다. 상대가 당신이 어떤 일을 수행하는 데에 필요한 사람이라면, 그와 맺는 관계에서 우리는 직업적 태도를 유지해야 한다. 갈등을 일으키거나 어려운 화제를 꺼내거나 상대와 지나치게 가까워져서 관계를 잃을 위험에 처할 수는 없기 때문이다.

불행히도 우리는 사회적 이익에 떠밀려 진짜 친구에게서 거리를 두고 거래 친구에게 향하곤 한다. 미국인 노동자는 평균 주당 40시간을 일하며, 관리자급의 경우 주당 근로 시간이 훨씬 길다.[26] 일하는 평일에 우리는 가족보다 동료와 더 오랜 시간을 보내며, 친구들과 보낼 시간은 당연히 부족해진다. 이런 식으로 거래 친구들이 진짜 친구의 자리를 밀어내고 즐거움을 앗아가고 있다.

이런 상황을 어떻게 헤쳐나가면 좋을까? 우선 앞에 적은 친구 열 명의 목록으로 돌아가 보자. 이름 옆에 "진짜 친구"와 "거래 친구"라고 적고 그들이 둘 중 어느 쪽에 속하는지 구분해 보자. 확신이 서지 않더라도, 최선을 다하는 것으로도 충분하다. 다음으로 "진짜 친구"의 이름을 보면서 그중 당신이 정말로 마음속까지 안다고 자부하는 사람이 얼마나 되는지 꼽아 보자. 살짝 기분이 처져 있을 때 말하지 않아도 먼저 알아차리고 "오늘 괜찮아?"라고 물어줄 사람은 몇 명인가? 사적인 이야기를 편하게 꺼낼 수 있는 사람은 몇 명인가? 두세 사람도 되지 않는다면 적신호다. 몇 명을 꼽을 수 있다 하더라도, 솔직히 자문해 봐야 한다. 가장 최근에 누군가와 속 깊은 대화를 나눈

게 언제인가? 한 달이 넘었다면, 서로가 친하다고 스스로를 속이고 있는 것일지도 모른다.

자, 이제 목록에 몇 사람이 남았는가? 배우자나 연인 외에는 한 사람도 남지 않았다면, 당신에게는 지금 문제가 있다. 진짜 우정으로 가는 열쇠는, 친구를 무언가를 얻기 위한 디딤돌이 아니라 그 자체로서 축복이라 여기고 대우하는 것이다. 그러려면 직장 밖에서, 나아가 직업과 학업의 네트워크 밖에서 친구를 사귀는 것도 하나의 방법이다. 당신에게 필요한 친구는 당신에게 관심을 가지고, 당신과 함께 시간을 보내주면서, 그 외에는 당신을 위해 해줄 수 있는 일이 하나도 없는 사람이다. 그런 사람과 우정을 시작해야 한다.

이때 우리가 추구하는 것은 유용함의 반대인 무용함이다(가치 없음과는 다른데, 가치 없는 친구는 아마 당신도 사귀어봤을 것이다!). 무용한 우정을 쌓기 위해 당신은 세속적인 야망과는 무관한 장소를 찾아가야 한다. 예배당이든, 볼링 리그든, 일과는 무관한 복지관이든, 그곳에는 당신의 커리어를 발전시키는 데에는 쓸모가 없지만 당신과 마음을 나눌 수 있는 사람들이 있다. 그런 곳에서 마음에 드는 사람을 만나면, 깊게 생각하지 말고 집에 초대해 보자.

직업적 성공이 다른 무엇보다도 가치 있는 것으로 평가받고, 일 중심주의가 컬트 종교처럼 숭배받는 요지경 세상에서, 우리의 인간관계는 거래 친구로 채워지기 일쑤다.[27] 그렇게 우리는 타인을 깊이 알고, 타인이 나를 깊이 알기를 원하는 가장 기본의 인간적 욕구를 채우지 못한 채 산다. 상대를 깊이 아는 것은 종교를 막론하고 많은 이가 신과의 관계에서 추구하는 것이며, 심리 치료에서도 변화를 일으키기 위한 열쇠로 기능한다.[28]

초월적 차원에서 우리가 가장 필요로 하는 사람이, 세속적 차원에서는 쓸모가 없는 사람이라는 것. 이것이 사랑의 위대한 역설이다. 남과 인간관계를 깊이 맺으려고 노력하다 보면, 이어서 행운이 따르면, "당신이 필요하진 않지만, 그냥 당신이 좋아요"라고 말할 수 있는 진짜 친구 한두 명을 갖게 될 것이다.

완벽한 우정은 아름다운 만큼 유지하기도 대단히 어렵다. 거래 친구는 밥벌이 중에 거듭 등장한다. 우정을 유지하기 위해 특별히 노력할 필요도 없다. 진짜 친구는 그렇지 않다. 가정생활과 일에 치여 바쁘게 지내다 보면 진짜 친구는 금세 멀어지고 만다. 대학 시절 완벽한 친구였던 사람이 어쩌다 보니 졸업 후엔 1년에 한두 번 만날까 말까 하는 사이가 된다. 멀어지고 싶은 마음은 추호도 없었는데, 시간이 흐르다 보니 자연히 그렇게 되었다. 그렇게 어영부영 중년에 이르면 생활의 압력으로 인해 완벽한 친구는 거의 남지 않는다.

가치 있는 것들이 으레 그렇듯, 이런 관계는 알아서 유지되도록 방치해선 안 된다. 그랬다간 관계가 끊어지는 건 시간

문제다. 진짜 친구들, 진짜 친구가 되고 싶은 사람들의 목록을 적은 다음 그들과 연락하고 만날 구체적인 계획을 세워라. 매주 시간을 정해 통화나 화상통화를 할 수도 있고, 직장에 있든 집에 있든 (가능하면) 반드시 전화를 받기로 약속할 수도 있다. 매년 일주일 정도, 혹은 단 하루라도 직접 만날 방법을 모색하는 것 역시 대단히 지혜로운 방법이다.

바쁜 삶 속에서 진짜 친구를 여러 명 사귀는 건 현실적으로 무리다. 두 명이면 충분하다. 단, 배우자를 제외하고도 한 사람은 있어야 한다는 사실을 명심해라. 그 사람에게 건넬 수 있는 가장 큰 칭찬은 이것일 테다. "당신은 내게 무용해요."

세 번째 난관:
아집

서양인들의 사고에 스며든 동양 종교 철학의 개념들 가운데 우리의 행복을(혹은 행복하지 못함을) 조명하는 것은 불교의 사성제 중 두 번째인 '집성제'다. 집성제에서는 집착이 인간이 느끼는 괴로움의 근원이라고 가르친다. 마음의 평화를 찾고 싶다면, 집착을 버리고 욕망에서 벗어나려는 의지가 있어야 한다.

그러려면 제일 먼저 자신의 집착을 솔직히 검토하는 작

업이 이루어져야 한다. 당신이 집착하는 대상은 무엇인가? 감정 관리를 통해 벗어나고자 했던 돈·권력·쾌락·명성과 같은 기분 전환의 도구들인가? 좀 더 깊이 파헤쳐 보자. 어쩌면 당신이 가장 심하게 집착하는 대상은, 당신의 의견인지도 모른다. 지금으로부터 2400년도 더 이전에 부처는 집착과 그것이 초래하는 지독한 결과에 관해 이렇게 말했다. "자신의 인식과 관점에 집착하는 이들은 세상에 머리를 들이박으며 산다."[29] 그리 오래되지 않은 과거에 베트남의 불교 지도자 틱낫한은 저서 《평화로움*Being Peace*》에 이렇게 적었다. "인간은 관점에 대한 집착에서 크게 고통받는다."[30]

집착은 우정을 완전히 망가뜨릴 수 있다. 물론 무언가를 강하게 믿는 것 자체가 잘못은 아니다. 문제는 서로 다른 믿음이 우정을 방해할 때다. 자신과 견해가 다르기에 누군가와 가까워질 수 없다고 생각하는 사람들이 있다. 예를 들어 정치적 의견이 매우 강한 사람은, 자신과 다른 정치적 입장을 가진 이가 못됐거나 모자란 사람이라고 생각할 (혹은 타인에게 그렇게 설득당할) 수 있다. 친구가 믿는 종교에서 당신의 생활 방식을 금기시하면, 당신이 그에게 "인간성을 부정당했다"라고 생각할 수도 있다. (그러나 당신은 학대를 당한 게 아니다. 그저 둘의 생각이 다른 것뿐이다.) 잘 보면, 이것도 포 증후군의 한 형태다. 상대에게 당신의 시간을 내줄 가치가 없다고 생각해서 우정을 죽여

버리는 것이다. 그런데 여기서, 지는 사람은 다름 아닌 당신이다. 외로워지고 고립되는 사람은 결국 당신이기 때문이다.

앞서 살펴보았듯 이 문제를 해결할 묘책은 해로운 감정에서 벗어나서 자신보다 타인에게 집중하며 사랑을 키워주는 미덕을 선택하는 것이다. 세월이 갈수록 부족해지는 이 미덕의 이름은 '겸허'다. 구체적으로 말해 사회과학자들이 '인식론적 겸허'라고 부르는 것이다. 이는 타인의 관점이 유용하거나 흥미롭다고 인정하는 것, 적어도 상대의 관점 때문에 상대를 사랑할 수 없는 건 아니라고 인정하는 것이다.

물론 인식론적 겸허를 실천하는 게 쉽지는 않다. 그렇지 않다면 미국인 여섯 명 중 한 명이 정치 문제로 친구와 가족과 절연하는 비극은 벌어지지 않았을 것이다. 그러나 여기에는 크나큰 행복이라는 보상이 따른다. 2016년의 한 연구에서 연구자들은 '겸허 지수'라는 척도를 고안해 냈다.[31] 겸허 지수는 우울과 불안과는 음의 상관관계를 보였고, 행복과 인생 만족도와는 양의 상관관계를 보였다. 게다가 연구자들의 발견에 따르면 겸허는 스트레스를 주는 사건들의 부정적 효과를 완화했다. 그 이유는 복잡한 뇌과학적 설명을 동원하지 않아도 알 수 있다. 겸허한 사람들은 진짜 친구가 더 많다. 같이 어울릴 때 더 즐겁기 때문이다.

과거 철학자들이 오래전부터 가르쳐온 교훈을 사회과학

연구가 증명하거나 뒷받침하는 일은 흔하다. 겸허와 행복에 관한 연구 역시 여기에 속한다. 5세기 초에 성 아우구스티누스는 어느 제자에게 세 가지 인생 조언을 건넸다. "첫째는 겸허다. 둘째는 겸허다. 셋째도 겸허다. 네가 나를 찾아와 지도를 구할 때마다 오직 이 말을 되풀이해 들려주겠다."[32]

자기 잘못을 인정하고 기존의 믿음을 바꾸는 겸허한 태도는 우리가 더 많은 친구를 사귀고 더 행복해지도록 도와준다. 그런데 우리는 지금까지 겸허함에 대항하는 방어기제를 철저히 두르고 살았기에, 지금까지 생각하고 행동해 온 방법을 바꾸려면 전략을 세워야 한다. 여기, 아집과의 전투에서 당신이 사용할 수 있는 세 가지 전략을 소개한다.

첫째, 스스로 틀렸다는 생각이 들면 빠르게 인정해라. 사람들이 자신이 옳지 않다는 생각을 끔찍이 싫어하는 건, 자칫 멍청하거나 무능해 보이리라는 두려움 때문이다. 의식적 사고 과정을 거치지 않고 변연계가 시키는 대로 행동하는 사람은, 앞뒤가 맞지 않는 걸 알면서도 죽을 기세로 자기 생각을 방어한다. 2015년의 한 연구에서는 학계에서 때때로 일어나는 현상에 초점을 맞추어, 자신의 연구 결과가 재현되지 않는다는 (그러므로 틀렸다는) 말을 들은 과학자들의 반응을 수집하여 비교해 보았다.[33] 대부분이 그렇듯, 자신의 주장을 반박당한 과학자들은 한층 방어적으로 나오거나 자신의 연구 결과에 더욱 몰두했다. 그런데 이런 행동은 그냥 자신이 틀렸다고 인정하는 것보다 과학자들의 명성에 더 큰 해를 끼쳤다. 여기서 우리는 교훈을 얻을 수 있다. 자신이 틀렸을 가능성이 있다면, 타인의 관점에 마음을 열어야 한다.

둘째, 반박을 환영해라. 파괴적인 행동으로 빠져드는 경향에 맞서는 제일 좋은 방법 하나는 "반대 신호" 전략을 채택하는 것이다. 예를 들어 슬픔에 잠겨 있을 때 웬만하면 타인을 만나고 싶지 않다는 기분이 들겠지만, 그럴수록 타인을 만나야 한다. 당신의 생각이 반박당해서 방어적인 기분이 들면, 스스로 방어하려는 본능을 능동적으로 거부하고 오히려 더 마음을 열어라. 누군가 "당신 생각은 틀렸어요"라고 말하면, "더 얘기해 주세요"라고 답해라. 일부러 당신과 생각이 다른 사람을 친구로 사귀고, 당신이 당연하다고 믿고 있던 전제를 다시 검토해라. 역사학자 도리스 컨즈 굿윈Doris Kearns Goodwin은 존 F. 케네디와 달리 끊임없이 자신에게 이의를 제기하는 인물들로 구성한 에이브러험 링컨의 내각을 "라이벌로 구성된 팀"이라고 불렀다.[34] 당신도 당신의 라이벌로 팀을 구성해야 한다고 생각을 바꾸어보자. 상상만으로도 고문 같다면, 그럴수록 얼른 시도해야 한다.

셋째, 작은 것부터 시작해라. 친구의 관점을 받아들이는 게 유리하다는 걸 깨달았어도, 실천에 옮기기는 어렵다. 종교나 정치 이념처럼 거창한 관점을 받아들이는 건 더욱 어렵다. 옷차림이나 스포츠 응원 팀처럼 작은 것부터 시작하면 한결 쉽다. 오랫동안 당연하게 여겨온 것들을 다시 생각하고, 할 수 있는 한 냉정하게 평가해 보자. 그리고 당신이 그것들에 실었던 감정을 거두고 타인의 관점을 받아들여 보는 것이다.

그렇지만 사소한 생각을 바꾸는 게 우리의 목표는 아니다. 목표 설정에 관한 연구에 의하면, 작은 습관을 버리고 바꾸는 경험에서 큰 습관을 바꾸는 방법도 배운다고 한다.[35] 소소한 변화에 도전함으로써 얻은 교훈을 인생의 더 큰 영역에도 적용할 수 있다. 관점을 아예 바꾸지는 못하더라도, 적어도 타인의 관점을 인정하는 법을 배울 수 있다.

생각을 바꾸는 기술에 능숙해지면, 귀가 얇다거나 변덕스럽다거나 미지근하다고 당신을 비판하는 사람들이 생겨날 것이다. 여기에 대처하는 방법을 미국인 최초로 노벨 경제학상을 수상한 위대한 경제학자 폴 새뮤얼슨Paul Samuelson에게 배울 수 있다.

1948년에 새뮤얼슨은 역사상 가장 칭송받는 경제 교과서를 펴냈다.[36] 세월이 흐르고 판본을 수정해 나가면서 그는 거시경제의 건정성을 위해 감내할 수 있는 인플레이션 수준을 5%에서 3%로, 나중엔 2%로 점점 줄였다. 이에 대해 연합뉴스에서는 "이랬다저랬다 하는 건 그만두어야겠다"라는 제목의 기사를 냈다. 1970년에 노벨상을 받고 TV 인터뷰를 하게 된 새뮤얼슨은 비판에 관해 직접 입을 열었다. "상황이 달라지면, 저는 생각을 바꿉니다. 당신은 어떻게 하십니까?" 장담하는데, 새뮤얼슨은 친구가 많았을 것이다.

네 번째 난관:
마법적 사고

배우자나 연인이 친구로서는 영 별로인 경우가 있다. 자신과 아예 종족이 다른 사람이라고 느껴질 때도 있다. 첫눈에 사랑에 빠졌지만, 함께 지내니 그 사람이 아주 좋지는 않았던 적이 있을 것이다. 이미 상당한 시간을 보내고서 복잡한 관계를 풀려니 골치가 아팠을 것이다. 인간적으로는 호감이 가지 않는 사람에게 어떻게 그토록 격렬한 열정을 느낀 것인지, 당혹스럽기도 했겠다. 열정적 사랑, 즉 처음 사랑에 빠질 때의 느낌은 살면서 마주하는 가장 강렬하고도 수수께끼 같은 경험이다. 사랑에 빠진 초기에 마치 당신의 감정이 상대에게 납치당한 기분이었는가? 그 느낌은 정확하다.

사랑에 막 빠졌을 때 당신의 뇌는 마약 중독자의 뇌와 놀랄 만큼 유사해진다. 쾌락과 고통을 관장하는 복측피개영역·미상핵·섬엽·배측 전방대상피질·배외측 전전두피질과 같은 영역이 크게 활성화된다.[37] 사랑에 빠진 당신의 뇌 안에서는 한마디로 한바탕 화학 실험이 벌어진다. 타인에 대한 신체적 끌림은 성호르몬인 테스토르테론과 에스트로겐의 분출로 나타난다. 연인과 함께 있고자 하는 기대와 희열감은 도파민과 노르에피네프린 레벨이 높아졌기 때문이다.[38] 불편할 정도로 사랑에 심취하게 되는 건 세로토닌 결핍 때문이며,[39] 상대에 갖는 집착과 질투는 늘어난 옥시토신과 연관되어 있다.[40]

열정적 사랑은 자기중심적이다. 뇌 속의 신경 화학물질들로 인해 당신은 온종일 당신의 감정에 관해, 당신과 관련된 상대에 관해 생각하게 된다. 그러니 사랑이 흥분을 일으킬 뿐 행복은 별로 주지 않는 건 당연하다.

열정적 사랑은 지속되지 못한다. 이 사실에 사람들은 실망과 경각심을 느낀다. 열정이 사그라진 것을 사랑 자체가 줄어든 것이라고 잘못 해석하기도 한다. 그러나 이는 진실과 거리가 멀다. 낭만적 사랑 초기에 마구 솟구치는 감정은, 시간이 지남에 따라 안정적이고 오래 지속되는 다른 무언가로 바뀌어야만 한다. 그것이 더 행복해지는 중요한 비결이다. 개인의 전 생애를 따라가는 최장기 연구인 하버드대학교 성인 발달 연구에서는 인생 후기에 행복을 예측하는 가장 중요한 지표가 안정적 관계, 특히 배우자나 연인과의 장기적 관계임을 밝혔다.[41]

80세에 가장 건강하고 행복한 사람들은, 50세에 자신의 반려 관계에 가장 만족하고 있는 사람들이었다.

낭만적 관계를 완성하려면, 열정을 최우선 순위로 내세워서는 안 된다. 오히려 열정이 다른 무언가로 진화하도록 적당히 놓아주는 것이 바람직하다. 그렇다고 해서, 단순히 법적 부부로 묶여 사는 상태가 충분한 건 아니다. 연구에 따르면 혼인 상태는 사람들이 인생 후기에 느끼는 주관적 안녕감에서 고작 2%를 차지했다.[42] 안녕감에서 더 중요한 건 혼인 여부와 무관하게 관계에 대해 느끼는 만족도로서, 그것은 사회과학자들이 "동반자적 사랑"이라고 부르는 것, 즉 안정적인 애정, 상호 이해, 헌신에 달려 있었다.[43] 동반자적 사랑은 말하자면 우정의 특별한 유형이다.

동반자적 사랑이 뭐랄까, 좀 재미없게 들릴 수도 있겠다. 우리가 친숙한 대중문화와 미디어에서는 사랑과 로맨스를 비현실적으로 그리는 경향이 있기 때문이다. 스크린에서 묘사되는 사랑은 첫눈에 반해서 평생 행복하게 산다는 식의 비현실적 개념에 쏠려 있다.[44] 연구 결과 디즈니 만화영화는 대부분이 이런 주제를 다루고 있었다.[45] 그러나 사랑을 비현실적으로 그려낸 영화들은 아동 및 청년의 '로맨스' 개념에 영향을 줄 수 있다. 2002년 미혼 남녀 학부생을 대상으로 이루어진 연구에서는 사랑과 로맨스와 관련된 TV 프로그램을 보는 데 소비하는 시간과 결혼에 관한 이상적 기대를 표현하는 정도 사이에서 강한 상관관계를 발견했다.[46] 2016년의 한 연구에서는 최근 사랑 이야기를 그려낸 영화를 본 10대 초반 아동이, 로맨스와 무관한 영화를 본 아동에 비해 "로맨스에 관한 이상주의적 믿음"을 가질 가능성이 더 크다는 것을 발견했다.[47]

첫눈에 반하는 사랑은 소설과 영화에서 꾸준히 인기 있는 주제지만, 우리가 살아가는 현실과는 별다른 관련이 없다. 연구자들은 사람들이 "첫눈에 반했다"라고 묘사하는 사랑이, 진실한 사랑에서 보이는 친밀성과 헌신 같은 실질적 특징과는 연관이 없음을 발견했다.[48] 이는 사람들이 과거의 첫 만남을 낭만화하기 위해 (실제와는 다름에도) 써먹는 표현이거나, 특별히 강한 육체적 끌림을 묘사하는 표현이었다.

사랑에 관한 이상적이고 비현실적인 믿음은 애정 관계에 큰 해를 입히기도 한다. 운명적 사랑, 어떤 두 사람이 보이지 않는 힘으로 연결되어 있다는 "소울메이트" 같은 개념을 생각해 보자. 수백 명의 대학생을 대상으로 한 연구 결과, 이런 개념을 믿는 것은 우주가 맺어준 천생연분의 상대가 애써 소통하지 않아도 자신의 바람과 욕구를 미리 알고 이해해 줄 것이라는 가정을 비롯한 역기능적 관계 패턴과 상관관계가 있다는 사실이 밝혀졌다.[49] 다시 말해, 운명에 관한 믿음은 상대가 말하지 않아도 자기 마음을 알아주리라는 믿음으로 이어진다.

우리가 추구해야 할 올바른 목표는 동반자적 사랑이다. 상대와 가장 친한 친구이되 여전히 서로 사랑하는 사이가 되도록 노력해야 한다. 열정적 사랑이 초기에 그토록 흥분을 일으키는 건, 상대방이 낯선 사람이기 때문이다. 그런데 낯선 상대와 깊은 우정을 일구는 건 불가능하다. 우리의 목표는, 서로를 친밀하게 알아가면서도 계속 서로에게 매력을 느끼는 것이다.

친밀한 우정을 나눈다는 건, 자신을 온전히 상대와 공유해 "나"에서 "우리"가 된다는 의미다. 물론 두 사람 사이에서 의견 대립이 일어나고, 분노와 쓰라린 감정이 생겨날 수 있다. 불행도 존재할 수 있다. 그러나 여기서 두 사람의 목표는 문제를 마냥 피하는 것이 아니라, 문제를 통해 배우고 성장하는 것이다. 싸움을 기피하기보다는 협력적인 갈등 방식(함께 노력해서 해결책을 찾는 것)을 택해 난관을 헤쳐가고, 그 과정에서 상대와 더 가까워지는 것이다.

여러 연구를 종합했을 때, 동반자적 사랑이라는 형태의 깊고 오래가는 우정을 발전시키는 데에는 다섯 가지 방법이 있다. 첫째, 가벼워져라. 열정적 사랑은 심각하고 재미가 없으며 무겁기 마련이다. 그러나 당사자들의 행복감을 키워주는 좋은 동반자적 사랑은 그보다 훨씬 가볍다. 둘 사이의 친밀함이 서로에게서 가벼운 부분을 끌어내기 때문이다. 인생의 동반자들은 서로 부드러운 농담을 던지고, 함께 즐기며, 친한 친구들과 그렇듯 같이 빈둥거린다.

둘째, 동반자적 사랑은 관계 속 두 개인보다는 두 개인이 이루는 한 쌍에 집중한다. 상대와 다투는 걸 두려워할 필요는 없지만, 잘 다퉈야 한다는 건 명심해라. 커플의 다툼을 연구한 연구자들은 싸울 때 "우리"라는 대명사를 사용하는 이들은 "나/너"라는 대명사를 사용하는 이들보다 심혈관 수치 상승이 덜하고, 부정적 감정을 덜 느끼며, 만족도가 더 높음을 밝혔다.[50] 이런 효과를 누리려면 오랜 세월 쌓아왔을 나쁜 버릇을 버리려는 노력이 필요하다. "당신은 내 감정을 이해하려고 노력하지 않는군" 대신, "우리가 서로의 감정을 이해하려고 노력해야 할 것 같아"라고 말해보자. 남에게 말할 때도 "우리"를 기본 대명사로 삼아라. 당신은 밤늦게까지 노는 걸 좋아하지만 배우자가 싫어한다면, 저녁 10시에 만나자는 다른 사람의 제안을 거절하면서 "우리는 집에 일찍 들어가는 편을 선호해요"라고 말해보자.

셋째, 돈 관리에서도 한 팀이 되어라. 많은 커플이 돈에 관해서만은 은행 계좌를 따로 관리하는 등 개인이 관리하며 그것이 갈등을 피하는 지름길이라고 믿는다. 하지만 이는 한 팀으로 생각하고 행동할 기회를 놓치는 것이다. 과연 학자들은 돈을 한데 모아서 관리하는 커플들이 더 행복하고, 서로의 곁에 머무를 확률도 더 높다는 사실을 밝혀냈다.[51] 함께 돈을 관리하는 건 배우자 간의 소비 습관이 다를 경우 더 어렵겠지만,

배우자와 자원을 한데 합칠 때 더 신중하게 소비하는 경향이 생긴다는 연구 결과도 있다.[52]

넷째, 다툼을 운동처럼 여겨라. 헬스장에 꾸준히 다니는 사람들은, 운동을 벌처럼 여기지 않아야 오래가는 습관으로 굳힐 수 있다고 입을 모아 이야기한다. 물론 운동에는 고통이 따르지만, 주기적으로 운동하는 사람은 불행해지는 게 아니라 강인해진다. 부부 또는 연인이 서로 협력할 때, 갈등은 운동과 같다. 물론 당장은 즐겁지 않지만, 두 사람이 힘을 모아 피할 수 없는 문제를 해결하는 과정에서 관계는 굳건해진다.[53] 다툼을 기회로 바꾸는 하나의 방법은 어떤 문제가 생겼을 경우 감정적 위급 상황이 벌어진 것처럼 굴지 말고, 따로 시간을 정해서 해결하는 것이다. 갈등의 원인이 두 사람의 의견 대립이라면, 상대가 자신을 공격해서 불편한 위급 상황이 발생했다는 생각을 버려라. 관점을 바꾸어, 두 사람 사이에 시간을 내어 고칠 문제가 생겼다고 생각해 보자.[54]

마지막으로, 동반자적 사랑은 배타적이어야 한다. 사람들은 대부분 감정적으로나 성적으로나 일대일의 관계에서 낭만적 사랑이 성립할 때 가장 행복해한다. 오늘날 이 생각에 반대하는 사람들도 더러 있겠으나, 도덕적 잣대가 아니라 실질적 증거가 이를 뒷받침한다. 2004년 미국 성인들을 대상으로 한 대규모 설문에서, "행복을 가장 증대시키는 지난해 성적 파트

너의 수는 1명"임이 밝혀졌다.[55]

마지막으로 한 가지 짚고 넘어가겠다. 동반자적 사랑은 배타적인 게 가장 좋지만, 우정은 배타적이어선 안 된다. 2007년에 연구자들은 가까운 친구가 두 명 이상 있다고 말한, 즉 배우자 외에 가까운 친구가 한 명 이상 있는 기혼 성인이 배우자 외에 가까운 친구가 아예 없는 사람들보다 인생 만족도와 자존감이 높고, 우울감이 낮다는 것을 발견했다.[56] 다시 말해, 장기적인 동반자적 사랑은 행복에 필요조건이되 충분조건은 아니다.

다섯 번째 난관: 비대면

1995년에 레나 루다프스키Rena Rudavsky와 가족은 한 참신한 심리 실험의 참여자로 선발되었다. 카네기멜론대학교 연구자들은 레나의 집 식당에 컴퓨터를 설치하고 인터넷을 연결했다. 당시 미국인 중 인터넷을 사용하는 비율은 9%에 불과했다. (2020년에는 거의 91%로 늘었다.)[57] 당시 중학생이었던 레나는 성인이 된 지금도 매일 컴퓨터 앞에 앉아 채팅방에 참여하고 인터넷 서핑을 하던 나날을 기억한다. 레나의 차례가 끝나면 다른 가족 구성원이 컴퓨터를 넘겨받았다.

이상하게도 이 실험은 레나의 집에서 별다른 토론을 유발하지 못했다. “컴퓨터가 켜지면 대화를 거의 하지 않았거든요.” 레나의 말이다. 그는 특히 “사적인 인터넷 경험을 가족끼리 공유하는 사람은 없었다”라고 말한다.

널리 알려진 1998년 “홈넷” 연구의 연구자들이 밝혔듯, 레나의 경험은 보편적이다.[58] 인터넷 사용량 증가는 가정 내 가족 구성원들 사이의 소통 감소와 상관관계가 있었다. 또한 사회적으로 어울리는 사람의 수가 감소하는 것과도 관계가 있었다. 제일 나쁜 점은, 인터넷 사용이 참여자들의 우울감과 외로움 증가를 낳았다는 것이다. 레나는 자신의 경험도 이 연구 결과와 일치한다고 말한다.

홈넷 실험은 인터넷과 스크린, 또는 현대 소통 기술 전반의 폐단으로 해석될 수 있다. (실제로 그렇게 해석돼 왔다.) 그러나 이 실험은 사랑과 행복에 관한 아주 단순한 사실을 보여준다. 타인과의 대면 소통을 줄이는 기술은 우리의 안녕감을 낮추므로, 매우 신중히 관리해야 한다는 것이다. 기술의 혜택을 온전히 누리고 싶다면, 우리는 기술을 가족 및 친구와의 대면을 확장하는 방식으로 사용해야 한다.

코로나 팬데믹으로 인해 사회적 연결을 다루는 새로운 연구들이 우후죽순으로 쏟아져 나왔다. 사교가 이루어지는 환경에 갑작스러운 변화가 일어날 때마다, 연구자들은 클립보드를 손에 들고 찾아와 귀찮은 질문들을 던져댄다. 지난 몇 년 동안 가장 많은 질문이 던져진 분야는 대면 소통에서 디지털 커뮤니케이션으로 이동한 대규모의 급작스러운 변화가, 전반적인 사회적 연결감에 어떤 영향을 미쳤는지였다. 팬데믹 초기 몇 개월 동안 약 3천 명에 달하는 성인들을 대상으로 설문한 결과, 이메일·소셜 미디어·온라인 게임·문자 메시지가 대면 상호작용을 대체하기에 부족하다는 점이 밝혀졌다.[59] 음성 통화와 화상통화가 그보다 다소 나았다. (하지만 이후에 이루어진 다른 연구에선 이런 기술의 가치에도 의문을 던진다.)[60]

화면을 넘기거나 인터넷 서핑 등 혼자서 기분전환을 하는 것이 어떻게 사회적 연결감을 줄이는지는 알기 쉽다. 이런 행동들은 타인과의 상호작용을 대신한다. 문자 메시지와 같은 가상 커뮤니케이션 기술은 상호 소통을 기반으로 설계되었으므로 이론상 좀 덜 유해해야 맞다. 그러나 문제는, 이런 기술이 실제 소통의 차원을 축소한다는 것이다. 문자 메시지에서는 상대의 목소리를 듣거나 얼굴을 볼 수 없기에 감정이 잘 전달되지 못한다. 소셜 미디어의 다이렉트 메시지도 마찬가지다. (소셜 미디어는 보통 한 개인과 소통하는 것보다는 다수의 청중을 대상으로 자신을 표현하기 위해 사용한다.) 현실에서 일어나는 대면 의사소통과 가상 커뮤니케이션 기술의 관계는 〈모나리자〉 원본 그림과 픽셀화된 버전의 관계와 같다. 후자도 어떤 그림인지 알아볼 수는 있지만, 진짜와 같은 감정적 효과를 내는 것은 불가능하다.

차원이 낮은 커뮤니케이션에서 우리는 한 사람에게만 집중하지 않고 여러 사람과 동시에 소통하는 경향이 있으며, 이는 넓고 얕은 관계를 낳는다. 이것이 우리가 문자 대화보다 대면 대화에서 속마음을 털어놓는 경향이 있는 이유이기도 하다. 연구 결과, 깊은 대화는 짧은 소통보다 우리에게 더 큰 안정감을 준다고 한다.[61] 한편 최근의 종적 연구에서는 또래보다 문자 메시지를 많이 사용하는 10대는 우울과 불안, 공격성을 더 많이 경험하고 부모와 관계가 더 나쁜 경향이 있다는 사실이 밝혀졌다.[62]

팬데믹 시대에야 어쩔 도리가 없었지만, 반드시 그래야 하는 상황이 아닐 때도 우리가 자발적으로 우리의 행복감을 낮추는 기술을 채택한다는 게 이상하게 느껴지기도 한다. 근데 여기에는 두 가지 주요한 설명이 있다. 편해서 그리고 예의를 차리기 위해서다. 스크린 앞에서 늘어져 있는 것(미국 10대 10명 중 9명이 이 활동을 자신의 "소일거리"라고 부른다.)이 친구와 실제 대화보다 훨씬 쉽다. 문자 메시지 같은 가상 커뮤니케이션은 실제로 방문하거나 전화하는 것보다 더 쉽고 빠르게 연락을 취할 수 있다.[63] 이런 기술은 편의점 즉석식품과 같다. 맛이 끝내주진 않더라도 간편함은 따라올 수 없다. 그렇게 전자레인지에 돌린 부리토만 계속 먹다 보면, 진짜 부리토의 맛은 잊게 된다.

성격 형성기에 가상 기술 실험에 참여한 레나는 인터넷의 위력에 관해 깊이 생각하게 됐고, 평생 기술을 사용하는 방식에도 영향을 받았다. 레나는 대학 시절에 페이스북 계정을 갖고 있었지만, 졸업 후에 삭제하고 다시 만들지 않았다. 소셜 미디어는 종류를 막론하고 배제하며, 자녀들에게도 인터넷을 허용하지 않는다. 오늘날 레나가 하는 일(이 책의 연구 보조로 일하는 것이 그중 하나다.)에도 가상의 요소가 있지만, 그는 가능하면 사무실로 직접 출근하는 쪽을 선호한다.

오늘날 누군가에게 그의 삶은 구식으로 느껴질 수 있다. 레나의 딸은 이웃집에 놀러가고 싶으면 현관문을 두드린다. 레나의 가족은 저녁을 먹은 뒤 현관 앞에 앉아서 서로 대화를 나누고, 지나가는 사람들과도 이야기를 나눈다. 레나는 편지를 써서 우편으로 부친다. 그가 기술을 사용하는 건 우정을 대신하기 위해서가 아니라 보충하기 위해서다. 예를 들어 그가 부모 채팅방에 들어가 있는 목적은 오로지 대면 활동에 참여하기 위해서다.

우리 대부분에게, 특히 인터넷과 더불어 성장한 세대에게 인터넷은 인생이라는 생태계의 당연한 부분으로서 우리가 내리는 의식적 결정과 무관하게 우리 삶의 구석구석을 알아서 파고든다. 물론 우리가 이런 기술이 만들어지기 전의 과거로 돌아갈 수는 없다. 하지만 의식적으로 사랑과 우정을 위하는 방향으로 기술을 사용할 수는 있다. 그 방법에는 두 가지가 있다.

첫째, 혼자 놀기보다 상호작용을 택해라. 그리 참신하게 느껴지는 규칙은 아닐 테다. 45년 전에도 부모는 아이들에게 TV만 보지 말고 나가서 친구들과 놀라고 했다. 과거와 차이가 있다면, TV는 주머니에 넣어서 어디든지 지니고 다닐 수 없었다는 것이다. 경험적 증거를 통해 우리는 스크린을 보면서 혼자 노는 것이 행복감을 낮추고 우울과 불안 같은 기분 장애를 낳을 수 있음을 알고 있다.[64]

바람직하지 않은 습관에서 벗어나려면, 당신이 사용하는 기기에서 소셜 미디어와 인터넷에 시간을 얼마나 보냈는지 알려주는 기능을 사용해라. 이용 시간을 하루 한 시간 이하로 제한해 둬라. 학술적 연구에선 아직 검증되지 않았지만, 또 다른 인기 있는 접근법은 화면 설정을 컬러에서 흑백으로 바꾸는 것이다.[65]

둘째, 소통의 우선순위를 정해라. 문자 메시지를 완전히 그만두는 건 합리적이지 못한 결정이다. 하지만 친구들과, 사랑하는 가족들과 대화하는 것을 가상 기술을 이용한 소통보다 우선순위로 정해놓으면 문자 메시지를 덜 쓰게 될 것이다. 가능하면 실제로 사람을 만나려고 노력해라. 특히 친한 사람과는 얼굴을 보고 대화해라. 2021년의 한 연구에서는 대면 소통을 더 많이 할수록 상대에게 이해받는다는 느낌이 강해지고 관계에서의 만족도도 높다는 사실이 밝혀졌다.[66] 실제로 만나는 게 불가능할 경우, 화상통화나 음성통화를 사용해 보고, 문자 메시지를 비롯한 가상 소통 기술은 개인적이지 않거나 위급한 일에만 쓰자.

우정은 타고날 수 없다

많은 사람이 우정은 의식적 노력 없이 자연스럽게 생겨나는 것이라고 생각한다. 이것은 오해다. 인생의 중요한 것이 전부 그렇듯, 우정에도 관심과 노력이 필요하다. 우정은 목표를 가지고 일굴 대상이다. 이 장에서 다룬 여러 난관을 기회로 바꾸고 싶다면, 다섯 가지 교훈을 기억해라.

① 성격이 내향적이고 거절당하는 걸 두려워하는 편이라고 해서 친구를 사귀지 못하는 건 아니다. 반대로 외향적이라고 해서 사람을 깊게 사귀지 못하는 것도 아니다.

② 상대가 자신에게 줄 수 있는 유용성을 추구할 때, 우정은 망가진다. 사회적·직업적으로 상대가 당신에게 줄 수 있는 도움은 진짜 우정의 중심일 수 없다. 서로에게 갖는 애정과 함께 보내는 즐거운 시간을 바탕으로 인간관계를 쌓아라.

③ 오늘날 의견 차이로 인해 깊은 우정이 깨지는 일이 많다. 그러나 두 사람의 차이점은 오히려 우정을 강하게 해준다. 자존심을 내세우는 대신 겸허해질 줄 안다면, 엄청난 행복이라는 이득을 누릴 수 있다.

④ 로맨스의 장기적 목표는 상대를 향하는 열정을 꺼뜨리지 않는 게 아니라 상대와 특별한 유형의 우정을 쌓는 것이다. 동반자적 사랑은 신뢰와 상호 애정을 기반으로 한다. 여전히 서로를 사랑하는 나이 든 부부의 사랑이 이러하다.

⑤ 진짜 우정에는 진짜 접촉이 필요하다. 기술은 깊은 인간관계를 보충할 수는 있지만, 대체재로서는 형편없다. 가장 사랑하는 사람들과 실제로 만날 방법을 더 많이 찾아보라.

지금까지 더 행복한 삶을 만들어갈 토대가 되는 기둥 두 개를 살펴봤다. 가족과 우정에는 많은 시간과 헌신이 필요하다. 그러나 사람들은 대부분 다른 것에 훨씬 더 많은 시간을 쓰고 있다. 우리의 시간을 가장 많이 차지하는 건, 다름 아닌 일이다. 일주일에 40시간을 일하고 통근 시간마저 길 경우, 일은 당신의 인생에서 가장 많은 시간을 소요하는 존재일 것이다. 이렇듯 일에 많은 것을 투자하는 상황에서는 특히 유의해야 한다. 아무리 일보다 가족과 친구 관계를 더 중요하게 여기더라도 일 자체가 괴롭다면 행복을 늘리기가 어렵기 때문이다.

하지만 일의 괴로움을 줄이는 건 우리가 추구하려는 목표와는 거리가 멀다. 우리의 목표는 그보다 훨씬 높다. 일은 단순히 밥벌이로 가족을 부양할 자원을 제공하는 것에 그치지 않고, 우리에게 행복을 안겨줄 수 있는 존재다. 그게 우리가 다음 장에서 다룰 내용이다. 생계를 위한 일을 즐거움의 원천으로 삼으려면 어떻게 해야 하는가?

7

일:
목표와 수단, 그 이상

더 행복한 삶을 만들어갈 토대인 세 번째 기둥은 의미 있는 일이다. 수백 건의 연구에서 직업 만족도와 인생 만족도 사이에 양의 상관관계 및 인과관계가 있음이 증명되었다. 자기 일을 사랑하면, 인생에서 느끼는 행복감이 전체적으로 올라간다.[1] 온 마음으로 일에 몰두하는 것은 하루를 즐겁게 보내고, 만족스러운 성취감을 느끼고, 자신이 기울인 노력에 어떤 의미가 있는지 확인하는 훌륭한 방법이다. 최상의 상태일 때 일은, 레바논의 시인 칼릴 지브란Khalil Gibran의 우아한 표현을 빌리자면, "보일 수 있게 만들어진 사랑"이다.[2]

좋은 소식이다. 하지만 나쁜 소식이기도 하다. 일을 단순히 고된 노역이라고 느낄 때, 사랑이 없는 일에 매여 살 때, 일은 한낱 숙제로 추락한다. 자신을 인정해 주지 않는 직장에 출근해서, 온종일 지루하고 무력하게 일을 하기 위해 아침마다 힘겹게 침대를 빠져나오는 게 즐거울 리 없다. 세상에는 객관적으로 정말 형편없는 일자리도 있다. 단순히 재정적으로 쪼들려서 일을 해야 한다면 다른 조건이 아무리 좋아도 일에서 심한 스트레스를 받을 수 있다. 그러나 더 행복한 삶을 선택할 수 있다는 걸 아는 사람들은 일에서 스트레스를 덜 받고, 즐거움을 더 많이 느끼고, 개인적으로 성장할 기회를 찾아낼 수 있다.

어떤 직업이 당신을 더 행복하게 만들어줄지, 그 직업을 어떻게 얻을 수 있을지 구체적으로 짚어줄 수 있다면 좋을 것이다. 그러나 당신을 행복하게 해주는 '일'을 갖는다는 건, 크나큰 명성이나 연봉이 주어지는 특정한 직업을 갖는 것과는 다르다. (물론 생존을 위한 돈은 전제되어야 한다.) 변호사·전기 기사·가정주부·전업 자원봉사자로 사는 게 누구에겐 안성맞춤이지만 누구에겐 끔찍할 수 있다. 직업 만족도와 구체적인 직업 사이에서 명확한 관계를 찾아보려 시도한 연구자들은 목표를 이루지 못했다. 2018년 진행한 설문에서 "가장 행복한 직업"들은 대학 조교·품질보증 애널리스트·네트워크 개발자·마케팅 전문가 등으로 눈을 씻고 보아도 공통점을 찾을 수 없었다.[3] 가장 불행한 직업 역시 비서·경비원·마트 캐셔·관리자 등으로 중구난방이었으며, 교육과 수입 수준과는 대체로 무관했다.

행복이 구체적인 직업이 아니라 당신 자신에게 달렸음을 보여주는 다음 두 사례를 살펴보자.

스테파니는 대학 시절부터 업계에서 손꼽는 기업을 이끄는 CEO를 꿈꾸었다. 피나는 노력 끝에 그는 40대 중반에 마침내 CEO 사무실에 입성했다. 그야말로 눈부신 성공이었다. 그의 지휘하에 회사는 재정적으로 고점을 기록했으며 내부에서의 평판은 더할 나위 없이 좋았다. 언론에서는 그의 리더십에 대해 긍정적인 기사를 냈고, 연봉도 아주 좋았다.

"누가 봐도 번듯한 성공을 거두었죠. 스스로가 자랑스러워요." 그는 말했다. 그러나 성공의 이면에는 많은 희생이 따랐다. "아이들이 커가는 모습을 못 보고 많이 놓쳤어요. 가족과 함께하는 시간이 부족한 게 결혼 생활에도 상처가 되었고요." 스테파니는 지인이 많고 친구도 수백 명에 이르지만, 대부분 고객과 동료일 뿐 진짜 친구는 한 사람도 없었다.

스테파니는 피땀을 흘려 좋은 성과를 냈지만, 그렇게 10년을 넘게 일한 뒤 지쳐 있었다. 회사는 승승장구하고 있었고 임원들과 직원들은 스테파니가 오랫동안 경영자의 자리를 지키길 바랐다. 그러나 자신의 속마음을 솔직하게 들여다본 끝에 스테파니는 현재의 생활이 행복의 손익 평가를 통과하지 못한다는 결론을 도출했다. 좋은 나날도 있었지만, 그조차 스트레스로 얼룩지기 일쑤였다. 외로움도 심했다.

스테파니는 자신이 일하는 동안 회사에 오래가는 유산을 남길 수 있으리라 믿었으나 그조차 환상에 불과했다. 사임하고 몇 달 뒤 회사를 방문하게 된 그는 자신이 CEO로 있을 때 세워진 호화로운 본부로 걸어 들어가며 자신의 존재가 지워졌다는 걸 서서히 깨달았다. 악감정이 남은 건 아니었다. 그러나 회사는 그를 남겨두고 순조롭게 전진하고 있었다. 새 CEO는 그의 전철을 밟아 같은 고객들을 만나고, 같은 거래를 성사시키고 있었다. 옛 동료들은 화기애애하게 그를 맞아주었지만 그가 현재 어떻게 살고 있는지 개인적으로 관심을 기울이는 사람은 없었다. "그럴 이유가 있겠어요?" 스테파니가 수사적 질문을 던졌다. 스테파니는 59세의 나이에 주위의 모든 사람에게 성공했다고 축하받으며 중역의 자리에서 퇴임했지만, 여전히 살아 있음을 느끼게 해줄 무언가를 찾아 헤매고 있다.

앨릭스의 사례를 보자. 그의 희망은 스테파니에 비해 소박했다. 중산층 가정에서 중산층다운 기대를 받으며 자란 그에게는 그럭저럭 괜찮은 성적을 받고, 주립대에 진학하고, 안정적인 직업을 가지는 게 의심의 여지 없이 당연한 인생의 경로로 보였다. 그의 손에는 좋은 삶을 살아가기 위한 실행 가능하고 합리적인 공식이 쥐어져 있었다. 그런데 어떤 이유에선지, 그는 아무리 노력해도 이 공식에 자신을 끼워 맞출 수 없었다. 고등학교에서는 안정적으로 B 학점을 유지했으나 특출하게 잘하는 과목은 없었다. 대학에 진학해서 회계를 공부했지만 적성에 맞지 않아서 공부가 고역으로만 느껴졌다.

대학을 졸업하고 앨릭스는 고향의 제조 기업에 회계 담당자로 취직했다. 1년 뒤에는 연봉이 조금 더 높은 일자리로 옮겼다. 그 후 20년 동안 그는 몇 년마다 한 번씩 몸값을 높여 새 회사로 이직했고, 40대 중반에 이르자 대단하진 않더라도 썩 괜찮은 연봉을 받게 되었다. 그의 인생에서 제일 소중한 부분은 가족과 친구들이었다. 결혼 생활은 행복했고, 세 아이가 있었으며, 주말이면 고등학교 시절부터 친했던 친구들과 어울려 놀았다. 자동차를 특히 좋아했던 앨릭스는, 자가용을 흠 없이 관리하는 게 취미였다.

앨릭스는 세상에 일을 좋아서 하는 사람은 없으며, 다들 밥벌이를 위해 어쩔 수 없이 일하는 거라고 스스로를 위로했다. 사무실에서 보내는 하루하루가 그에겐 지겨운 마라톤 같았다. 서류 작업은 따분하기 짝이 없었고 일을 하다가도 자꾸만 창밖의 주차장으로 눈길이 갔다. 가족을 부양하게 해주는 안정적 직업이 있다는 사실에 감사했지만. 직장에 있는 동안은 시계가 움직이지 않는 듯했다. 앨릭스는 온종일 퇴근 시간인 5시가 되기만을 기다리며 일과를 보냈다.

45세가 된 어느 날, 앨릭스는 저녁 식사를 마치고 아내에게 일에 관해 불평을 1백만 번째 늘어놓고 있었다. 그의 말을 반쯤 흘려듣고 있던 아내가 문득 물었다. "자기가 매일 하는 일 중에 정말 즐거운 부분이 있기는 해?" 앨릭스는 잠시 고민하다가, 황당할 만큼 일상적인 활동 두 개를 찾았다. "출근길에 운전하는 게 좋고, 쉬는 시간에 사람들이랑 얘기하는 게 좋아." "그럼 회사를 그만두고 우버 드라이버가 되는 건 어때?" 아내가 농담을 던졌다. 두둥. 아내는 농담이었지만, 앨릭스에게 그의 말은 인생을 바꾼 결정적 한 마디였다. 그 뒤, 그는 정말로 우버 드라이버가 되었다. 그리고 현재까지 5년째 우버 운전으로 생계를 유지하고 있다.

"전보다 일하는 시간은 길어졌고 버는 돈은 조금 줄었습니다. 하지만 매일 아침 일하러 가는 게 설레요. 재미있는 사람들을 새로 만나고, 온종일 운전을 할 수 있으니까요." 그는 퇴근한 뒤에도 계속 기분이 좋고, 일에 관해 불평하지 않는다. 그 덕분에 남편으로서나 아버지로서도 더 나은 사람이 되었다. "전보다 2배는 행복합니다." 그가 말했다.

스테파니와 앨릭스의 경험담은 지어낸 이야기가 아니라 실화다. 사생활 보호를 위해 이름과 약간의 세부 사항만 바꾸었을 뿐이다.

잠깐, 오해하지 마라. 스테파니나 앨릭스가 유별나게 불운했거나, 비합리적인 선택을 한 건 아니다. CEO가 되거나 택시 운전사가 된다고 해서 반드시 불행해지거나 행복해지는 것도 아니다. 누군가에게는 기업 운영이 적성에 꼭 맞고, 차에 다른 사람을 태우고 운전하는 게 끔찍할 수 있다. 또는 반대일 수도 있다. 선망받는 화려한 직업이 당신에게 즐거울 수도 있고 실망스러울 수 있다. 평균 연봉을 받는 "평범한" 직업은 무엇이든 당신을 행복하게 하거나 괴롭게 할 수 있다. 재정 상황이 허락해서 가정주부로 아이를 키우겠다는 결정이 당신에게 적합할 수도 있고, 아닐 수도 있다. 퇴직하면 행복감이 높아질 수도 있고, 낮아질 수도 있다. 행복은 특정 직업에 달린 게 아니다.

삶이 행복해지는 커리어를 쌓으려면, 먼저 스스로를 이해해야 한다. 당신이 직장에선 리더가 아닐지라도, 당신의 삶에서는 리더여야 한다. 당신의 삶을 스스로 주도하려면 네 개의 큰 난관을 다스려야 한다. 앨릭스는 그 난관들을 극복한 덕분에 더 큰 행복으로 나아갔지만 스테파니는 그러지 못했다.

첫 번째 난관: 외적 보상

자기 일을 너무나 사랑하고, 워크-라이프 밸런스가 더할 나위 없이 훌륭하고, 인생에서 일과 관련된 부분에 100% 만족하는 사람도 아마 어딘가에 있을 것이다. 잠깐, 당신은 그렇지 않다고?

사실 사람들은 대부분 자기 일을 그럭저럭 괜찮게 여기지만, 대단히 큰 만족을 얻지는 못하며 지낸다. 하지만 상황을 어떻게 더 개선해야 할지 몰라서 그냥 "그럭저럭 괜찮다" 수준에 머무른다. 2022년 회사원들을 대상으로 이루어진 설문에서, 응답자 가운데 일에 "대단히 만족한다"라고 답한 비율은 16%

에 불과했다.[4] "다소 만족한다"고 답한 사람이 37%였고, 나머지는 "다소 불만족한다" 또는 "대단히 불만족한다" 또는 "일자리가 있는 게 감지덕지다"라고 답했다. 당신이라면 어떻게 답하겠는가?

일하는 생활을 개선하고 싶다면, 앨릭스의 행동에서 힌트를 얻을 수 있다. 우선 자신만의 목표를 명확하게 세우는 것이 중요하다. 바로 앞의 질문에 "일자리가 있는 게 감지덕지다"라고 답했다면, 당신이 일하는 동력은 살면서 마주할 수 있는 불행의 가장 큰 원천인 실업을 피하는 것이다. 2018년에 일자리를 잃을 가능성이 "매우" 또는 "상당히" 높다고 답한 미국 성인들은 가능성이 "별로 없다"고 답한 사람들보다 "인생에서 아주 행복하지 않다"라고 답할 가능성이 3배나 높았다.[5] 2014년에 경제학자들은 실업률이 1%포인트 높아질 경우 물가 상승률이 1포인트 높아지는 경우보다 국민 행복도가 5배나 낮아진다는 것을 발견했다.[6]

현실적으로 당장 실업할 위험에 처한 건 아니라면, 목표를 조금만 높여보자. 사회과학 연구들은 급여와 복지가 꼭 필요하지만, 그것만으로는 충분하지 않다는 걸 보여준다. 급여와 복지는 건강에 있어 먹고 자는 것과 비슷하다. 꼭 필요한 요소고, 너무 방치했다간 나쁜 결과를 맞게 되지만, 여기에만 집중했다간 오히려 건강을 잃고 불행해지기 마련이다.

급여와 복지는 외부에서 오는 것들이기에 '외적 보상'이라고 불린다. 직업과 결부되는 권력과 명성 역시 외적 보상에 해당한다. 그런데 일에는 바깥에서 오는 게 아니라 자기 안에서부터 우러나오는 '내적 보상'도 있다. 일할 때 느끼는 고유한 성취감과 즐거움이 내적 보상에 해당한다. 죽지 않고 살아가는 데에는 외적 보상이 필요하지만, 더 행복해지는 데에는 내적 보상이 필요하다.

고전의 반열에 오른 1973년 "외적 보상과 내적 보상에 관한 연구"에서, 스탠퍼드대학교와 미시건주립대학교의 연구자들은 아동들에게 마커로 그림을 그리는 것처럼 자신이 선호하는 활동을 하도록 했다.[7] 아이들은 즐겁게 활동(내적 보상)했다. 그러고 나서 활동을 했다는 증표로 금색 인장과 리본으로 꾸며진 수료증(외적 보상)을 받았다.

연구자들은 수료증을 받은 아이들이 수료증을 받지 않은 아이들에 비해, 다시 그림을 그리고 싶어 할 가능성이 절반으로 떨어진다는 걸 발견했다. 그 후 수십 년 동안 다양한 인구 집단에서 여러 활동으로 비슷한 실험을 했을 때 같은 결과가 나왔다.[8]

사람들에게서 발견되는 재미있는 경향은 자기 일에 관해, 타인이 그 일을 하라고 무엇을 주는지를 기준으로 가치를 평가하는 것이다. 누군가 일을 하라고 돈을 주면, 그 일은 힘든 게 틀림없다고 생각한다. 그게 아니라면 돈을 줄 필요가 없을 테니까. 그게 실험에서 보상을 도입하자 만족도가 떨어진 이유다. 모든 사람이 무보수로 일해야 한다는 뜻은 아니다. 단, 행복해지고 싶다면 당신의 목표는 외적 보상을 최대화하는 게 아니어야 한다. 또한 의식적으로 내적 보상을 우선시해야 한다.

그렇다면, 생계를 위해 일하면서 내적 보상도 얻기 위해선 어떤 목표를 세워야 할까? 졸업식 축사 연설에 그럴듯한 조언 하나가 단골로 등장한다. "좋아하는 일을 찾으면, 평생 일하는 것처럼 느껴지지 않을 것이다." 이 말은 언뜻 옳게 들린다. 매일 일할 때마다 기쁨을 주는 직업을 얻으면, 내적 보상이 충분히 주어질 것이다.

그런데, 이런 직업을 현실에서 본 적이 있는가? 이 조언에는 또 한 가지 미심쩍은 구석이 있는데, 보통 세간의 기준에서 크게 성공한 사람의 입에서 나온다는 것이다. 그런 사람들의 생애를 들여다보면 보통은 커리어 초기에 고생을 많이 했고, 사다리 꼭대기에 올라가기 위해 가족과 친구를 잃는 대가를 치르기도 했다. 그들도 자기 조언대로 살지는 못한 것이다.

게다가 일에서 내적 보상을 받는다는 게 꼭 "매일 끝내주게 신나게 일하는 것"을 뜻하지는 않는다. 그런 직업을 찾는다는 건 현실에 없는 존재를 찾으려는 노력과 같아서 실망만 불러올 뿐이다. 물론 싫어하는 일을 굳이 할 필요까지야 없겠지만, 오로지 좋아하는 일로만 구성된 직업은 없다고 생각해도 좋다. 당신과 "천생연분"인 커리어를 찾으려고 헛되이 애쓰는 것보다 더 좋은 방법은, 일자리 자체는 유연하게 여기되 그 안에서 중요한 두 가지 요소를 모색하는 것이다.

첫째는 노력에 의한 성공이다. 이는 심리학자 마틴 셀리그먼Martin Seligman이 자신이 통제할 수 없는 불쾌한 상황을 반복적으로 견뎌야 할 때 경험하는 체념을 일컬은 용어 '학습된 무력감'과 반대되는 개념으로 생각하면 된다.[9] 노력에 의한 성공은 성취감과 개인적 효능감을 낳는다. (당신이 일을 잘하고 있다는 생각은 직업에 대한 헌신을 높이며, 직업 만족도도 덩달아 올라간다.)[10]

노력에 의한 성공을 즐기는 제일 좋은 방법은 연봉 인상이나 진급에 연연하지 않고 일을 더 잘 해낼 방법을 찾아내는 것이다. 외적 보상이 따른다면 물론 그것도 참 좋은 일이다. 부하에게 명확한 지침과 피드백을 주고, 뛰어난 성과에 합당한 보상을 주고, 역량을 키우도록 격려하는 상사야말로 최고의 상사다. 그러나 외적 보상이 따르지 않는 일을 하고 있더라도, 스스로 탁월하게 일을 해냈다고 여길 만한 자신만의 목표를 세워라. 예를 들면 "오늘 모든 손님이 특별한 기분을 느끼도록 대할 것이다" 같은 것이다.

여기서 두 번째 내적 목표가 생겨난다. 남을 섬기는 감각, 즉 당신의 일이 세상을 더 나은 곳으로 만들고 있다는 감각이다. 그렇다고 해서 행복해지기 위해 반드시 자원봉사를 하거나 자선 단체에서 일해야 한다는 뜻은 아니다(비영리 기관에서 일하는 것이 영리 기관이나 정부에서 일하는 것에 비해 내재적 만족도가 높지 않다는 연구 결과가 있다.).[11] 알고 보면 섬김의 감각은 어떤 일에서든 찾아낼 수 있다.

이 사실을 잘 보여주는 글이 있다. 한 청년이 MBA 학위를 지녔음에도 바르셀로나의 레스토랑에서 웨이터를 직업으로 정한 이유를 설명한 것이다.[12] 그는 이 글에서 모든 손님이 "전부 중요하고 평등하다. 테이블에서 동등하며, 웨이터의 눈에서도 동등해야 한다. (…) 신문 1면에 등장하는 정치인과 여자친구를 기다리면서 뉴스 기사를 읽고 있는 젊은이를 똑같이 대접할 수 있다는 건 훌륭하다"라고 적었다. 이 청년은 생계를 유지하기 위해 외적 보상이 필요했지만, 내적 보상을 배제하면서까지 외적 보상을 극대화하는 선택을 내리지는 않았다.

노력에 의한 성공과 남을 섬기는 감각을 비교적 쉽게 느낄 수 있는 직업들도 있다. 반대로 일을 하면서 남에게 상처를 준다고 느끼는 직업에선 남을 섬기기가 힘들어진다. 그러니 일자리를 찾을 때, 고용주의 가치관과 당신의 가치관이 근본적으로 일치하면 일에서 얻는 행복감을 늘리는 데에 도움이 된다. 고용주의 이념에 동의하면 일에 대한 내적 동기가 커진다.[13] 회사 이념에 특별한 도덕적·철학적·영적 의미가 담겨 있고, 일이 매우 힘들고 고되더라도 그 일의 의미가 퇴색되지 않을 때 특히 더 그렇다. 예를 들어, 간호사를 대상으로 한 2012년의 연구에서 가장 행복한 간호사들은 자기 일이 “신성한 직업이자, 영적 즐거움과 만족감을 얻을 수 있는 수단”이라고 믿었다.[14]

쉬운 목표는 아니다. 드디어 목표를 이루었다고 생각하다가도, 어떤 날은 다시 목표가 멀게만 느껴질 것이다. 당신이 동의할 수 있는 이념 아래 운영되고, 당신의 성과에 합당하게 보상하고, 종일 다른 사람을 섬길 수 있는 직장을 찾더라도 불만족스럽고 공허한 마음으로 퇴근하는 날이 없어지는 건 아니다. 목표를 향해 나아가는 것은 항해와 비슷하다. 바람이 불면 당연히 경로에서 이탈한다. 하지만 좌표를 잃지 않는다면, 언제나 다시 올바른 방향으로 나아갈 수 있을 것이다.

두 번째 난관:
성장 공식

외적 보상에만 의존할 때, 일의 만족도는 낮아진다. 자칫하면 자신과 맞지 않는 일에 몇십 년 동안 머물러야 할 위험도 있다. 외적 보상은 당신을 당신에게 맞지 않는 커리어의 길로 밀어넣기 때문이다.

세상 사람들은 책임감 있는 커리어의 길은 하나뿐이라고 말한다. 커리어를 정하고, 일자리를 찾고, 당신이 일하는 업계에서 더 나은 일자리가 생길 때만 이직을 하는 것. 이 공식은 연봉이 높든 낮든 똑같이 적용된다. 당신이 고등학교를 졸업하고 로펌에서 접수 직원으로 일하기 시작했다고 생각해 보자. 단지 일이 지루하거나 스트레스를 준다는 이유만으로 퇴사하진 않을 것이다. 더 많은 보수를 주는 더 나은 일자리로 이직이 보장되지 않는 이상, 지금 직장에 계속 머무를 것이다. 대학 교수든, 토크쇼 호스트든 이 공식은 달라지지 않는다. 심리학자들은 이것을 "선형적 커리어" 모델이라고 부른다.[15]

이 모델이 잘 맞는 사람도 많다. 하지만 여기서 문제에 부닥치는 사람들도 있다. 적성이 하나가 아니라서, 다시 학교로 돌아가 새 커리어를 모색하는 게 재미있으리라 생각하는 사람도 있다. 일에서 실력을 키우는 건 좋지만, 장시간 근무하면서까지 커리어를 발전시키고 싶지는 않은 사람도 있다. 선형적 모델은 이런 사람들이 원하는 대로 커리어의 길을 선택하게 두지 않는다. 교육을 잘 받고 직업도 훌륭한 여자가 아이를 낳고 나서 집에 머무르고 싶어 할 수 있다. 그러나 선형적 커리어 모델은 말한다. "안됐지만 그럴 순 없어요."

다행히 다른 모델이 세 종류나 있다. "안정 상태 커리어"는 한자리에서 수십 년 일하며, 다음 단계로의 발전보다는 전문성을 높이는 쪽을 택한다. 이는 직업 안정성을 크게 중시하며, 남들보다 앞서기 위해 죽도록 일하고 싶지 않은 사람들에게서 자주 찾아볼 수 있다. 과거에 좀 더 흔했던 이 모델은 안정성이 무척 중요하고 큰 부자가 되기보다는 재정적 안정을 꾀하면서 일 밖의 인생에 더 관심을 쏟고 싶은 사람에게 적합하다.

또 다른 커리어 모델은 "일시적 커리어"로, 쉽게 말해 사방팔방으로 일자리를 옮기는 것이다. 밖에서 보기에 이 모델은 혼돈 그 자체다. 덴버에서 웨이터로 일하다가, 투손에서 이사 업체에 취직한다. 몇 년 뒤 시애틀에서 트럭을 운전하고 있을지도 모른다. 하지만 당사자에게 이는 혼돈이 아니다. 새로운 시도를 좋아하고, 라이프스타일·지역·사교 활동 등 일과는 다른 기준을 근거로 삼는 사람에게서 나타나는 모습이다.

마지막 유형은 "나선형 커리어"다. 이 모델은 작은 커리어들을 연달아 이어놓은 것과 비슷하다. 나선형으로 커리어를 쌓는 사람들은 10여 년마다 한 번씩 극적으로 직업을 바꾸며, 한 분야에서 쌓은 지식과 기술을 다른 분야에 적용함으로써 다양한 경험을 통해 성취감을 얻는다. 대학을 졸업한 뒤 전공과 관련된 일을 하다가, 10년쯤 지나 이전 직업에서 쌓은 기술을 가지고 몸값을 낮춰 새로운 직업으로 옮긴다. 또는 창업을 하기도 한다. 또는 10년 정도 취업 시장을 떠나 아이를 키우다가, 전혀 다른 일로 복귀한다.

지금까지 읽었으면 이제 슬슬 궁금할 것이다. '이들 중 내게 맞는 길은 뭘까?' 사실 이미 마음속 깊은 곳에서는 답을 알고 있다. 위에 적은 모델 가운데 특별히 당신을 설레게 하는 것이 있을 것이다. 어떤 것은 당신을 약간 두렵게 하고, 어떤 것은 읽는 것만으로 영혼이 죽어버리는 기분이 들었을 것이다. 이로써 당신 삶에서 커리어라는 길을 어떻게 걸어나가야 할지 알 수 있다. 당신 내면으로부터 나오는 신호를 따라라. 그 신호는 불편할지도 모른다. 직업상의 기회에 대해 고민이 들 때, 며칠이나 몇 주의 시간을 들여 조용히 사색해 보아라. 당신이 선택할 수 있는 일자리나 커리어를 세세하게 상상해 보고, 그때 당신의 기분이 어떤지 유심히 살펴라. 이 기회가 당신을 설레게 하는가? 겁나게 하는가? 영혼을 죽이는가?

회사에서 관리직을 제안받았다고 가정해 보자. 당신은 지금 하는 일과 동료들을 좋아하는데, 높은 자리로 진급했다가는 일이 덜 즐거워지고 워크-라이프 밸런스가 깨질까 봐 걱정된다. 하지만 누가 봐도 좋은 기회이며, 연봉도 크게 오르고, 주위에서는 뭐가 고민이냐며 진급을 선택하라고 부추긴다. 당신이 이때 두려움보다 설렘을 느낀다면, 도전해 보라는 신호다. 두려움만 느낀다면, 새 일에 대한 정보가 더 필요하다. 새 일을 하는 상상만으로 기운이 빠진다면, 답은 명확하다. 거절해라.

세 번째 난관:
중독

직업에서 어떤 목표를 세워야 할지 알아냈고, 자신에게 맞는 커리어의 길도 찾았다고? 축하한다! 하지만 그걸로 일이라는 기둥을 굳건하게 세우는 작업이 완수된 건 아니다. 지금부터 야망이 크고 근면 성실한 사람들이 자칫하면 빠질 수 있는 함정에 관해 이야기하고자 한다. 바로 일 중독이다. 많은 사람이 인생의 고통에서 주의를 돌리기 위해 일에 전념한다. 하지만 일은 고통을 주는 근본적 문제를 해결해 주지 못하며, 일에 몰두하느라 가족 관계가 나빠지면 원래의 문제가 더 나빠질 우려마저 있다.

영국 수상이자 군인, 작가였던 윈스턴 처칠의 삶을 들여다보자. 그는 1930년대에 나치의 악행에 대해 처음 경각심을 가진 사람 중 하나였으며, 제2차 세계대전 중에는 추축국에 대항하는 지도자로서 전 세계에 이름을 알렸다. 당시 영국 수상이었던 그는 하루 18시간을 일할 만큼 혹독한 일정을 소화하는 데다가 사무실에서 끊임없이 책을 집필했다. 그는 죽기 전까지 43권의 저서를 썼다. 분할된 권수까지 계산하면 72권이다.[16]

처칠이 존경스러울지도 모르겠다. 그야 당연하다. 하지만 그를 부러워해선 안 된다. 처칠은 스스로 "검은 개"라고 부른

심각한 우울증에 몇 차례고 사로잡혀 지냈다. 한 번은 의사에게 말했다고 한다. "배 갑판에 서서 물속을 들여다보는 게 싫습니다. 한순간의 행동이면 모든 게 끝날 테니까요."[17]

처칠은 그토록 어두운 마음으로 살면서 믿기 어려운 생산성을 발휘했다. 어떤 이들은 그가 앓은 것이 양극성 우울증이어서 조증 상태에 그만큼 정력적으로 일할 수 있었던 것이라고 말한다. 그러나 그의 전기 작가들은 다른 설명을 내놓는다. 처칠의 일 중독 자체가 부분적으로 그가 겪던 괴로움에서 기인했다는 것이다.[18] 그에게 일은 자기 문제에서 주의를 돌리는 수단이었다. 언뜻 듣기에는 설득력이 부족하다고 느낄지도 모르겠지만, 오늘날 연구자들에 의하면 일 중독은 감정적 고통에 대처하기 위한 중독의 흔한 종류라고 한다. 중독이 으레 그렇듯, 일 중독 역시 우리가 외면하려 하는 문제를 한층 악화시킨다.

2018년에 연구자들은 10년에 걸친 데이터를 분석해서, 불안 장애가 있는 사람의 24%와 (우울증이나 양극성 장애 등) 기분 장애가 있는 사람의 거의 22%가 의사의 처방 없이 알코올이나 약물을 사용하고 있다는 사실을 밝혔다.[19] 스스로 약물을 처방해서 사용하는 이들은 약물에 의존할 가능성이 훨씬 컸다. 예를 들어 자신의 불안에 대해 스스로 알코올을 처방한 사람들은 그러지 않은 사람들에 비해 지속적인 알코올 의존성이 생길 가능성이 6배 이상 높았다.[20]

그런데, 어떤 사람들은 자신이 껴안은 감정적 문제를 외면하는 수단으로 일을 택한다. 일 역시 일종의 중독 증상을 낳을 수 있다. 과거의 여러 연구에서는 일 중독과 불안 및 우울증 같은 정신 장애 증상이 강한 상관관계에 놓여 있다는 사실을 밝혀냈다. 이때 강박적인 일이 정신 장애를 낳는 것으로 추정되었다.[21] 그러나 최근에 일부 심리학자들은 인과가 거꾸로라고 주장하고 있다. 우울과 불안을 일 중독 행동으로써 치료하려는 사람들이 있다는 것이다.[22] 2016년의 한 연구에서는 "일 중독은 (어떤 경우) 불안과 우울의 불편함을 줄이려는 시도로서 발달한다"고 밝혔다.[23]

코로나 팬데믹 동안 수많은 사람이 노동 시간을 늘린 이유가 이로써 설명될지도 모르겠다.[24] 처음 봉쇄가 시작되고 수개월 동안 사람들은 지루함과 외로움과 불안에 시달렸다. 미국 질병 통제청 데이터에 따르면, 2020년 5월 말에 이르자 미국 성인의 거의 25% 가까이가 우울증 증상을 보고했다.[25] (2019년에는 6.5%였다.) 그들 중 일부는 바쁘고 생산적인 기분을 느끼고 싶어서, 스스로 일에 더 열중하라는 처방을 내렸을 것이다.

일 중독에 빠진 사람들은 자신에게 문제가 있다는 사실조차 거부하기 쉬우며, 일에 몰두하는 것이 일종의 '자가 처방'이라는 문제를 놓치곤 한다. 일을 하는 게 어떻게 나쁠 수 있는가? 스탠포드대학교 의과대학 교수이자 《도파민네이션*Dopamine*

Nation》의 저자인 정신과 의사 애나 렘키Anna Lembke는 이렇게 말한다. "과거엔 건강하고 적응적인 행동이었기에 현재 우리 문화에서도 대체로 건강하고 유리하다고 여겨지는 행동들이 강도가 높아지고, 접근하기 쉬워지고, 보편화되면서 약물과 유사해졌습니다."[26] 퇴근 후 화장실에서 몰래 아이폰으로 업무 이메일을 확인하는가? 그렇다면 바로 당신 얘기다.

게다가 일 중독에 빠진 사람은 중독 행동으로 남들에게 보상을 받는다. "하룻밤에 진 한 병을 비웠다고요? 뛰어난 음주가네요"라고 칭찬하는 사람은 없다. 그러나 하루 16시간을 일하면 진급이라는 보상이 따른다.

가능한 한 많은 시간을 일하는 것은 현대 우리 사회에서 미덕으로 극찬받지만, 중독에 관한 자가 처방이 대개 그러하듯 여기엔 큰 부작용이 따른다. 일 중독은 번아웃·우울증·직업 스트레스·일과 가정 간의 갈등을 개선하기는커녕 더 악화시킨다.[27] 렘키가 짚었듯 일 중독은 약물, 알코올, 포르노 등에 대한 이차 중독으로 이어지기도 한다. 일차 중독이 일으킨 문제를 해결하기 위해 다시 한번 스스로 무언가를 처방하고 그것에 이차적으로 중독되면, 그 결과는 보통 재앙에 가깝다.

하버드대학교 교수 애슐리 윌런스Ashley Whillans에 의하면, 다행히 일 중독을 고칠 해법이 존재한다.[28] 그가 추천하는 세 가지 실천법 중 첫째는 "시간 검사"다. 며칠 동안 당신이 하는 주요 활동(일·여가·볼일 보기 등)을 꼼꼼하게 기록하면서 각 활동에 시간을 얼마나 보내는지, 그때 어떤 기분을 느꼈는지 점검한다. 가장 긍정적인 기분이 들고 의미 있게 느껴지는 활동은 특별히 기록해 둔다. 시간 검사는 당신에게 두 가지를 알려준다. 당신이 일을 얼마나 많이 하는지(일 중독이 아니라는 부정은 이제 불가능할 것이다.) 그리고 일하지 않는 시간에 당신이 좋아하는 일은 무엇인지(중독에서 회복하는 일을 더 매력적으로 만들 것이다.) 일깨워주는 것이다.

윌런스 교수는 다음으로 일정에 '휴식 시간'을 미리 정해 두기를 권한다. 일 중독자들은 일과 무관한 활동을 필수가 아니라 기껏해야 "있으면 좋은 것" 정도로 치부하는 바람에, 결국엔 그런 활동을 할 시간마저 죄다 일에 쏟아붓는 경향이 있다. 그렇게 아이와 놀아줄 수 있는 1시간이, 하루 13시간의 근무에 더해지는 생산성 낮은 1시간이 된다. 회의 시간을 미리 정해놓듯이, 일과 무관한 활동에 쓸 시간을 일정에 미리 할당해야 한다.

마지막으로, 여가를 계획해라. 휴식 시간을 너무 느슨하게 놓아두지 마라. 구조화되지 않은 시간이 주어지면 당신은 다시 자연스럽게 일거리를 꺼내들거나, 또는 소셜 미디어를 무한히 넘겨 보거나 TV 앞에서 멍 때리기 등 바람직하지 못한 수동적 활동으로 빠져들기 쉽다. 당신은 아마 할 일의 우선순위를 정하는 '투 두 리스트'를 활용하고 있을 것이다. 여가에도 이 목록을 적용해라. 당신이 가치를 두는 능동적인 여가 활동을 미리 계획해라. 친구와 통화하는 걸 즐긴다면, 여유 시간이 생기기를 마냥 기다리지 말고 미리 통화 시간을 계획해서 지켜라. 산책·기도 시간·체육관 방문을 회장님과의 면담처럼 극진히 대해라.

일 중독을 치료하면 인생에 실질적 변화가 일어난다. 가족과 친구에게 내줄 시간이 생긴다. 쓸모를 덜어내고 재미만 남긴, 진정한 여가가 허락된다. 운동으로 자신을 더 잘 돌보는 일도 가능해진다. 행복을 높이고 불행을 낮춘다고 증명된 활동들을 비로소 시작할 수 있다.

일 중독을 일부 해결한다 해도, 애초에 일 중독을 일으킨 근본적 문제는 그대로 남아 있을 것이다. 당신도 처칠처럼 검은 개의 방문을 받고 있는가? 삐걱거리는 결혼 생활이나 만성적인 결핍감과 같이 다른 색의 털을 지닌 개가 당신을 방문하는가? 혹시 과로와 연결고리가 있다고 밝혀진 ADHD 또는 강박장애를 앓고 있는가?[29] 일단 당신이 가진 문제들에서 주의를 돌리는 수단으로 일을 활용하는 걸 그만둬라. 그러고 나면 진짜 문제를 직면할 기회가 열린다. 어쩌면 남에게 도움을 청할 마음이 생길지도 모른다. 그럼으로써 일로 도망치면서 외면하려 했던 문제를 해결할 길이 열릴 것이다.

당신을 찾아오는 개를 정면으로 마주 보는 건, 그 개를 외면하기 위해 상사나 동료에게, 또는 당신의 커리어를 향해 몸을 돌리는 것보다 두렵게 느껴질 수 있다. 그러나 처칠과 달리, 당신은 녀석을 영원히 쫓아버릴 방법을 찾을 수 있을지도 모른다.

네 번째 난관: 자기 대상화

당신이 걷고 있는 커리어의 길이 선형적 모델·안정 상태 모델·일시적 모델·나선형 모델 중 어느 유형에 해당하든, 당신은 분명히 일을 소중히 여길 것이다. 무슨 일을 하냐는 질문을 받으면 당신의 직업에 관해 열정적으로 설명할 것이다. 당신의 직업은 다양한 면에서 당신이 지니고 사는 정체성의 큰 부분을 차지한다. 자기계발에 관심을 기울이는 사람이라면 더 말할 필요도 없으리라.

자신의 직업을 정체성의 중요한 부분으로 삼고 자기 일에 자부심을 느끼는 게 잘못은 아니다. 일에서 탁월한 능력을 발휘하는 것은 훌륭한 미덕이며, 우리는 일을 잘할 능력을 키우기 위해 노력해 왔다. 그러나 알고 보면 여기에는 당신이 알지 못하는 위험이 도사리고 있다. 바로 직위·직무 같은 표상에 매달리다가 진정한 자아를 잃어버릴 위험이다. 당신이 스스로 세 아이의 어머니인 메리이기 이전에 지역 매니저 메리이고, 가정에 헌신하는 남편 존이기 이전에 고참 교사 존이라고 느낀다면 당신은 자기 대상화self-objectification 중이다.

타인에 대한 대상화가 문제라는 건 말하지 않아도 누구나 안다. 연구 결과, 시선이나 희롱을 통해 타인에게 온전한 인격체가 아니라 한낱 신체로 취급받는 대상화를 당할 경우 자신감과 업무 능력이 낮아진다는 사실이 밝혀졌다.[30] 철학자 임마누엘 칸트는 이를 두고 타인의 욕망 대상이 되는 것이며, 이 지점에서 도덕적 관계의 모든 동기가 기능을 멈춘다고 설명했다.[31]

신체 대상화는 대상화의 한 유형일 뿐이다. 일에서의 대상화는 그와 성질은 다르지만 마찬가지로 위험하다. 2021년에 연구자들이 직장 내 대상화에 관해 조사한 결과, 직장 내 대상화가 번아웃, 직업에 갖는 낮은 행복감, 우울증을 유발한다는 사실이 밝혀졌다.[32] 상사가 부하직원들은 일회용 노동력처럼 취급하거나, 직원들이 상사를 돈줄로 볼 때 일어날 수 있는 일이다.

타인을 대상화해선 안 되는 이유는 이렇듯 명백하다. 그러나 대상화하는 사람과 그 대상이 같은 인물일 때, 즉 당신이 스스로를 대상화할 때 그 피해는 그만큼 명백하진 않아도 똑같이 크다. 인간에겐 여러 잣대로 자신을 객관화하는 능력이 있다. 예를 들어 자신의 외모·경제적 지위·정치적 입장 등을 기준으로 자신의 가치를 평가하는 것이다. 그런데 어떤 기준이든 깊이 파고들어 보면 그 핵심에는 해로운 행위가 숨어 있다. 자신이라는 인간을 하나의 특징으로 환원시키며, 타인에게도 그렇게 행동하도록 부추기는 것이다. 직업에서는 연봉이나 직위를 기준으로 자기 가치를 결정하는 행위가 그러하다.

소셜 미디어가 신체적 자기 대상화를 부추기듯, 우리가 속한 근로 문화는 직업적 자기 대상화를 부추긴다. 미국인들은 큰 야심을 품고 바쁘게 일하는 사람들을 존경하는 경향이 있어서, 인생의 사실상 모든 부분을 일에 바치기가 그만큼 쉬워진다. 누구를 만났을 때, 일 얘기 말고는 할 얘기가 하나도 없는 사람이 많다. 그들의 말 저변에는 이런 뜻이 깔려 있다. "나는 내 직업이다." 이것이 "나는 내 상사의 도구다"라고 말하는 것보다는 인간적이며 스스로 힘을 잃지 않는 태도라고 느껴질지 모르겠지만, 이 논리에는 치명적 결함이 존재한다. 이론적으로 당신이 당신의 상사를 떠나서 새로운 일자리로 옮겨가는 건 가능하다. 그러나 당신 자신을 떠나는 것은 불가능하다. 당신은 당신 자신의 CEO이기 때문이다.

일이라는 분야에서 자기 대상화를 하는 것은, 자신에게 폭정을 저지르는 것과 같다. 우리는 자기 자신에게 일말의 자애로움이나 애정을 보여주지 않는 지독한 상사가 된다. 휴무일엔 게으르다며 죄책감을 자극하고, 폄하하고 비난한다. "이만

하면 충분히 성공했는가?"라고 물으면 언제나 "아직 아니다. 더 열심히 일해라!"라고 답한다. 그러다가 마침내 직업적으로 내리막길에 오르거나 커리어에 차질이 생기는 날이 오면, 우리는 상실감에 젖어 생기를 잃는다.

당신이 일이나 커리어에서 자신을 대상화하고 있는가? 이 질문에 '예'라고 답했다면, 반드시 명심해야 하는 사실이 있다. 스스로 대상화하는 한, 만족하는 날은 아무리 기다려도 오지 않는다. 커리어와 직업이 당신이라는 사람의 확장이어야 하지, 그 반대여선 안 된다. 우선순위를 다시 정해라. 도움이 될 만한 두 가지 실천법을 알려주겠다.

첫째, 당신의 생활과 업무 사이에 약간의 공간을 두어라. 건강하지 못한 연애를 하다가 자발적이든 타의에 의해서든 그 관계에서 한발 벗어났을 때 비로소 실체를 깨달았던 적이 있을 것이다. 대부분의 시험 별거가 특히 1년 이상 지속되면 이혼으로 이어진다는 사실의 배후에는 이러한 인간적 경향이 있을지도 모른다.[33] 공간은 시야를 넓혀준다.

이 원리를 일하는 생활에도 적용해라. 잠시 일을 내려놓고 휴가를 떠나라. 휴가의 주요 목적은 일에서 완전히 벗어나 쉬면서 당신이 사랑하는 사람들과 시간을 보내는 것이어야 한다. 두말하면 입 아픈 소리지만, 휴가 중에는 절대 일하지 말고 제대로 휴식을 취해야 한다. 당신이 휴식을 취하는 것에 대해,

당신의 고용주도 고마워해야 마땅하다. 쉬면서 재충전한 사람들은 일을 더 잘하기 때문이다.

이런 생각은 현대의 산물이 아니다. 많은 종교적 전통에 안식일을 지키거나, 매주 정기적으로 일하지 않는 시간을 가지라는 유서 깊은 믿음이 존재한다. 여기서 휴식은 단순히 '없는 것보단 나은 것'을 넘어, 신과 우리 자신을 이해하는 데에 핵심적인 요소다. 창세기에는 이렇게 적혔다. "하느님께서는 엿새 동안 하늘과 땅과 바다와 그 안의 모든 것을 만드시고 이레째에는 아무 일도 하지 않으시고 쉬셨다. 그분은 창조를 모두 마치시고 쉬었던 이 날을 축복하여 거룩하게 하셨다." 신도 일을 마치고 쉬는데, 당신도 마땅히 그래야 하지 않겠는가.

그러나 종교적인 동기로 휴식을 취할 필요는 없으며, 휴식을 실천하는 방법에는 단순히 주말 중 하루 동안 일을 하지 않는 것뿐 아니라 다양한 형태가 있다.[34] 예를 들어 저녁에는 일거리를 내려놓고 오로지 인간관계와 여가와 관련된 활동만 하는 짧은 안식의 시간을 취할 수 있다. (구체적으로 말해, 업무 이메일을 확인해선 안 된다는 뜻이다.)

당신을 직업의 관점에서 보지 않는 친구들을 사귀자. 자신을 직업으로 대상화하는 사람 대부분이, 업무에서 성취한 것을 알아주고 칭찬해 줄 사람들을 찾아 나서곤 한다. 자연스러운 현상이다. 하지만 이는 우리 모두에게 필요한 진정한 우정을 일구지 못하게 막는 장벽이다. 자신을 대상화하는 사람은, 남에게 대상화되기도 더 쉬워진다.

이것이 직장 바깥에서 친구들을 사귀는 게 그토록 중요한 까닭이다. 당신의 직업 생활과 조금도 관계없는 사람들과 우정을 쌓음으로써 당신은 당신이 하는 일과 무관한 흥미와 미덕을 개발하고, 더 온전한 사람이 될 기회를 얻는다. 그 방법은 앞에서 소개한 첫 번째 실천안과 통한다. 특정 시간을 단순히 일하지 않으면서 보내는 게 아니라, 당신의 일과 관련이 없는 사람들과 함께 보내는 것이다. (만일 당신의 직업이 가족을 돌보는 것이라 해도, 이 원칙은 똑같이 적용된다. 즉 당신을 돌봄 제공자 외의 존재로 보는 사람들을 만나 시간을 보내야 한다.)

스스로 자기 대상화를 끊어내는 게 불편하게 느껴질 수도 있다. 이유는 단순하다. 잘나고 싶은 마음은 누구에게나 있고, 남보다 열심히 일하고 직업적으로 성공하는 건 남보다 잘나지는 확실한 방법이기 때문이다. 그러나 이런 자연스러운 욕구가 파국을 불러올 수 있다.[35] 피나는 노력을 쏟은 끝에 크게 성공한 많은 사람이 이제 '특별'해지기보다는 '행복'해지고 싶다고 고백한다.[36]

사실, 특별해지기 위해 일에 매달리는 데에는 아이러니가 있다. 우리는 특별해지고 싶다면서 자신을 하나의 특질로 납작하게 만들고, 스스로 기계의 톱니바퀴처럼 행세한다. 그리스 신화에서 나르키소스는 자기 자신이 아니라 물에 비친 자신의 상과 사랑에 빠졌다. 직업적으로 자신을 대상화할 때 우리는 나르키소스가 된다. 하나의 온전한 존재로 삶을 살아가는 진정한 내가 아니라, 성공한 자아의 이미지를 사랑하는 법을 배우게 된다.

이런 실수를 저지르지 않길 바란다. 당신은 당신의 직업과 같은 존재가 아니다. 우리는 우리의 직업이 아니다. 이제는 아무리 매혹적일지라도 왜곡된 당신의 상에서 눈을 떼고, 용기를 내어 온전하고 진정한 자아를 경험해야 한다.

보일 수 있게 만들어진 사랑

당신이 원하는 삶을 만드는 작업에서 일이라는 기둥을 올바로 세우는 것은 중요하다. 공식적 직업에서 하는 일이든, 가족을 돌보는 일이든, 다른 어떤 것이든 일하면서 보내는 시간이 인생의 3분의 1을 차지하기 때문이다.

당신의 일을 점검하고 변화가 필요할지 고민하면서, 이 장에서 소개한 네 가지 난관을 염두에 두길 바란다. 그 난관들을 행복을 키울 훌륭한 기회로 바꾸도록 도와줄 교훈들을 기억하자.

① 일에서 내적 보상을 찾아라. 일에서 가장 큰 만족을 느끼기 위해 당신이 추구해야 하는 올바른 목표는, 돈과 권력이 아니라 노력에 의한 성공과 남을 섬기는 마음이다. 이 두 가지를 이정표 삼아 나아가면 당신 자신과 타인에게 즐거움을 주는 직업 생활을 계속해서 일굴 수 있을 것이다.

② 커리어에서 성공을 거두고 행복을 얻는 길은 단 하나로 정해져 있지 않다. 선형적·안정 상태·일시적·나선형 모델 중 무엇이 당신에게 맞는지 살펴보아라. 내면에서 들려오는 신호에 귀를 기울이면서, 당신에게 제일 잘 맞는 길을 따라가라.

③ 일 중독은 수백만 미국인은 물론 전 세계 사람들에게 농담이 아닌 현실이다. 당신이 일하는 패턴을 투명하게 들여다보고, 일하는 습관이 건강한지 스스로 평가해 보라.

④ 당신은 당신의 직업이 아니다. 자기 대상화는 불행을 낳는다. 일과 당신 사이에 일정 공간을 두고, 당신을 그저 '직업인'이 아닌 온전한 '사람'으로 봐주는 이들을 삶에 두어라.

다시 한번 말하지만, 어떤 직업이 가장 큰 행복을 준다고 콕 집어 말하는 건 불가능하다. 어떤 직업에서 행복이나 불행을 느끼는 것은 개인에게 달린 문제다. 행복한 직업에 공통점이 있다면, 일하는 사람에게 그 일이 단순히 물질적 목표를 쟁취하는 수단 이상의 의미가 있다는 것이다. 그게 우리가 일이라는 개념에 "보일 수 있게 만들어진 사랑"이라는 제목을 붙인 이유다.

무리한 주문일지도 모르겠다. 어떤 날들은 당신의 일이 보일 수 있게 만들어진 사랑도 아니고, 보이지 않는 사랑도 아니고, 그냥 아무것도 아니라고 느껴질 테니까. 다만 일에서 행복을 느끼는 묘수는 저 멀리 어딘가에 존재하는 완벽한 이상향에 도달하려 애쓰는 게 아니라, 그저 어제보다 조금 더 나아지려 노력하는 데에 있다. 지금보다 더 행복해지고 싶다면, 당신의 일에 의미를 더하려고 노력해라.

당신에게 영적이거나 종교적인 경향이 있다면, 육체노동을 형이상학적인 것과 결합하는 것도 하나의 방법이다. 이것이 스페인의 가톨릭 성인 호세마리아 에스크리바Josemaría Escrivá 철학의 바탕이었다. 그는 우리가 일을 통해서 세상을 정열적으로 사랑한다고 주장했다.

> [신은] 매일 우리를 기다린다. 실험실에서, 극장에서, 군막사에서, 대학 강의실 의자에서, 공장에서, 작업장에서, 밭에서, 집에서, 일이 행해지는 광활한 파노라마의 모든

곳에서. 이를 마음에 새겨두어라. 가장 일상적인 상황에도 신성하고 거룩한 것이 숨겨져 있으니, 그것을 찾아내는 일은 각자의 몫이다.[37]

지금 당신이 맡은, 평범하기 짝이 없는 일과 따분한 일상에서도 신성함을 찾아낼 수 있다는 말에 의문이 들지도 모르겠다. 찾을 수 있다. 당신도 찾을 수 있다. 전통적 의미의 종교가 있든 없든 당신도 가능하다. 그러려면 우선 당신이 원하는 삶을 만들기 위한 다음 기둥을 이해해야 한다. 우리가 세우려 하는 마지막 기둥은, 초월적인 존재로 향하는 길을 찾는 것이다.

8

믿음:
어메이징 그레이스

"어메이징 그레이스Amazing Grace"는 역사상 가장 인기 있는 기독교 찬송가로서 지금까지 7천 번 이상 녹음되었다.[1] 아마 당신에게도 이 멜로디만큼은 익숙할 것이다. 기독교인이라면 1절 가사를 외우고 있을지도 모르겠다.

놀라운 은총이여, 그 소리 얼마나 감미로운가
나 같은 몹쓸 놈 구하여 낸 그 소리
나 한때 길을 잃었으나 이제는 찾았고
한때 눈이 멀었으나 이젠 볼 수 있게 되었네

그러나 이 유명한 찬송가의 뒷이야기는 잘 알려지지 않았다. 1772년 경 존 뉴턴John Newton이라는 이름의 영국 남자가 "어메이징 그레이스"의 가사를 썼다. 당시 그는 47세였으며, 신앙에 귀의하기 전에는 영국 해군에서 강제 징집령을 받고 도망쳐서 노예무역으로 밥을 벌며 살았다. 그의 고백에 따르면 그의 삶은 종교적 확신도 도덕적 원칙도 없는, 방탕과 죄로 점철된 상태였다.[2]

뉴턴이 배를 타고 런던으로 돌아가던 어느 밤, 심한 폭풍우가 닥쳐서 많은 동료가 바다에 휩쓸렸고 뉴턴 역시 같은 운명에 처할 뻔했다. 가까스로 살아남은 그는 훗날 자신이 살아남은 이유를 곰곰이 생각하다가 하느님의 손이 자신을 살렸다고 믿었다. 그분께선 그의 삶으로 무얼 할지 계획이 있으시다고, 따라서 그 계획을 알아내는 것이 그가 해야 할 일이라고 결론을 내렸다. 그렇게 신의 사랑에 인생의 초점을 맞추고 나니 뉴턴의 행동과 믿음은 과거와 딴판으로 달라졌다. 그는 결혼을 했고, 성직자가 되었으며, 노예제 폐지를 위해 열정적으로 활동했다. 오늘날 뉴턴은 영국에서 노예제가 법적으로 폐지되는 데에 가장 크게 기여한 사람 중 하나로 꼽힌다.

뉴턴은 자신이 생애 최초로 진정한 자유를 얻게 된 것이 신앙 덕분이라고 믿었다. 물론 그런 주장을 한 사람이 뉴턴이 처음은 아니다. 그러나 그가 "어메이징 그레이스"의 가사에서 펼친 주장에는 남다른 구석이 있었다. 그는 자신이 신앙을 찾은 게 아니라 신앙이 자신을 찾았다고 말했다. 그리고 자기가 느낀 행복은 신앙이라는 인생의 진실을 외면했을 때가 아니라, 오히려 진실을 직시했을 때 찾아왔다고 말했다.

"어메이징 그레이스"에서 그가 펼치는 대담한 주장은 이러하다. 초월적 진실(뉴턴의 경우는 기독교였지만, 더 넓게는 '지금 여기' 너머에 있는 무엇이든 될 수 있다.)에 관한 탐색은 삶을 환히 비추어서 눈앞의 현실을 제대로 보게 해준다. 이를 통해 다른 어디에서도 얻지 못하는 색다른 종류의 즐거움을 선사한다.

말도 안 된다고 대답할지도 모르겠다. 현실을 보기 위해, 눈에 보이지 않고 증명할 수도 없는 것에 집중하라고? 이성에 신앙이 필요하다고? 그게 불에 물이 필요하다거나, 빛에 어둠이 필요하다는 말과 다를 게 뭔가.

알고 보면 이 주장은 명쾌한 과학으로써 설명된다. 초월적 믿음과 경험은 더 행복해지려는 개인의 노력을 극적으로 돕는다. 어떻게 그럴까? 우리는 그냥 내버려두면 자신이라는 개인에게만 구석구석 집중한다. 자연스러운 현상이다. 우리는 자기 직업에, 가정에, 돈에, 소셜 미디어 계정에, 점심 메뉴에, 온갖 수많은 것에 주의를 쏟는다. 물론 그중 대부분은 사소한 문제로 치부하기 어렵다. 하지만 자기 자신과 자신의 편협한 주제에만 온통 관심을 쏟을 경우, 인생은 따분해진다.

형이상학적 길에 오르면 일상의 걱정거리와 매일의 관심사에서 한 발짝 물러나, 인생을 좀 더 정확한 관점으로 보게 된다. 자신에게 맞추었던 초점을 옮겨 우주의 장엄함에 초점을 맞출 때, 우리는 더 행복해진다. 또한 타인에게 더 친절하고 관대한 사람이 된다. 원하는 무언가를 손에 꼭 쥔 채 잃지 않으려고 집착하기보다, 자신이 세상을 구성하는 일부분에 불과함을 깨닫고 세상의 필요와 조화를 이루도록 행동하게 된다. 무엇보다도, 초월로 향하는 길은 모험이다. 영적 탐험은 지금껏 경험한 것과 다른 새로운 흥분을 삶에 더해줄 수 있다.

그러나 우리는 번번이 속세에, 또는 감정에 발목을 잡히고 만다. 내면의 삶은 비과학적이며, 눈에 보이지 않는 것들은 존재한다는 증거가 없으니 초월적 믿음은 미신이나 다름없다는 주장이 우리에게 수치심을 준다. 기회가 될 때마다 신앙과 영성을 폄하하는 현대의 문화적 편견 속에서 우리는 시들어간다. 믿음에 회의감이 들며, 신앙심을 자주 느끼지 못해 믿음 자체가 어리석다는 결론에 이르기도 한다.

그러나 이 장에서 설명하겠지만, 영적 경험에는 굳건한 과학적 기반이 있으며 초월적 경험은 우리에게 어떤 방식으로도 얻을 수 없는 인생의 중요한 정보를 주는 원천이다. 물론 이런 경험을 하려면 먼저 우리가 노력하고 헌신해야 한다. 이 장에서는 그 과정에서 우리가 일반적으로 겪는 난관과 그 해법을 소개하려 한다.

믿음에 관한 고백

우리 두 사람은 영성과 믿음을 삶의 중심으로 삼고 있다. 우리에게 당신을 어떤 종교로 개종시키려는 의도는 전혀 없다.

그러나 독자가 이 장을 읽어나갈 때 염두에 두도록, 이야기를 시작하기 전에 우선 우리의 믿음을 솔직히 공개하려 한다.

아서

신앙은 내 삶의 가장 중요한 부분이다. 나는 어릴 적에는 프로테스탄트교도로 자랐지만 10대 때 멕시코시티의 과달루페 성모대성당에서 신비로운 경험을 하고 가톨릭으로 개종했다. (부모님은 탐탁지 않은 눈치였지만, 사춘기에 할 수 있는 반항으로선 개종이 마약보다 낫다는 결론을 내리셨다.) 성인기 내내 나는 꾸준히 신앙을 실천했다. 행복을 연구하는 데에 집중한 뒤로, 나는 신앙생활에 더 성실히 임하고 있다. 오늘날 나는 매일 미사에 참석하고, 저녁에는 아내 에스터와 함께 묵주 기도(고대부터 내려온 가톨릭의 묵상 기도)를 올린다.

나는 기독교에 깊은 뿌리를 둔 신앙을 지니고 실천하지만, 한편으로는 서양과 동양의 다른 종교들을 진지하게 공부했으며 다양한 신앙 지도자들과 가깝게 지낸다. 나는 힌두교·불교·이슬람교·유대교 학자들과 함께 일하면서 신과 더 가까워졌고, 많은 진실을 배웠고, 믿음을 더 잘 실천하게 되었으며, 영혼이 더욱 풍요로워졌다. 나는 스토아주의와 같은 세속 철학에서도 많은 것을 취하여 나의 믿음으로 삼았다.

오프라

나는 평생 신성한 누군가의 손길에 이끌려 살아왔다. 나는 그 손을 신이라고 부른다. 나는 기독교 신앙을 실천하고 지키지만 모든 존재의 근원에서 오며 모든 사람이 공유하는 일체에, 모든 연결의 신비에 마음을 열어두고 있다. 신학자이자 철학자 피에르 테야르 드 샤르댕Pierre Teilhard de Chardin의 말을 빌리자면 나는 우리가 인간으로서 경험을 해나가고 있는 영적 존재이며, 우리 모두가 자연에서 서로 어떤 방식으로든 연결되어 있다고 믿는다. 나는 그것을 '생명'이라고 생각한다.

나는 TV 프로그램 〈수퍼 소울Super Soul〉과 팟캐스트를 진행하면서 영적 스승과 사유 지도자 수백 명을 인터뷰했다. 그들의 종교는 각양각색이었고 종교가 없는 이들도 있었다. 그러나 그들은 하나같이 영적인 길이야말로 우리가 걸어야 하는 궁극적 여정이라고 강조했다. 내가 여러 사람과 수천 번 대화를 나누면서 관찰한 건, '생명'이 우리에게 끝없이 말을 건다는 것, 우리를 우리가 될 수 있는 가장 나은 자신을 향해 나아가라고 격려한다는 것이다. 영적인 실천은 내가 원하는 삶을 지어나가는 지름길이었다.

아서와 나는 타인을 일으켜 세우며 세상을 더 나은 곳으로 만드는 모든 사람에게, 신앙이나 종교 유무에 상관없이 그들의 깊은 사랑과 존경을 느낀다. 다시 한번 말하지만, 이 장에서 우리의 목표는 우리의 구체적 신앙과 실천법이 옳다고 설득하는 것이 아니다. 우리의 목표는 삶의 초월적이고 형이상학적인 면에 관한 통찰이 어떻게 당신의 존재 경험을 헤아릴 수 없을 만큼 풍요롭게 해주는지, 타인에게도 도움을 주는지 보여주는 것이다.

당신의 뇌는 영적이다

종교나 영적인 것을 믿는 사람들이 생활에서 자신의 믿음을 실천하는 이유는 무엇일까? 그들에게 직접 물었을 때, "더 행복해지려고요"라는 대답이 나올 리는 만무하다. 그들은 아마존 뉴턴처럼 혼란스러운 세상 속, 자기 삶을 믿음을 통해 이해할 수 있기 때문이라고 답할 가능성이 크다. 평범한 일과 속에서, 또는 엔터테인먼트나 소비와 같은 세속적인 기분 전환에서 그런 통찰을 얻을 수 없음을 깨달은 것이다. 많은 사람이 일상적 삶이 제공할 수 있는 것보다 더 "큰" 경험을 원한다. 즉 경이감, 타인 또는 신성한 존재와의 합일감, 시공간의 경계를 상실하는 느낌을 추구한다.

그 과정이 마냥 신나고 재미있는 것만은 아니다. 사람들은 처음 초월적 믿음을 실천할 때 강렬한 불편감을 느낀다고 고백한다. 이는 자기 자신을 환히 비추는 경험이기 때문이다. 명상을 시작하는 사람은 자기 생각을 홀로 가만히 들여다보는 경험을 난생 처음 해볼 수도 있다. 어떤 종교로 개종하는 사람은 일단 자신이 지은 죄를 직면해야 한다. 철학자들을 연구하고 그들의 통찰을 삶에 적용하는 데에는 두려움과 희생이 따른다. 무엇이든 영적으로 실천하는 일은 다음과 같은 고백이다. "내가 모든 것을 알지 못하며, 속세 사람들이 이상하고 어리석다고 부르는 힘든 일을 한다는 걸 인정한다."

그러나 이 일에는 인생을 바꿀 힘이 깃들어 있다. 제일 먼저, 생리학적 변화가 일어난다. 초월적 경험의 신경학적 메커니즘에 관해 동료들과 광범위하게 연구해 온 심리학자 리사 밀러Lisa Miller는 《깨어난 뇌*The Awakened Brain*》에서 스트레스가 높았던 경험을 기억하는 것과 비교했을 때, 영적 경험을 기억하는 것은 감각 및 감정 처리와 관련된 두뇌 영역인 내측 시상과 미상핵의 활동을 줄이며, 따라서 우리가 과도한 생각과 반추사고라는 가상의 감옥에서 탈출하도록 도울 수 있음을 밝혀냈다고 적었다.[3] 뇌병변 장애가 있는 환자들의 행동을 연구한 학자들은 두려움·고통·애정의 느낌을 조절하는 것과 관련된 뇌간 영역인 수도관주위회색질 활동과, 피험자들이 보고하는 영적 경험을 연관 지을 수 있었다.[4]

특히 강렬한 영적 체험(예를 들어 신과 합일하는 것)의 기억은 뇌파 기술을 통해 관측되기도 한다. 2008년에 카르멜회 수녀들을 대상으로 한 실험에서 뇌과학자들은 수녀들이 인생에서 가장 신비로웠던 체험을 회상할 때의 뇌 활동과, 타인과 가장 강렬한 합일감을 체험한 경험을 회상할 때의 뇌 활동을 비교했다.[5] 신비주의적 경험을 기억할 때, 다른 경험을 기억할 때보다 뇌의 세타파가 유의미하게 늘어났다. 꿈꿀 때도 비슷한 패턴이 나타난다.[6] 뇌파 측정에 이은 후속 면담에서 수녀들은 신비로운 경험을 했을 당시 신의 존재와 더불어 무조건적이고 무한한 사랑을 느꼈다고 이야기했다.

종교적 믿음은 인생의 목적을 탐색하고 찾아내는 것과 강한 연관성이 있다. 2017년에 한 연구에서 442명을 대상으로 종교적 헌신 수준을 측정한 결과, 종교적 헌신과 개인이 인생에서 느끼는 의미 사이에서 강한 상관관계가 발견되었다.[7] 인생에 의미가 있다는 감각이 행복의 중요한 구성 요소임을 참고했을 때, 종교와 영성이 우울증 재발을 막고 실수에 불안한 반응을 갖지 않게 하는 보호 장치라는 점이 증명된 건 놀랍지 않다.[8]

연구자들은 마음의 병뿐 아니라 신체적 질병에서도 같은 패턴을 발견했다. 중병에 걸려 치료 중인 환자들 가운데 영적 돌봄 전문가(예를 들어 사제)의 개입을 받은 환자들은 영적인 욕구와 관련된 치료를 받지 못한 환자들에 비해 삶의 질이 더

높다고 보고했다.[9]

공동체에서 타인과 함께 종교와 영성을 추구하는 일은 고립감도 낮춘다. 일반적으로 신앙은 여럿이서 공동체를 이루어 실천하는 데다 그런 활동이 사회적 유대감을 강화한다는 증거도 여럿 있으니, 당연하게 들릴지 모르겠다.[10] 그런데 영성은 그 자체만으로도 외로움을 줄여주는 힘이 있는 듯하다. 학자들은 2019년 319명을 대상으로 "나는 신과 개인적으로 의미 있는 관계에 놓여 있다"와 같은 문장들을 평가하도록 요청했다. 설문 결과, 영적인 내용에 대한 긍정과 외로움 사이에는 강한 음의 상관관계가 있었으며, 긍정적으로 답한 이들의 정신건강이 아닌 이들보다 더 좋았다.[11]

요점은 이것이다. 영적·종교적·기타 형이상학적인 경험들은 한낱 허구의 현상으로 치부할 게 아니다. 이런 경험들은 우리의 뇌에 실질적 영향을 미치며, 다른 방식으로는 얻을 수 없는 통찰과 지식으로 우리를 데려간다.

그러나 그 과정은 가시밭길이다. 가장 흔한 세 가지 난관은 집중의 어려움, 길 찾기의 어려움, 올바른 동기 유지의 어려움이다. 이 장에서 그 난관들을 함께 헤쳐나가 보자.

첫 번째 난관:
산만한 '나'

우리가 인생에서 겪는 가장 큰 문제의 하나는, 우리가 인생의 주요한 순간들을 너무 많이 놓친다는 것이다. 유심히 생각해 보자. 당신은 하루에 얼마나 많은 시간을 현재에 집중해 살고 있는가? 일상을 보낼 때, 우리는 현재의 순간을 완전히 의식하며 살지 않는다. 과거와 미래에 끊임없이 주의를 기울이며, 그로 인해 지금 여기서 '마인드풀mindful'하게 살지 못한다는 대가를 우리는 치른다. 내 말을 믿지 못하겠으면, 하루 어느 때나 당신의 생각을 관찰해 보라. 당신의 생각은 아마 정신 나간 원숭이처럼 사방을 헤집고 돌아다니고 있을 것이다. 한순간은 지난주에 누군가에게 들은 말을 곱씹고 있다가, 다음 순간엔 주말 계획을 고민한다. 그러는 동안 지금 여기에서의 삶은 놓친 채 그냥 흘려보낸다.

이제 눈을 감고 명상이나 기도를 해보자. 그 순간 당신은 삶의 지금 이 순간에 진정으로 존재하게 된다. 이것이 바로 '마인드풀'이다. 다시 말해, 초월적인 것은 당신이 과거나 미래에 빼앗긴 인생을 현재에 더 많이 경험하도록 돌려준다.

그러나 온종일 명상이나 기도를 할 수는 없다. 게다가 현재에 살기를 거부하는 인간의 능력은 굉장히 특출나다. 인간에겐 태생적으로 머릿속에서 과거 사건을 다시 상영하고 미래의 시나리오를 미리 상영하는 능력이 있다. 과거 경험에서 최대한 배우고 미래를 위해 효과적으로 연습할 수 있다는 건, 인류에게 주어진 위대한 축복이지만 한편으로는 저주이기도 하다. 베트남의 승려 틱낫한은《틱낫한 명상*The Miracle of Mindfulness*》에서 이렇게 설명한다. "설거지하는 동안에는 설거지만 해야 한다. 설거지하는 동안에는 자신이 설거지한다는 사실을 완전히 인식해야 한다는 뜻이다."[12] 과거나 미래에 대해 생각한다면, "설거지하는 시간 동안 살아 있지 않은 것"이다.

불교 신자가 아니더라도 마인드풀이 대유행이라는 건 알 것이다. 최신 마인드풀 기술을 알려주는 어플과 웹사이트만도 수십 가지다. 연구에 의하면 마인드풀은 '지금 여기'로 정신을 되돌릴 뿐 아니라, 갖가지 개인적 문제의 치유책이 될 수 있다. 마인드풀에 우울감을 줄이고, 불안감을 낮추고, 기억력을 개선시키고, 허리 통증마저 줄여주는 효력이 있음이 증명되었다.[13] 마인드풀은 심지어 시험 성적마저 올려준다고 한다.[14]

마인드풀이 이렇게 훌륭하거늘, 어째서 모두가 매일 실천하지 않는 걸까? 왜 우리는 아직도 너무 많은 시간을 과거를 후회하거나 그리워하며 흘려보내는 걸까? 왜 우리는 미래를 예측한답시고 현재를 허비하고 있는 걸까? 사실 마인드풀은 너무 부자연스럽기 때문이다. 마인드풀을 실천하는 건 어렵다. 많은 심리학자는 인류라는 종이 '지금 여기'를 즐기도록 진화하지 않았다고 믿는다. 우리의 두뇌 회로는 과거를, 그보다도 미래를 생각하도록 구성됐다. 새로운 시나리오를 고민하고 새로운 아이디어를 시도해 보도록 설계되었다. 심리학자 마틴 셀리그먼은 "인간은 자연적으로 미래에 거주한다"는 의미로 인류를 '호모 프로스펙투스Homo Prospectus'라고 부르기까지 했다.[15]

마인드풀을 기피하는 것은 고통에서 다른 데로 주의를 돌리는 효과적인 방법일 수도 있다. 연구자들은 기분이 좋을 때보다 나쁠 때 사람들의 정신이 마구 널뛴다는 것을 밝혀냈다.[16] 주의를 여기저기로 옮기고 정신을 산만하게 하는 불행의 몇 가지 원천은 두려움·불안·신경질이 있으며, 무엇보다도 따분함이 컸다.[17] 부정적인 자기 인식(예를 들어 스스로에게 느끼는 수치심) 역시 지금 여기에서 집중하지 못하도록 주의를 분산시킬 가능성이 컸다. 학자들은 수치심이 높아 괴로워하는 사람들이 그러지 않은 사람들에 비해 딴생각에 빠져드는 경향이 유의미하게 크다는 사실을 밝혀냈다.[18]

마인드풀이 당신에게 어렵다면, 두 가지 문제가 바탕에 깔려 있기 때문일 수 있다. 첫째, 당신의 머릿속이 집처럼 편안하지 않다. 둘째, 집이 재미없게 느껴진다. 전자가 문제라면, 마인드풀을 실천하기 위한 기술과 연구가 이미 다양하게 존재하고 계속 생겨나고 있으니, 어떤 수를 써서든 그중 맞는 것을 찾아내라. 정식으로 명상을 시도하거나, 현재 당신을 둘러싼 것들에 주의를 더 기울여 보라.

후자가 문제라면, 당신이 느끼는 두려움과 불안감의 원인을 정면으로 마주해야 한다. 회피는 장기적으로 효과가 없다. 사실 많은 연구에서 감정 회피를 위한 딴생각이 상황을 개선하기는커녕 악화한다는 사실이 밝혀졌다.[19] 그보다는 전문가의 도움을 받아서 현재 느끼는 불행의 원인을 해결하기로 선택하는 것이 더 이롭다. 어렵게 생각하지 말자. 결혼 문제에 관해 전문가와 상담하는 것과 다르지 않다. 사실, 불편한 감정(두려움·수치심·죄책감·슬픔·분노)을 있는 그대로 담백하게 인정하는 것만으로 해결은 이미 시작된다. 그로써 자신이 부정적 감정을 경험하지 않으려고 저항하고 있다는 걸 알아차리게 되기 때문이다. 부정적 감정을 직면하는 경험은 미리 걱정한 것보다 덜 불쾌할 수도 있다.

이때 마인드풀이 '자기 응시'와는 다르다는 점을 유념하자. 지금 여기에 존재한다는 건, 남들을 무시하고 오로지 자신과 자신의 문제에 대해서만 집착한다는 것과는 다른 의미다. 학자들은 과도하게 자신에 대해 염려할수록 더 방어적이고 부정적인 태도를 취하게 된다는 사실을 밝혔다.[20] 마인드풀은 자신이 세상의 일부라는 자각을 지향하고 받아들이는 것이다. 자기 감정을 이러쿵저러쿵 판단하지 않고 가만히 관찰하는 것이다. 현재에 집중하려 노력할 때, 두 가지를 기억해라. 당신은 80억 명 인류 중 한 사람일 뿐이다. 그리고 살아 있기에 당연히 경험하는 감정들을 느끼고 있을 따름이다. 이 책의 앞부분에서 논한 메타인지의 도구들이, 마인드풀을 향해 나아가는 여정에 유용하게 쓰일 것이다.

여전히 주의가 산만해지는 순간들이 찾아올 것이다. 인간이니 당연한 일이다. 때로는 일부러 현재에서 주의를 돌리고 싶은 순간도 올 것이다. 예를 들어 치과 대기실에 앉아서 곧 진행될 신경치료를 생각하지 않으려 잡지를 읽기로 선택할 수도 있다. 여기서 핵심은, 이것이 상황을 고려해 당신이 내린 선택이라는 점이다. 즉 여기서도 감정이 당신을 관리하는 게 아니라, 당신이 감정을 관리하고 있다. 어떤 상황에서 주의를 돌리는 것은 감정 관리 도구함에서 필요할 때만 꺼내어 쓸 수 있는 수단이다. 기본은 언제나 마인드풀이어야 한다.

두 번째 난관:
망설이는 '나'

초월적인 것을 향한 여정의 시작(혹은 여정을 위한 연료를 충전하는 때)에서 가장 중요한 부분은, 두말하면 입 아픈 소리지만 첫발을 내딛는 것이다. 많은 사람이 믿음이 있었으면 좋겠다고 평생 생각만 할 뿐, 그 생각을 실천으로 옮기지 못한다. 깨달음의 순간은 날씨가 변하듯 그냥 우리를 찾아오는 게 아니다. 깨달음을 얻으려면 자신이 먼저 진중하게 주의를 기울여야 한다. 대학에 가고 몸 건강을 관리하는 것과 같은 모든 일과 마찬가지로, 제일 어려운 부분은 시작하는 것이다. 여기, 시작에 도움이 될 몇 가지 아이디어를 소개한다.

첫째, 단순해야 한다. 몇 년 동안 운동을 쉬었거나 운동이 인생 처음인 고객들을 돕는 피트니스 트레이너들이, 복잡한 검사들이나 단계별 운동 프로토콜부터 고객에게 들이미는 법은 없다. 처음 몇 주 동안은 하루 한 시간씩 쉬운 활동으로 몸을 움직이라고 격려하는 게 전부다. 보통은 산책 정도면 충분하다. 영적인 여정을 시작하는 방법도 이것과 비슷하다. 제일 좋은 시작법은 히말라야 산맥으로 들어가 30일간 연꽃 자세로 묵언 수행을 하는 게 아니다. 그건 헬스장에 방문한 첫날에 자기 체중만큼의 무게를 데드리프트로 들어올리려 낑낑대는 것과 똑같다. 시작은 아무쪼록 단순하고 쉬워야 한다. 종교 의식이 열릴 때 조용히 찾아가 뒷자리에 앉아서, 어떤 판단도 기대도 전부 내려놓고 그저 의식을 지켜보는 것도 좋다.

둘째, 더 많이 읽어라. 초월적 목표를 세우고 실천하는 데에는 배움이 필요하다. 신성함과 미덕에 대해 가르치는 '지혜 문학'을 두루 읽어라. 종교가 있다면, 그 종교에 속한 글을 읽어도 좋다. 첫 번째 조언과 같은 맥락에서, 너무 밀도 높은 글로 시작하려는 생각은 버려라. 팔리어 원문으로 불교 경전을 읽으려 들거나 토마스 아퀴나스의 신학대전을 덜컥 집어들기 전에, 도서관이나 서점에서 찾을 수 있는 대중적 불교 또는 기독교 서적을 먼저 가볍게 시도해 보아라.[21]

셋째, 내려놓아라. 당신은 지금 당신 자신의 삶을 잘 관리하는 데에 마음을 쏟고 있을 것이다. 더 행복해지기 위해 노력할 의지도 있을 것이다. 전부 괜찮다. 하지만 굳센 의지에는 나름의 부작용이 따를 수 있다. 구체적으로 말해, 자꾸 통제하려는 욕구가 생겨날 수 있다. 통제하려는 욕구는 직관적인 태도가 필요한 영적인 여정을 훼방한다. 사실을 끌어안은 채 자기 목을 조르는 일은 그만두고, 어린아이의 마음으로 돌아가 자신에게 머리로 이해하지 못하는 경험을 허락해라.

행복해지는 방법을 무려 과학적으로 다루는 책에서 이런 말을 하다니 아이러니하다고 생각할지도 모르겠다. 그러나 학자들은 논리 형식이 더 직관적인, 즉 질문에 "느낌"을 근거로 답하는 사람들이 더 분석적인 사람들에 비해 종교적 믿음이 강하다는 사실을 밝힌 바 있다.[22] 직관과 분석에 종교적 믿음의 차이가 존재한다는 결과는 교육·수입·정치적 입장·지능에 종속되지 않고 나타났다. 그러니 설명할 수 없다는 이유만으로 무언가를 당신의 삶에서 배제시키지는 마라.

여기까지 읽고선, 양손을 내저으며 이렇게 말하고 있을지도 모르겠다. “도통 이해가 안 돼요. 내가 영적인 사람이 아닌가 보죠.” 충분히 그렇게 생각할 수 있다. 그래도 괜찮다. 그런 당신에게도 권할 수 있는 행동이 하나 있다. 바깥으로 나가서, 자연과 연결되는 감각을 느껴라. 그로써 초월적 경험을 할 수 있다. 세월을 통해 검증을 받은 방법이다.

안타깝게도 현대 사회에서 야외에서 지내는 경험은 갈수록 귀해지고 있다. 야외에서 일하는 미국인의 비율은 19세기 초에 90%였으나 20세기가 끝날 무렵에는 20% 미만으로 감소했다.[23] 여가를 보내는 방식에서도 같은 패턴이 나타난다. 전체 미국인들이 2018년에 자연으로 나들이를 나간 횟수는 2008년에 비해 10억 회나 줄었다고 한다.[24] 오늘날 성인의 85%가 요즘 아이들은 자기가 어렸을 때보다 밖에서 시간을 덜 보낸다고 말한다.[25] 지난 몇 세기 동안, 특히 지난 몇 십 년 동안 우리가 자연에서 멀어진 데에는 명백한 이유가 있다. 첫째, 세계적으로 일어난 도시화의 결과로 자연이 우리 곁에서 멀어졌다. 미국 인구통계에 따르면, 1800년에는 미국 인구의 6.1%가 도시 지역에 살았다. 2000년에 그 비율은 79%로 증가했다.[26] 둘째, 거주 지역과 무관하게 사람들은 점점 더 야외 생활보다 기술에 집중하고 있다. 2017년의 한 연구에서는 스크린을 보는 시간이 모든 연령 집단에서 급속히 증가했지만(2016년 기준 성인은 하루 10시간 39분을 스크린 앞에서 보냈다.) 사냥·낚시·캠핑·아동의 야외놀이는 크게 줄었다.[27]

당신이 실내에서 근무하며 밤낮으로 전자기기에서 멀어지지 못하는 도시인이라면, 차나 기차에서 내려 집까지 걸어가는 것 외에는 몇 달, 혹은 몇 년 동안 자연에서 거의 시간을 보내지 못했을지도 모른다. 그렇다면 당신은 아마 스트레스나 불안, 심하게는 우울증과 같은 눈에 띄는 질병을 앓고 있을 가능성이 크다. 2015년의 한 연구에서 연구자들은 사람들에게 50분 동안 자연이나 도시에서 산책하라는 과제를 주었다.[28] 자연에서 산책한 이들은 불안이 더 낮아졌고, 기분이 나아졌으며, 작업기억도 개선되었다. 또한 그들은 "그만 생각해야 할 과거의 일화들을 자주 회상한다" 같은 문장에 동의할 가능성이 훨씬 낮았다.

형이상학에 집중할 때, 타인의 의견을 염려하는 경향은 크게 줄어든다. 자연에 노출되는 것이 같은 효과를 낸다는 건 어찌 보면 당연한 결과다. 2008년에 연구자들은 15분 동안 도시에서 산책한 사람이 "지금 나는 나 자신을 내보이는 방식에 대해 염려한다" 같은 문장에 동의할 가능성은, 같은 시간 동안 자연에서 산책한 사람에 비해 39% 크다는 것을 밝혔다.[29]

자연으로 나가기 위해 아직도 설득이 필요하다면, 미국의 작가 헨리 데이비드 소로Henry David Thoreau의 말이 도움이 될 것이다. 그는 1862년에 적었다. "나는 작은 시냇물이 흐르기 시작하는 초원을 걷고 있었고, 태양은 추운 잿빛 하루의 끝에 마침내 지평선에서 선명한 층을 이루며 저물고 있었다."[30] 이 일상적인 경험에서 그는 마치 신성한 땅을 향해 걸어가고 있는 듯한 장엄함을 느꼈다. "태양이 그 어느 때보다도 더 밝게 빛나는 날이 올 것이고, 어쩌면 우리의 정신과 마음까지 빛을 드리워, 따스하고 고요한 황금빛으로 가을날 강가를 비추듯 우리를 일깨워서 우리의 전 생애를 위대한 빛으로 밝혀줄 것이다."

소로는 자연에 우리의 이해를 넘어서는 힘이 있다고 믿었다. 땅과 접촉함으로써 우리가 달라질 수 있다고 믿었다. 현대과학은 그의 믿음이 옳다고 증명했다.[31] 연구자들은 (인공조명이 아닌) 자연광에 노출되었을 때 체내의 하루 주기 리듬이 일출과 일몰에 맞춰진다는 사실을 발견했다.[32] (며칠 동안 전자기기와 인공조명을 멀리하면, 그 어느 때보다도 잠들기가 쉬워질 것이다.) 유사하게, 몇 차례의 작은 실험에서 사람들이 야외에서 맨발로 걷는 것('어싱'이나 '그라운딩'이라고 불린다.)과 같이 매우 간단한 방식으로 땅과 신체적으로 접촉할 때 스스로 보고하는 건강과 기분이 개선된다는 것이 증명되었다. 그러니 기분이 좋아지고 싶으면 신발을 벗고 야외에서 하루를 보내보자. 도움이 될 것이다.[33]

초월의 여정을 시작할 방법은 여러 가지다. 그 방법은 복잡하지 않으며 소수에게만 공개된 비밀도 아니다. 사실 이 여정은 오히려 겸허한 자세로 단순하게 시작하는 편이 더 좋다. 기도를 조금 하고, 책을 조금 읽고, 내려놓고, 전자기기 없이 산책을 가보자. 중요한 건, 그렇게 일단 첫걸음을 내딛는 것이다.

세 번째 난관:
정직하지 못한 '나'

영적인 길을 추구하면서 저지르는 가장 큰 실수는, 영적인 것을 개인의 목적을 위한 수단으로 삼는 것이다. 앞서 사랑을 대가 없이 퍼줄 때 우리도 가장 큰 사랑을 돌려받는다는 역설을 짚었더랬다. 믿음과 영성에도 비슷한 역설이 있다. 다시 말해, 어떤 이득을 목표로 삼지 않을 때에만 개인으로서 이득을 얻게 된다.

티벳의 한 승려가 미국의 불교 신자들을 부드럽게 꾸짖으며 이렇게 말한 적이 있다.[34] "너무 많은 미국의 불교 신자들이 자기 문제를 해결하고 싶어 불교를 믿고 있습니다. 그들은 불교의 진정한 핵심은 진실을 추구하고 타인의 괴로움을 덜어주는 것임을 이해하지 못합니다." 구체적으로 말해 불교를 실천하는 목표는 보살이 되는 것, 불성에 다다라 무한히 반복되는 생사의 굴레에서 벗어날 수 있지만 그러지 않기로 선택해 타인도 위대한 깨달음을 얻을 수 있게 이번 생에 머무는 것이다.

일본의 선불교 승려들은 수수께끼 같은 선문답으로 사람들을 가르친다. 아마 선문답 중 가장 유명한 것은 이것일 것이다. "한 손바닥으로 손뼉을 치면 어떤 소리가 나는가?" 답을 깨닫기 전까지는 그저 난센스 질문처럼 느껴진다. 답은 이것이다. "그것은 환상이다." 한 손으로 손뼉 치는 흉내를 내면 손뼉 치는 소리를 상상하지만, 또 다른 손이 등장하기 전까지 실제로 소리는 나지 않는다. 이 선문답은 불교의 '공' 개념을 설명한다. 우리라는 개인은 타인과 연결되지 않으면 비어 있는 상태다. 사랑을 누리려면, 타인을 사랑하고 타인에게 사랑받아야 한다. 그것이 보살이 명상하는 이유다. 자신의 스트레스와 불안을 줄이기 위해서가 아니라, 타인의 스트레스와 불안에 집중하기 위해서다.

이러한 신비로운 진실은 거의 모든 믿음과 종교 전통의 바탕에 깔려 있다. 신성한 교리를 섬기고, 궁극적 진실을 추구하고, 나보다 남들을 더 행복하게 해주려 노력해라. 그래야만 자신의 여정에서도 성공할 수 있다.

이 역설은 C. S. 루이스C. S. Lewis의 유명한 책 《순전한 기독교*Mere Christianity*》에 잘 요약되어 있다. 행복하고 선해지고 싶은 딕이라는 남자가 있다. "딕은 하나님에게 의탁하기 전까지는 그의 선함이 자신의 것이라 생각했다. 그렇게 생각하는 한 그의 선함은 그의 것이 아니다. 딕이 그의 선함은 자기 것이 아니라 하나님이 준 선물임을 깨달은 때에야, 그리고 그 선함을 하나님께 다시 바치는 때에야, 그 선함은 진정으로 그의 것이 되기 시작한다. 지금 딕은 그가 만든 것에서 제 몫을 찾기 시작하고 있다. 우리가 우리의 것으로 지닐 수 있는 것들은, 오직 우리가 하나님께 거리낌 없이 바치는 것들뿐이다. 우리 자신을 위해 붙들려 하는 것들은 반드시 잃게 된다."[35]

초월의 길을 걸으면 당신은 틀림없이 더 행복해질 테지만, 더 행복해지는 것이 목표라면 목표를 이루지 못할 것이다. 당신의 목표는 진실을 찾고 남을 섬기는 것이어야 한다.

언젠가 걷게 될 초월의 길

당신이 걷게 될 초월의 길이 어떠할지 선불리 말할 수 없다. 다만 우리는 그 길을 걷기로 선택하면 당신의 삶이 나아질 거라고 약속할 수 있다. 형이상학적 경험이 미신이 아니라, 다른 어디서도 얻지 못하는 방법으로 행복 지수를 높여준다는 사실은 과학적으로 입증되었다. 당신만의 영적인 길을 찾아내고 걸어가는 데에는 물론 난관이 따를 것이다. 그중 가장 큰 세 난관을 여기서 설명했다. 지금까지 익힌 감정 관리 기술을 활용하여 이 책의 가르침을 실천할 때, 당신은 분명히 많은 것을 얻을 수 있을 것이다.

① 영적인 삶이 힘든 건 끊임없이 주의를 앗아가는 자극에 맞서 싸워야 하기 때문이다. 지금 여기에서 마인드풀을 실천하기 위해 노력해라. 연습하면 조금씩 쉬워진다.

② 가만히 앉아서 종교적 경험이 찾아오길 기다리는 건 실수다. 그런 일은 절대 일어나지 않는다. 가치 있는 모든 것이 그러하듯, 영적인 실천을 해나가는 데에도 노력이 필요하다. 가장 중요한 건 첫발을 내딛는 것이다.

③ 믿음이나 영적인 실천의 초점이 저 자신에게 있어서는 안 된다. 영적 생활에서 혜택은, 진실을 추구하고 타인을 사랑하는 것이 목표일 때에만 돌아온다.

앞선 장에서 소개한 교훈들과 달리, 이 장의 가르침은 당장 실천해서 즉각 효과를 얻기가 어렵다. 그래서 여기에 앞으로 몇 달, 몇 년 동안 세 가지 교훈을 잘 실천할 수 있도록 이끌어줄 네 번째 교훈을 알려주려고 한다. 바로 매일 영적이나 철학적인 생활을 위한 시간을 할애하는 것이다. 예를 들어 매일 아침 딱 15분을 정해두고, 성현들의 지혜가 담긴 문학을 읽고 가만히 앉아 묵상이나 기도를 올리는 것으로 하루를 시작해라. 아침이 도저히 시간을 낼 수 없을 만큼 바쁘다면, 점심이나 저녁에 마땅한 때를 찾아라. 처음에는 15분도 길게 느껴지겠지만 시간이 흐를수록 습관이 들 테고 꾸준히 해나가면 시간을 좀 더 늘리고 싶을 것이다. 꾸준함은 첫 시도에서 실패하지 않는 열쇠가 된다. 매일 딱 15분만 할애해라.

이렇게 우리가 원하는 삶을 지어나갈 두 번째 단계가 마무리되었다. 중요한 것에 주의를 기울이고, 세심히 관리해라. 인생을 떠받치는 가족·친구·일·믿음이라는 네 개의 기둥을 기억하고 각 영역에 존재하는 난관들을 헤쳐나가라.

지금까지 문자 그대로 수천 건의 과학 연구에 해당하는 방대한 지식을 다루었다. 여기서 소개한 교훈과 개념들이 당신을 놀라게 했을지도 모른다. 또는 당신이 이미 알고 있던 사실을 환기하는 데에 그쳤을지도 모른다. 그러나 어느 쪽이든, 듣다 보면 고개를 끄덕이게 된다는 공통점이 있다. 행복에 대한 가르침은 대체로 "할머니 검사"를 통과한다. (할머니가 "그건 말도 안 돼"라고 말하지 않는다는 뜻이다.)

자, 이제 당신 앞에 던져진 과제는 이 가르침을 기억하는 것이다. 사람들 대부분은 복잡한 생활 속에서 새로운 아이디어를 쉽게 잊어버리고 기존의 패턴으로 다시 미끄러져 버린다. 그래서 우리는 당신이 원하는 인생을 살아가고 더 행복해지게 만드는 원칙을 기억할, 확실한 방식을 소개하면서 이 책을 마무리하려 한다. 바로 당신이 남들에게 행복을 가르치는 것이다.

오프라의 편지

나는 꼬마일 때부터 배우는 걸 좋아했다. 배운 것을 다른 사람과 공유하는 것도 무척 좋아했다. 사실 이 글을 쓰는 지금, 내가 아는 것은 타인과 나눈 뒤에야 비로소 온전해진다는 생각이 든다.

내게 있어 〈오프라 윈프리 쇼〉는 본질적으로 교실이었다. 나는 복잡한 소화계의 요모조모부터 삶의 의미까지 정말로 많은 게 궁금했다. 알고 싶은 게 너무 많아서, 던지고 싶은 질문이 너무 많아서, 듣고 싶은 대답이 너무 많아서, 나와 같은 사람이 많다는 걸 알아서 나는 손님들을 초청해 우리 선생님이 되어달라고 했다. 물론 청중들에게도 남들과 나눌 지혜가 많이 있었다. 내 프로그램에 참 많은 사람이 찾아왔고, 참 많은 것을 나누어주었다.

지식을 나누는 것이 즐거워서, 나는 북클럽을 시작했다. 내게 가장 큰 의미로 와닿는 소설과 회고록들을 읽으면서 나는 더 깊은 진실과 새로운 경험들에 눈을 떴고, 의미 있는 아이디어에 예리하게 초점을 맞추게 되었다. 그리고 나는 타고나길 내게 주어진 진실과 경험과 아이디어를 혼자 끌어안고 있는 성격이 못 된다! 좋아하는 책을 읽을 때면, 나는 책을 끝까지 읽기도 전에 이미 남들과 그 책에 관해 이야기하는 상상을 한다. 그러면 즐거움은 한결 커진다.

사실, 나는 언제나 선생님이 되는 것이 나의 소명이라고 느꼈다. 잘난 척하는 것처럼 들릴까 봐 조심스럽게 덧붙이자면, 그런 마음은 아니다. 내가 생각하는 선생님은 모든 걸 아는 사람이 아니라, 아는 것을 남들과 나누는 사람이다.

나는 내가 남아프리카에 세운 여학교에서 아이들을 대상으로 수업을 하고 워크숍을 진행했다. 학교를 짓는 힘든 과정에서 나는 책 한 권을 쓸 수 있을 정도로 많은 교훈을 얻었다. 우리 학교 아이들에게서도 끊임없이 많은 것을 배우는 중이다. 이제 수백 명에 이르는 아이들을 볼 때, 나는 이 책에서 언급한 '분리된 애착'의 교훈을 몸소 느낀다. 자기만의 배경과 능력과 꿈과 욕구가 있는 아이들 한 사람, 한 사람에게 특정한 결과를 기대하고 그대로 이루어지길 바라며 마음 졸이는 건 말 그대로 불가능하다. 내가 할 일은, 아이들을 위해 문을 활짝 열어주는 것뿐이다. 그 문을 나서서 무엇을 할지 정하는 사람은 아이들 자신이다.

"내 아이들"을 멘토링할 때 나는, 인생의 성공이 올바른 대답을 하는 것만큼이나 좋은 질문을 던지는 데에 있다고 강조한다. 잘 산다는 게 어떤 의미일까? 다른 사람의 삶이 아니라 나를 기준으로 할 때, 좋은 삶은 무엇을 뜻할까? 잘 살려면 어떻게 해야 할까? 정말로 노력해서 얻어낼 가치가 있는 건 무엇일까? 나는 타인에게 무엇을 줄 수 있으며, 어떻게 그들을 섬길 수 있을까? 내가 한 경험에서, 특히 힘들었던 경험에서 어떤 배움을 얻을 수 있을까? 지구상에서 살아가는 제한된 시간을 어떻게 하면 최고로 활용할 수 있을까?

아서가 이 책에서 내가 던진 것과 똑같은 질문들을 탐색해 나간 건 우연이 아니다. 이 질문들은 더 행복해진다는 것의 본질적인 의미를 파헤친다. 더 행복해지는 것이 '고정형'이 아니라 '진행형'의 문제이자 능동적인 과정이라는 걸 알려준다. 이 질문들은 더 행복해지는 과정에서 가장 중요한 것에 스포트라이트를 비춘다. 바로 당신의 주체성이다. 이 질문들은 당신이 행복해질, 더 행복해질 열쇠를 손에 쥔 사람이 당신이라는 걸, 처음부터 끝까지 다른 누구도 아닌 당신 자신이라는 걸 알려준다.

이 책에서 내 모습을 참으로 많이 보았다. 당신도, 당신의 모습을 책에서 만났으리라 생각한다. 지금까지 살아온 당신의 모습이 아니라, 앞으로 진정으로 더 행복해질 당신의 모습을 선명하게 보았으리라 생각한다. 아서가 소개한 원칙들을 따르면서 나는 더 행복해지고 있다. 정말로 사는 게 재미있다. 일에만 열중하고 살던 과거에 '재미'라는 단어는 내 사전에 존재하지조차 않았다. 하지만 지금의 나는 여행을 하고, 모험을 하고, 새로운 경험을 기꺼이 받아들인다. 그래야 한다는 의무감을 느껴서가 아니라, 단지 그러고 싶어서다. 경험했기에 말하는 거지만, 행복은 나눌 때 2배가 된다. 이 책에서 당신의 나눔이 시작되면 좋겠다.

배우면, 가르쳐라. 받으면, 주어라.

_마야 안젤루Maya Angelou

에필로그

행복을 가르칠 최고의 선생에게

당신이 이 책을 펼친 건 더 행복하게 살고 싶어서일 것이다. 그 방법을 여기서 많이 알게 되었으리라 생각한다. 배운 것을 실천에 옮기려면, 먼저 기억해야 한다. 여기서 좋은 기억법을 하나 알려주겠다. 당신이 배운 것을 플라스틱 오리너구리에게 가르치는 것이다.

무슨 뚱딴지같은 소리냐고? 잠깐, 설명이 더 필요할 것 같다. "플라스틱 오리너구리 학습법"으로 알려진 이 기억법은, 자신이 배운 것을 주위에 있는 무생물을 대상으로 가르치는 것이다. 예를 들어 오리너구리 인형처럼. 고무 오리 인형이든, 볼링공이든, 상관없다. 그건 중요하지 않다. 이 학습법의 배경에는 무언가를 조리 있게 설명할 수 있는 사람은 그 정보를 흡수하고 기억하게 된다는 연구 결과가 있다. 그 이유는 상당히 간단하며 당신도 이미 알고 있을 것이다. 배운 것을 이해하고 써먹으려면 메타인지를 활용해야, 즉 전전두피질을 써야 한다.

배운 것을 남에게 정확히 설명하는 것이야말로 메타인지를 끌어오는 최고의 방법이다.

그러나 플라스틱 오리너구리보다 더 좋은 대상은 살아 있는 사람일 테고, 누군가에게 가르치는 것이야말로 가장 믿음직스럽고 깊이 있게 배우는 방법이다. 이 사실을 보여주는 연구가 여럿 있다. 처음으로 이 사실을 예증한 사람은 유명한 언어 교사 장폴 마틴Jean-Pol Martin인데, 그는 학생들에게 서로 외국어를 가르치게 함으로써 외국어 교습에서 성공을 거두었다.[1] 훗날 한 집단의 학생들은 혼자 공부하도록, 다른 집단의 학생들은 서로에게 설명하며 공부하도록 하는 실험이 진행되었다.[2] (주어진 시간은 동일했다.) 번갈아 교사 역할을 한 후자의 집단은 전자의 집단에 비해 학습 내용을 더 잘 이해하고, 더 잘 기억했다.

다른 사람들에게 더 행복해지는 법을 가르치는 것에는 단지 당신의 머릿속에 들어 있는 개념들을 굳건히 하는 것 이상의 의미가 있다. 거의 어디서나 행복감이 줄어드는 지금, 세상엔 수백만 명의 괴로운 사람들을 도와줄 전사들이 필요하다. 아직도 너무 많은 사람이 삶의 고통 때문에 더 이상 행복해질 가망이 없다고 믿는다. 주위에서 이런 상황에 처한 사람들을 찾아라. 그리고 당신이 스스로 그들의 희망이 되어라. 지금, 이런 말이 목구멍까지 올라왔을지도 모르겠다. "내 삶도 아직 완전하지 않은데, 어떻게 다른 사람이 더 행복해지는 걸 도우라는 거죠?" 정확히 그 이유로 인해 당신은 가장 유능한 교사가 된다. 행복을 가르치는 최고의 교사는, 매일 아침 기분 좋게 일어나는 운 좋은 사람들이 아니라, 힘겹게 몸소 가르침을 얻어야 했던 사람들이다. 우월한 유전자를 타고나 먹고 싶은 건 뭐든 먹으면서 훌륭한 몸매를 유지하는 피트니스 인플루언서들이, 나머지 사람들이 체중 관리에 어떤 어려움을 겪고 있는지 이해하겠는가?

그러니 당신이 어떤 고투를 벌이는지 숨기지 마라. 그 경험을 나누어 타인에게 그들이 혼자가 아니라는 걸 알려주어라. 그들도 더 행복해질 수 있다고 알려주어라. 당신이 고통받은 경험으로 그들에게 신뢰를 얻고, 당신이 발전하는 모습으로 그들에게 영감을 주어라. 남들과 나눔으로써 당신은 더욱 발전해 나갈 수 있을 것이다. 양쪽 모두에게 윈-윈이다.

더 나이 들고,
더 현명하고, 더 행복하게

행복을 가르치는 것은 시간이 흐를수록 더 행복해지는 최고의 전략이기도 하다. 중년 대부분이 겪는 괴로움의 큰 원인 중 하나는 인생이 아직 오래 남았지만 능력이 줄고 있다는 감각이다. 특히 자신의 능력을 갈고닦는 데에 많은 투자를 한 사람들이라면 이런 감각이 뼛속 깊이 다가온다.

총기를 잃었다고 느끼거나, 중년 이후 다소 번아웃에 빠졌다고 느낀다면, 지극히 정상이다. 연구자들은 오래전부터 여러 능력(예를 들어 분석과 혁신 같은 능력)이 생애의 아주 이른 시기에는 빠르게 발전하는 반면 30대와 40대에는 떨어지는 경향을 주목해 왔다. 이런 능력을 유동성 지능이라고 한다. 그래서 당신은 청년기에 소질이 있는 일의 실력을 키울 수 있고, 실력이 떨어지면 그 사실을 알아차린다. 그날은 보통, 기대하는 것보다 더 빠르게 당신을 찾아온다.[3]

그런데 생애 초기보다 더 늦은 시기에 발달하는 지능도 있다. 결정성 지능이라고 불리는 이 지능은 복잡한 생각들을 결합하고, 그 의미를 이해하고, 패턴을 알아보고, 남들을 가르치는 능력을 키운다. 결정성 지능은 중년 내내 발달하며 나이가 들어서도 높이 유지될 수 있다. 50세가 넘어서 패턴을 알아차리고 남들에게 개념을 설명하는 실력이 과거보다 나아졌다고 느낀다면, 그건 결정성 지능이 높아졌기 때문일 것이다.

유동성 지능과 결정성 지능에 관한 연구 결과가 우리에게 가르치는 것은, 우리가 생애 주기에 따라 역할을 바꿈으로써 두 개의 지능이 서로 보완할 수 있도록 노력해야 한다는 점이다. 나이가 들어서는 남을 가르치고 안내하는 쪽으로 향해야 한다. 나이가 들수록 그런 능력이 자연스럽게 높아지기 때문이다. 달라진 능력에 어울리도록 직업이나 커리어를 바꾸거나, 이미 갖고 있던 직업에서 새로운 부분을 강조하게 될지도 모른다. 아이를 키우느라 직장을 떠나 있던 사람들이, 아이들을 다 키우고 나서 몇 년 전 하던 일과는 다른 유형의 역할로 돌아오는 일은 생각보다 흔하다.

이 조언은 직업에만 국한되지 않는다. 나이가 들면서 우리는 자신의 지혜를 활용할 때 최고로 잘 살 수 있고, 가장 행복해질 수 있다. 사람들이 조부모가 되는 걸 그토록 좋아하는 이유는 (온종일 손주의 응석을 받아주다가 돌려보내도 된다는 점 말고도) 조부모로 산다는 것이 결정성 지능을 활용하는 일이어서다. 조부모들은 자신의 경험과 지혜를 활용하기에 사소한 것에 일일이 발끈하지 않는다. 그래서 모든 게 더 쉽고 편안하고 재미있어진다.

더 행복해지고 싶다면, 남을 가르쳐라. 나이가 들면서, 행복을 가르치는 일은 당신에게 점점 더 자연스럽게 느껴질 것이다. 나이가 들수록, 더 행복해지는 방법은 점점 더 당신 자신의 것이 될 것이다. 사람들이 더 행복해지는 방법을 배우기 위해 당신을 찾아올 것이다.

이 책을 읽으면서 어느 한 주제가 자꾸 등장하는 걸 알아차렸을지도 모르겠다. 당신이 원하는 삶을 일구어 나가도록 돕는 모든 실천법의 바탕은, 바로 사랑이다.

더 행복해지는 프로젝트를 시작하는 것, 감정을 관리하려 노력하는 것은 당신이 그만큼 자신을 사랑한다는 의미다. 행복을 떠받치는 모든 기둥은 사랑의 토대 위에 세워진다. 가족을 위한 사랑, 친구를 위한 사랑, 최고의 자아를 꺼내놓게 해주는 "눈에 보이게 만들어진 사랑", 초월적 여정을 통해 이루어지는 신성한 것에 관한 사랑. 당신이 배운 것을 가르치는 것은, 당신 곁의 모든 사람을 향하는 흘러넘치는 사랑의 행위다.

행복과 마찬가지로 사랑은 단순히 느낌이 아니다. 마틴 루터 킹 주니어는 1957년에 말했다. "사랑은 흔히들 말하는 감상적인 무언가가 아니다. 단순히 감정적인 무언가가 아니다. 사랑은 모두를 위한 창조적이고 이해심 깊은 선의다."[4] 사랑은 의지와 규율의 행위인 헌신이다. 더 행복해지는 것과 같이, 사랑도 실천할수록 나아진다. 되풀이하다 보면 어느새 자동으로 하게 된다. 시간이 지나면 습관이 된다. 사랑이 습관이 되면, 나머지는 저절로 제자리를 찾는다.

매일 아침을 시작할 때 말해라. "오늘 어떤 일이 벌어질지는 모르지만, 남들을 사랑하고 나 자신에게도 사랑받기를 허락하겠다." 특정한 상황(새로운 일자리를 결정하는 것처럼 큰일이든, 운전 중 앞에 다른 차를 끼워주는 것처럼 작은 일이든)에 어떤 행동을 해야 할지 고민된다면, 자기 자신에게 물어라. "지금 할 수 있는 일 가운데 가장 사랑에서 우러나온 행동은 무엇일까?" 이 책에서 얻은 지식으로 단단히 무장한다면, 실수하지 않을 것이다.

물론 당신은 돌부처가 아니다. 아무리 감정을 관리하려 노력하고 가족·친구·일·믿음을 위해 노력하더라도, 여전히 사랑이 멀게만 느껴지는 날들이 찾아올 것이다. 누군가에게 못되게 대꾸할 것이다. 감정에 끌려다닐 것이다. 절망한 나머지 손을 놓아버릴 것이다. 전부 당연하고 자연스러운 일이다. 완벽해지려고 노력하는 것이 능사가 아니다. 다시 시작하고, 또 다시 시작하고, 또 한 번 다시 시작하는 것이 중요하다. 우리에겐 매일이 새날이며, 다시 망치를 들고 일터로 돌아갈 기회가 있다. 당신이 원하는 삶은 사랑을 바탕으로 지어졌다는 걸 다시 기억하면 된다. 그리고 다시 시작하면 된다.

우리 두 사람도, 우리의 삶에서 같은 일을 해왔다. 우리는 당신과 같은 프로젝트를 수행하고 있다. 사랑이라는 토대 위에 삶을 지어올려, 더 행복해지려는 프로젝트에서 우리는 한 팀이 되어 이 책을 쓰게 되었다.

그러니 기억하기를 바란다. 우리가 당신 곁에서 함께 걷고 있다. 당신의 여정에 행운이 따르기를 온 마음으로 빌고 있다. 당신도 우리에게 똑같이 해주길 바란다. 그렇게 서로 힘을 주면서, 우리는 원하는 삶을 쌓아올리도록 서로 도울 수 있다. 그렇게 힘을 모아서, 우리는 우리가 원하는 세상 역시 만들어 나갈 수 있을 것이다.

당신이 원하는 삶을 만들고, 타인에게 그 방법을 가르치는 일에 관해 더 많은 것을 알고 싶다면 다음의 웹사이트를 방문해 보길 추천한다. ▸ www.arthurbrooks.com/build

참고문헌

프롤로그

이 장에 담긴 실화들은 따로 표시한 경우를 제외하고는 가상의 이름을 사용하였으며, 인물의 익명성을 보호하기 위해 몇 가지 세부 사항을 수정했다.

1 Michael Davern, Rene Bautista, Jeremy Freese, Stephen L. Morgan, and Tom W. Smith, General Social Surveys, 1972–2021 Cross-section, NORC, University of Chicago, gssdataexplorer.norc.org.

2 Renee D. Goodwin, Lisa C. Dierker, Melody Wu, Sandro Galea, Christina W. Hoven, and Andrea H. Weinberger, "Trends in US Depression Prevalence from 2015 to 2020: The Widening Treatment Gap," 〈*American Journal of Preventive Medicine 63*〉, no. 5 (2022): 726–33.

3 Davern et al., General Social Surveys, 1972–2021 Cross-section.

4 〈*Global Happiness Study: What Makes People Happy around the World*〉, Ipsos Global Advisor, August 2019.

1장 | 행복은 목표가 아니며, 불행은 적이 아니다

이 장에는 다음 칼럼에 담긴 개념과 문장을 각색하여 실었다.

Arthur C. Brooks, "Sit with Negative Emotions, Don't Push Them Away," How to Build a Life, 〈*The Atlantic*〉, June 18, 2020; Arthur C. Brooks, "Measuring Your Happiness Can Help Improve It," How to Build a Life, 〈*The Atlantic*〉, December 3, 2020; Arthur C. Brooks, "There Are Two Kinds of Happy People," How to Build a Life, 〈*The Atlantic*〉, January 28, 2021; Arthur C. Brooks, "Different Cultures Define Happiness Differently," How to Build a Life, 〈*The Atlantic*〉, July

15, 2021; Arthur C. Brooks, "The Meaning of Life Is Surprisingly Simple," How to Build a Life, 〈*The Atlantic*〉, October 21, 2021; Arthur C. Brooks, "The Problem with 'No Regrets,'" How to Build a Life, 〈*The Atlantic*〉, February 3, 2022; Arthur C. Brooks, "How to Want Less," How to Build a Life, 〈*The Atlantic*〉, February 8, 2022; Arthur C. Brooks, "Choose Enjoyment over Pleasure," How to Build a Life, 〈*The Atlantic*〉, March 24, 2022; Arthur C. Brooks, "What the Second-Happiest People Get Right," How to Build a Life, 〈*The Atlantic*〉, March 31, 2022; Arthur C. Brooks, "How to Stop Freaking Out," How to Build a Life, 〈*The Atlantic*〉, April 28, 2022; Arthur C. Brooks, "A Happiness Columnist's Three Biggest Happiness Rules," How to Build a Life, 〈*The Atlantic*〉, July 21, 2022; Arthur C. Brooks, "America Is Pursuing Happiness in All the Wrong Places," 〈*The Atlantic*〉, November 16, 2022.

1 Jeffrey Zaslow, "A Beloved Professor Delivers the Lecture of a Lifetime," 〈*Wall Street Journal*〉, September 20, 2007.

2 Saint Augustine, The City of God, book XI, ed. and trans. Marcus Dods (Edinburgh: T. & T. Clark, 1871), chapter 26, published online by Project Gutenberg.

3 E. E. Hewitt, "Sunshine in the Soul," Hymnary.org.

4 Yukiko Uchida and Yuji Ogihara, "Personal or Interpersonal Construal of Happiness: A Cultural Psychological Perspective," 〈*International Journal of Wellbeing 2*〉, no. 4 (2012): 354–369.

5 Shigehiro Oishi, Jesse Graham, Selin Kesebir, and Iolanda Costa Galinha, "Concepts of Happiness across Time and Cultures," 〈*Personality and Social Psychology Bulletin 39*〉, no. 5 (2013): 559–77.

6 Dictionary.com, s.v. "happiness," www.dictionary.com/browse/happiness.

7 Anna J. Clark, 〈*Divine Qualities: Cult and Community in Republican Rome*〉 (Oxford, UK: Oxford University Press, 2007).

8 Anna Altman, "The Year of Hygge, the Danish Obsession with Getting Cozy," 〈*New Yorker*〉, December 18, 2016.

9 Philip Brickman and Donald T. Campbell, "Hedonic Relativism and Planning the Good Society," in 〈*Adaptation Level Theory*〉, ed. M. H. Appley (New York: Academic Press, 1971): 287–301.

10 Viktor E. Frankl, 《*Man's Search for Meaning*》 (Boston: Beacon Press, 1946), xvii.

11 Catherine J. Norris, Jackie Gollan, Gary G. Berntson, and John T. Cacioppo, "The Current Status of Research on the Structure of Evaluative Space," 〈*Biological Psychology 84*〉, no. 3 (2010): 422–36.

12 Jordi Quoidbach, June Gruber, Moïra Mikolajczak, Alexsandr Kogan, Ilios Kotsou, and Michael I. Norton, "Emodiversity and the Emotional Ecosystem," 〈*Journal of Experimental Psychology: General 143*〉, no. 6 (2014): 2057–6 6.

13 Richard J. Davidson, Alexander J. Shackman, and Jeffrey S. Maxwell, "Asymmetries in Face and Brain Related to Emotion," 〈*Trends in Cognitive Sciences 8*〉, no. 9 (2004): 389–91.

14 Debra Trampe, Jordi Quoidbach, and Maxime Taquet, "Emotions in Everyday Life," 〈*PLoS One 10*〉, no. 12 (2015): e0145450.

15 Daniel Kahneman, Alan B. Krueger, David A. Schkade, Norbert Schwarz, and Arthur A. Stone, "A Survey Method for Characterizing Daily Life Experience: The Day Reconstruction Method," 〈*Science 306*〉, no. 5702 (2004): 1776–80.

16 David Watson, Lee Anna Clark, and Auke Tellegen, "Development and Validation of Brief Measures of Positive and Negative Affect: The PANAS Scales," 〈*Journal of Personality and Social Psychology 54*〉, no. 6 (1988): 1063–70. 독자들은 다음 링크에서도 검사해 볼 수 있다. www.authentichappiness.sas.upenn.edu/testcenter.

17 이 평균의 출처는 원 연구다. Watson, Clark, and Tellegen (1988).

18 Kristen A. Lindquist, Ajay B. Satpute, Tor D. Wager, Jochen Weber, and Lisa Feldman Barrett, "The Brain Basis of Positive and Negative Affect: Evidence from a Meta-analysis of the Human Neuroimaging Literature," 〈*Cerebral Cortex 26*〉, no. 5 (2016): 1910–22.

19 Paul Rozin and Edward B. Royzman, "Negativity Bias, Negativity Dominance, and Contagion," 〈*Personality and Social Psychology Review 5*〉, no. 4 (2001): 296–320.

20 Emmy Gut, "Productive and Unproductive Depression: Interference in the Adaptive Function of the Basic Depressed Response," 〈*British Journal of Psychotherapy 2*〉, no. 2 (1985): 95–113.

21 Neal J. Roese, Kai Epstude, Florian Fessel, Mike Morrison, Rachel Smallman, Amy Summerville, Adam D. Galinsky, and Suzanne Segerstrom, "Repetitive Regret, Depression, and Anxiety: Findings from a Nationally Representative Survey," 〈*Journal of Social and Clinical Psychology 28*〉, no. 6 (2009): 671–88.

22 Melanie Greenberg, "The Psychology of Regret: Should We Really Aim to Live Our Lives with No Regrets?" 〈*Psychology Today*〉, May 16, 2012.

23 Daniel H. Pink, 《*The Power of Regret: How Looking Backward Moves Us Forward*》 (New York: Penguin, 2022). 인용문은 저자와의 이메일 대화에서 나왔다.

24 John Keats, 《*The Letters of John Keats to His Family and Friends*》, ed. Sidney Colvin (London: Macmillan and Co., 1925), published online by Project Gutenberg.

25 Karol Jan Borowiecki, "How Are You, My Dearest Mozart? Well-being and Creativity of Three Famous Composers Based on Their Letters," 〈*Review of Economics and Statistics 99*〉, no. 4 (2017): 591–605.

26 Paul W. Andrews and J. Anderson Thomson Jr., "The Bright Side of Being Blue: Depression as an Adaptation for Analyzing Complex Problems," 〈*Psychological Review 116*〉, no. 3 (2009): 620–54.

27 Shigehiro Oishi, Ed Diener, and Richard E. Lucas, "The Optimum Level of Well-being: Can People Be Too Happy?" in 〈*The Science of Well-Being: The Collected Works of Ed Diener*〉, ed. Ed Diener (Heidelberg, London, and New York: Springer Dordrecht, 2009): 175–200.

28 June Gruber, Iris B. Mauss, and Maya Tamir, "A Dark Side of Happiness? How, When, and Why Happiness Is Not Always Good," 〈*Perspectives on Psychological Science 6*〉, no. 3 (2011): 222–33.

2장 | 생각에 '일시정지'

이 장에는 다음 칼럼에 담긴 개념과 문장을 각색하여 실었다.

Arthur C. Brooks, "When You Can't Change the World, Change Your Feelings," How to Build a Life, 〈*The Atlantic*〉, December 2, 2021; Arthur C. Brooks, "How to Stop Freaking Out," How to Build a Life, 〈*The Atlantic*〉, April 28, 2022; Arthur C. Brooks, "How to Make the Baggage of Your Past Easier to Carry," How to Build a Life, 〈*The Atlantic*〉, June 16, 2022.

1 "Viktor Emil Frankl," Viktor Frankl Institut, www.viktorfrankl.org/biography.html.

2 Antonio Semerari, Antonino Carcione, Giancarlo Dimaggio, Maurizio Falcone, Giuseppe Nicolò, Michele Procacci, and Giorgio Alleva, "How to Evaluate Metacognitive Functioning in Psychotherapy? The Metacognition Assessment Scale and Its Applications," 〈*Clinical Psychology & Psychotherapy 10*〉, no. 4 (2003): 238–61.

3 Paul D. MacLean, T. J. Boag, and D. Campbell, 《*A Triune Concept of the Brain and Behaviour: Hincks Memorial Lectures*》 (Toronto: University of Toronto Press, 1973).

4 Patrick R. Steffen, Dawson Hedges, and Rebekka Matheson, "The Brain Is Adaptive Not Triune: How the Brain Responds to Threat, Challenge, and Change," 〈*Frontiers in Psychiatry 13*〉 (2022).

5 Trevor Huff, Navid Mahabadi, and Prasanna Tadi, "Neuroanatomy, Visual Cortex," StatPearls (2022).

6 Joseph LeDoux and Nathaniel D. Daw, "Surviving Threats: Neural Circuit and Computational Implications of a New Taxonomy of Defensive Behaviour," 〈*Nature Reviews Neuroscience 19*〉, no. 5 (2018): 269–82; "Understanding the Stress Response," Harvard Health Publishing, July 6, 2020; Sean M. Smith and Wylie W. Vale, "The Role of the Hypothalamic-Pituitary-Adrenal Axis in Neuroendocrine Responses to Stress," 〈*Dialogues in Clinical Neuroscience 8*〉, no. 4 (2006): 383–95.

7 LeDoux and Daw, "Surviving Threats."

8 Carroll E. Izard, "Emotion Theory and Research: Highlights, Unanswered Questions, and Emerging Issues," 〈*Annual Review of Psychology 60*〉 (2009): 1–2 5.

9 APA Dictionary of Psychology, s.v. "joy," American Psychological Association, accessed December 2, 2022, www.dictionary.apa.org/joy.

10 "From Thomas Jefferson to Thomas Jefferson Smith, 21 February 1825," Founders Online.

11 Jeffrey M. Osgood and Mark Muraven, "Does Counting to Ten Increase or Decrease Aggression? The Role of State Self-Control (Ego-Depletion) and Consequences," 〈*Journal of Applied Social Psychology 46*〉, no. 2 (2016): 105–13.

12 Boethius, 《*The Consolation of Philosophy*》, trans. H. R. James (London: Elliot Stock, 1897), published online by Project Gutenberg.

13 Amy Loughman, "Ancient Stress Response vs Modern Life," Mind Body Microbiome, January 9, 2020.

14 Jeremy Sutton, "Maladaptive Coping: 15 Examples & How to Break the Cycle," PositivePsychology.com, October 28, 2020.

15 Philip Phillips, "Boethius," Oxford Bibliographies, last modified March 30, 2017.

16 Boethius, 《*Consolation of Philosophy*》.

17 Ralph Waldo Emerson, "Self-Reliance," in 〈*Essays: First Series*〉 (Boston: J. Munroe and Company, 1841).

18 Daniel L. Schacter, Donna Rose Addis, and Randy L. Buckner, "Remembering the Past to Imagine the Future: The Prospective Brain," 〈*Nature Reviews Neuroscience 8*〉, no. 9 (2007): 657–61.

19 Marcus Raichle, "The Brain's Default Mode Network," 〈*Annual Review of Neuroscience 38*〉 (2015): 433–4 7.

20 Ulric Neisser and Nicole Harsch, "Phantom Flashbulbs: False Recollections of Hearing the News about Challenger," in 〈*Affect and Accuracy in Recall: Studies of "Flashbulb" Memories*〉, ed. E. Winograd and U. Neisser (Cambridge, UK: Cambridge University Press, 1992).

21 Melissa Fay Greene, "You Won't Remember the Pandemic the Way You Think You Will," 〈〈*The Atlantic*〉〉, May 2021; Alisha C. Holland and Elizabeth A. Kensinger, "Emotion and Autobiographical Memory," 〈*Physics of Life Reviews 7*〉, no. 1 (2010): 88–131.

22 Linda J. Levine and David A. Pizarro, "Emotion and Memory Research: A Grumpy Overview," 〈*Social Cognition 22*〉, no. 5 (2004): 530–54.

23 "Maha-satipatthana Sutta: The Great Frames of Reference," trans. Thanissaro Bhikkhu, Access to Insight, 2000.

24 James W. Pennebaker, 《*Opening Up: The Healing Power of Expressing Emotions*》

(New York: Guilford Press, 2012).
25 Dorit Alt and Nirit Raichel, "Reflective Journaling and Metacognitive Awareness: Insights from a Longitudinal Study in Higher Education," 〈*Reflective Practice 21*〉, no. 2 (2020): 145–58.
26 Seth J. Gillihan, Jennifer Kessler, and Martha J. Farah, "Memories Affect Mood: Evidence from Covert Experimental Assignment to Positive, Neutral, and Negative Memory Recall," 〈*Acta Psychologica 125*〉, no. 2 (2007): 144–54.
27 Nic M. Westrate and Judith Glück, "Hard-Earned Wisdom: Exploratory Processing of Difficult Life Experience Is Positively Associated with Wisdom," 〈*Developmental Psychology 53*〉, no. 4 (2017): 800–14.

3장 | 감정적 카페인

이 장에는 다음 칼럼에 담긴 개념과 문장을 각색하여 실었다.
Arthur C. Brooks, "Don't Wish for Happiness. Work for It," How to Build a Life, 〈*The Atlantic*〉, April 22, 2021; Arthur C. Brooks, "The Link between Happiness and a Sense of Humor," How to Build a Life, 〈*The Atlantic*〉, August 12, 2021; Arthur C. Brooks, "The Difference between Hope and Optimism," How to Build a Life, 〈*The Atlantic*〉, September 23, 2021; Arthur C. Brooks, "How to Be Thankful When You Don't Feel Thankful," How to Build a Life, 〈*The Atlantic*〉, November 24, 2021; Arthur C. Brooks, "How to Stop Dating People Who Are Wrong for You," How to Build a Life, 〈*The Atlantic*〉, June 23, 2022.
1 Diane C. Mitchell, Carol A. Knight, Jon Hockenberry, Robyn Teplansky, and Terryl J. Hartman, "Beverage Caffeine Intakes in the US," 〈*Food and Chemical Toxicology 63*〉 (2014): 136–4 2.
2 Brian Fiani, Lawrence Zhu, Brian L. Musch, Sean Briceno, Ross Andel, Nasreen Sadeq, and Ali Z. Ansari, "The Neurophysiology of Caffeine as a Central Nervous System Stimulant and the Resultant Effects on Cognitive Function," 〈*Cureus 13*〉, no. 5 (2021): e15032; Thomas V. Dunwiddie and Susan A. Masino, "The Role and Regulation of Adenosine in the Central Nervous System," 〈*Annual Review of Neuroscience 24*〉, no. 1 (2001): 31–55;

Leeana Aarthi Bagwath Persad, "Energy Drinks and the Neurophysiological Impact of Caffeine," 〈*Frontiers in Neuroscience 5*〉 (2011): 116.

3 Paul Rozin and Edward B. Royzman, "Negativity Bias, Negativity Dominance, and Contagion," 〈*Personality and Social Psychology Review 5*〉, no. 4 (2001): 296–3 20.

4 Charlotte vanOyen Witvliet, Fallon J. Richie, Lindsey M. Root Luna, and Daryl R. Van Tongeren, "Gratitude Predicts Hope and Happiness: A Two-Study Assessment of Traits and States," 〈*Journal of Positive Psychology 14*〉, no. 3 (2019): 271–82.

5 Glenn R. Fox, Jonas Kaplan, Hanna Damasio, and Antonio Damasio, "Neural Correlates of Gratitude," 〈*Frontiers in Psychology 6*〉 (2015): 1491; Kent C. Berridge and Morten L. Kringelbach, "Pleasure Systems in the Brain," 〈*Neuron 86*〉, no. 3 (2015): 646–64.

6 Jane Taylor Wilson, "Brightening the Mind: The Impact of Practicing Gratitude on Focus and Resilience in Learning," 〈*Journal of the Scholarship of Teaching and Learning 16*〉, no. 4 (2016): 1–13; Nathaniel M. Lambert and Frank D. Fincham, "Expressing Gratitude to a Partner Leads to More Relationship Maintenance Behavior," 〈*Emotion 11*〉, no. 1 (2011): 52–60; Sara B. Algoe, Barbara L. Fredrickson, and Shelly L. Gable, "The Social Functions of the Emotion of Gratitude Via Expression," 〈*Emotion 13*〉, no. 4 (2013): 605–9 ; Maggie Stoeckel, Carol Weissbrod, and Anthony Ahrens, "The Adolescent Response to Parental Illness: The Influence of Dispositional Gratitude," 〈*Journal of Child and Family Studies 24*〉, no. 5 (2014): 1501–9.

7 Anna L. Boggiss, Nathan S. Consedine, Jennifer M. Brenton-Peters, Paul L. Hofman, and Anna S. Serlachius, "A Systematic Review of Gratitude Interventions: Effects on Physical Health and Health Behaviors," 〈*Journal of Psychosomatic Research 135*〉 (2020): 110165; Megan M. Fritz, Christina N. Armenta, Lisa C. Walsh, and Sonja Lyubomirsky, "Gratitude Facilitates Healthy Eating Behavior in Adolescents and Young Adults," 〈*Journal of Experimental Social Psychology 81*〉 (2019): 4–1 4.

8 M. Tullius Cicero, 《*The Orations of Marcus Tullius Cicero*》, trans. C. D. Yonge (London: George Bell & Sons, 1891).

9 David DeSteno, Monica Y. Bartlett, Jolie Baumann, Lisa A. Williams, and Leah Dickens, "Gratitude as Moral Sentiment: Emotion-Guided Cooperation in Economic Exchange," 〈*Emotion 10*〉, no. 2 (2010): 289–93; David DeSteno, Ye Li, Leah Dickens, and Jennifer S. Lerner, "Gratitude: A Tool for Reducing Economic Impatience," 〈*Psychological Science 25*〉, no. 6 (2014): 1262–7; Jo-Ann Tsang, Thomas P. Carpenter, James A. Roberts, Michael B. Frisch, and Robert D. Carlisle, "Why Are Materialists Less Happy? The Role of Gratitude and Need Satisfaction in the Relationship between Materialism and Life Satisfaction," 〈*Personality and Individual Differences 64*〉 (2014): 62–6.

10 Nathaniel M. Lambert, Frank D. Fincham, and Tyler F. Stillman, "Gratitude and Depressive Symptoms: The Role of Positive Reframing and Positive Emotion," 〈*Cognition & Emotion 26*〉, no. 4 (2012): 615–33.

11 Kristin Layous and Sonja Lyubomirsky, "Benefits, Mechanisms, and New Directions for Teaching Gratitude to Children," 〈*School Psychology Review 43*〉, no. 2 (2014): 153–9.

12 Nathaniel M. Lambert, Frank D. Fincham, Scott R. Braithwaite, Steven M. Graham, and Steven R. H. Beach, "Can Prayer Increase Gratitude?" 〈*Psychology of Religion and Spirituality 1*〉, no. 3 (2009): 139–49.

13 Araceli Frias, Philip C. Watkins, Amy C. Webber, and Jeffrey J. Froh, "Death and Gratitude: Death Reflection Enhances Gratitude," 〈*Journal of Positive Psychology 6*〉, no. 2 (2011): 154–62.

14 Ru H. Dai, Hsueh-Chih Chen, Yu C. Chan, Ching-Lin Wu, Ping Li, Shu L. Cho, and Jon-Fan Hu, "To Resolve or Not to Resolve, That Is the Question: The Dual-Path Model of Incongruity Resolution and Absurd Verbal Humor by fMRI," 〈*Frontiers in Psychology 8*〉 (2017): 498; Takeshi Satow, Keiko Usui, Masao Matsuhashi, J. Yamamoto, Tahamina Begum, Hiroshi Shibasaki, A. Ikeda, N. Mikuni, S. Miyamoto, and Naoya Hashimoto, "Mirth and Laughter Arising from Human Temporal Cortex," 〈*Journal of Neurology, Neurosurgery & Psychiatry 74*〉, no. 7 (2003): 1004–5.

15 E. B. White and Katherine S. White, eds., 〈*A Subtreasury of American Humor*〉 (New York: Coward-McCann, 1941).

16 Mimi M. Y. Tse, Anna P. K. Lo, Tracy L. Y. Cheng, Eva K. K. Chan, Annie H.

Y. Chan, and Helena S. W. Chung, "Humor Therapy: Relieving Chronic Pain and Enhancing Happiness for Older Adults," 〈*Journal of Aging Research 2010*〉 (2010): 343574.

17 Kim R. Edwards and Rod A. Martin, "Humor Creation Ability and Mental Health: Are Funny People More Psychologically Healthy?" 〈*Europe's Journal of Psychology 6*〉, no. 3 (2010): 196–212.

18 Victoria Ando, Gordon Claridge, and Ken Clark, "Psychotic Traits in Comedians," 〈*British Journal of Psychiatry 204*〉, no. 5 (2014): 341–5.

19 Giovanni Boccaccio, 《*The Decameron of Giovanni Boccaccio*》, trans. John Payne (New York: Walter J. Black), published online by Project Gutenberg.

20 John Morreall, "Religious Faith, Militarism, and Humorlessness," 〈*Europe's Journal of Psychology 1*〉, no. 3 (2005).

21 Ori Amir and Irving Biederman, "The Neural Correlates of Humor Creativity," 〈*Frontiers in Human Neuroscience 10*〉 (2016): 597; Alan Feingold and Ronald Mazzella, "Psychometric Intelligence and Verbal Humor Ability," 〈*Personality and Individual Differences 12*〉, no. 5 (1991): 427–35.

22 Edwards and Martin, "Humor Creation Ability."

23 David Hecht, "The Neural Basis of Optimism and Pessimism," 〈*Experimental Neurobiology 22*〉, no. 3 (2013): 173–99.

24 연구자들은 낙관주의가 현실을 더 왜곡시킴을 밝혀냈다. Hecht, "Neural Basis of Optimism and Pessimism."

25 Jim Collins, 《*Good to Great: Why Some Companies Make the Leap... and Others Don't*》 New York: HarperBusiness, 2001), 85.

26 Fred B. Bryant and Jamie A. Cvengros, "Distinguishing Hope and Optimism: Two Sides of a Coin, or Two Separate Coins?" 〈*Journal of Social and Clinical Psychology 23*〉, no. 2 (2004): 273–302.

27 Anthony Scioli, Christine M. Chamberlin, Cindi M. Samor, Anne B. Lapointe, Tamara L. Campbell, Alex R. Macleod, and Jennifer McLenon, "A Prospective Study of Hope, Optimism, and Health," 〈*Psychological Reports 81*〉, no. 3 (1997): 723–33.

28 Rebecca J. Reichard, James B. Avey, Shane Lopez, and Maren Dollwet, "Having the Will and Finding the Way: A Review and Meta-analysis of Hope at Work,"

⟨*Journal of Positive Psychology 8*⟩, no. 4 (2013): 292–304.

29 Liz Day, Katie Hanson, John Maltby, Carmel Proctor, and Alex Wood, "Hope Uniquely Predicts Objective Academic Achievement above Intelligence, Personality, and Previous Academic Achievement," ⟨*Journal of Research in Personality 44*⟩, no. 4 (2010): 550–3.

30 Stephen L. Stern, Rahul Dhanda, and Helen P. Hazuda, "Hopelessness Predicts Mortality in Older Mexican and European Americans," ⟨*Psychosomatic Medicine 63*⟩, no. 3 (2001): 344–51.

31 Miriam A. Mosing, Brendan P. Zietsch, Sri N. Shekar, Margaret J. Wright, and Nicholas G. Martin, "Genetic and Environmental Influences on Optimism and Its Relationship to Mental and Self-Rated Health: A Study of Aging Twins," ⟨*Behavior Genetics 39*⟩, no. 6 (2009): 597–604.

32 Dictionary.com, s.v. "empath," www.dictionary.com/browse/empath.

33 Psychiatric Medical Care Communications Team, "The Difference between Empathy and Sympathy," Psychiatric Medical Care.

34 Dana Brown, "The New Science of Empathy and Empaths (drjudithorloff.com)," ⟨*PACEsConnection*⟩ (blog), January 4, 2018; Ryszard Praszkier, "Empathy, Mirror Neurons and SYNC," ⟨*Mind & Society 15*⟩, no. 1 (2016): 1–25.

35 Camille Fauchon, I. Faillenot, A. M. Perrin, C. Borg, Vincent Pichot, Florian Chouchou, Luis Garcia-Larrea, and Roland Peyron, "Does an Observer's Empathy Influence My Pain? Effect of Perceived Empathetic or Unempathetic Support on a Pain Test," ⟨*European Journal of Neuroscience 46*⟩, no. 10 (2017): 2629–37.

36 Frans Derksen, Tim C. Olde Hartman, Annelies van Dijk, Annette Plouvier, Jozien Bensing, and Antoine Lagro-Janssen, "Consequences of the Presence and Absence of Empathy during Consultations in Primary Care: A Focus Group Study with Patients," ⟨*Patient Education and Counseling 100*⟩, no. 5 (2017): 987–93.

37 Olga M. Klimecki, Susanne Leiberg, Matthieu Ricard, and Tania Singer, "Differential Pattern of Functional Brain Plasticity after Compassion and Empathy Training," ⟨*Social Cognitive and Affective Neuroscience 9*⟩, no. 6 (2014): 873–9.

38 Paul Bloom, 《*Against Empathy: The Case for Rational Compassion*》 (New York: Random House, 2017), 2.

39 Clara Strauss, Billie Lever Taylor, Jenny Gu, Willem Kuyken, Ruth Baer, Fergal Jones, and Kate Cavanagh, "What Is Compassion and How Can We Measure It? A Review of Definitions and Measures," 〈*Clinical Psychology Review 47*〉 (2016): 15–27.

40 Klimecki et al., "Differential Pattern."

41 Yawei Cheng, Ching-Po Lin, Ho-Ling Liu, Yuan-Yu Hsu, Kun-Eng Lim, Daisy Hung, and Jean Decety, "Expertise Modulates the Perception of Pain in Others," 〈*Current Biology 17*〉, no. 19 (2007): 1708–13.

42 Varun Warrier, Roberto Toro, Bhismadev Chakrabarti, Anders D. Børglum, Jakob Grove, David A. Hinds, Thomas Bourgeron, and Simon Baron-Cohen, "Genome-Wide Analyses of Self-Reported Empathy: Correlations with Autism, Schizophrenia, and Anorexia Nervosa," 〈*Translational Psychiatry 8*〉, no. 1 (2018): 1–10; Aleksandr Kogan, Laura R. Saslow, Emily A. Impett, and Sarina Rodrigues Saturn, "Thin-Slicing Study of the Oxytocin Receptor (OXTR) Gene and the Evaluation and Expression of the Prosocial Disposition," 〈*Proceedings of the National Academy of Sciences 108*〉, no. 48 (2011): 19189–92.

43 Hooria Jazaieri, Geshe Thupten Jinpa, Kelly McGonigal, Erika L. Rosenberg, Joel Finkelstein, Emiliana Simon-Thomas, Margaret Cullen, James R. Doty, James J. Gross, and Philippe R. Goldin, "Enhancing Compassion: A Randomized Controlled Trial of a Compassion Cultivation Training Program," 〈*Journal of Happiness Studies 14*〉, no. 4 (2012): 1113–26.

44 Carrie Mok, Nirmal B. Shah, Stephen F. Goldberg, Amir C. Dayan, and Jaime L. Baratta, "Patient Perceptions and Expectations about Postoperative Analgesia" (presentation, Thomas Jefferson University Hospital, Philadelphia, 2018).

4장 | 바깥의 시선보다는 내 관점으로

이 장에는 다음 칼럼에 담긴 개념과 문장을 각색하여 실었다.

Arthur C. Brooks, "No One Cares," How to Build a Life, 〈*The Atlantic*〉, November

11, 2021; Arthur C. Brooks, "Quit Lying to Yourself," How to Build a Life, 〈*The Atlantic*〉, November 18, 2021; Arthur C. Brooks, "How to Stop Freaking Out," How to Build a Life, 〈*The Atlantic*〉, April 28, 2022; Arthur C. Brooks, "Don't Surround Yourself with Admirers," How to Build a Life, 〈*The Atlantic*〉, June 30, 2022; Arthur C. Brooks, "Honesty Is Love," How to Build a Life, 〈*The Atlantic*〉, August 18, 2022; Arthur C. Brooks, "A Shortcut for Feeling Just a Little Happier," How to Build a Life, 〈*The Atlantic*〉, August 25, 2022; Arthur C. Brooks, "Envy, the Happiness Killer," How to Build a Life, 〈*The Atlantic*〉, October 20, 2022

1 Adam Waytz and Wilhelm Hofmann, "Nudging the Better Angels of Our Nature: A Field Experiment on Morality and Well-being," 〈*Emotion 20*〉, no. 5 (2020): 904–9.

2 William James, 〈*The Principles of Psychology*〉 New York: H. Holt and Company, 1890).

3 Michael Dambrun, "Self-Centeredness and Selflessness: Happiness Correlates and Mediating Psychological Processes," 〈*PeerJ 5*〉 (2017): e3306.

4 Olga Khazan, "The Self-Confidence Tipping Point," 〈*The Atlantic*〉, October 11, 2019; Leon F. Seltzer, "Self-Absorption: The Root of All (Psychological) Evil?" 〈*Psychology Today*〉, August 24, 2016.

5 Marius Golubickis and C. Neil Macrae, "Sticky Me: Self-Relevance Slows Reinforcement Learning," Cognition 227 (2022): 105207.

6 Daisetz Teitaro Suzuki, 《*An Introduction to Zen Buddhism*》(New York: Grove Press, 1991), 64.

7 이 인용문은 저자 중 한 사람과의 이메일 대화에서 나온 것이다.

8 David Veale and Susan Riley, "Mirror, Mirror on the Wall, Who Is the Ugliest of Them All? The Psychopathology of Mirror Gazing in Body Dysmorphic Disorder," 〈*Behaviour Research and Therapy 39*〉, no. 12 (2001): 1381–93.

9 모델이 아서에게 들려준 이야기다.

10 Dacher Keltner, "Why Do We Feel Awe?" 〈*Greater Good Magazine*〉, May 10, 2016.

11 Michelle N. Shiota, Dacher Keltner, and Amanda Mossman, "The Nature of Awe: Elicitors, Appraisals, and Effects on Self-Concept," 〈*Cognition and Emotion 21*〉, no. 5 (2007): 944–63.

12 Wanshi Shôgaku, 《*Shôyôroku (Book of Equanimity): Introductions, Cases, Verses Selection of 100 Cases with Verses*》, trans. Sanbô Kyôdan Society (2014).

13 Matthew 7:1, NIV.

14 Marcus Aurelius, 《*Meditations: A New Translation*》 (London: Random House UK, 2002), 162.

15 Richard Foley, 《*Intellectual Trust in Oneself and Others*》 Cambridge, UK: Cambridge University Press, 2001).

16 Matthew D. Lieberman and Naomi I. Eisenberger, "The Dorsal Anterior Cingulate Cortex Is Selective for Pain: Results from Large-Scale Reverse Inference," 〈*Proceedings of the National Academy of Sciences 112*〉, no. 49 (2015): 15250–5; Ruohe Zhao, Hang Zhou, Lianyan Huang, Zhongcong Xie, Jing Wang, Wen-Biao Gan, and Guang Yang, "Neuropathic Pain Causes Pyramidal Neuronal Hyperactivity in the Anterior Cingulate Cortex," Frontiers in Cellular Neuroscience 12 (2018): 107.

17 C. Nathan DeWall, Geoff MacDonald, Gregory D. Webster, Carrie L. Masten, Roy F. Baumeister, Caitlin Powell, David Combs, David R. Schurtz, Tyler F. Stillman, Dianne M. Tice, Naomi I. Eisenberger, "Acetaminophen Reduces Social Pain: Behavioral and Neural Evidence," 〈*Psychological Science 21*〉, no. 7 (2010): 931–7.

18 "Allodoxaphobia (a Complete Guide)," OptimistMinds, last modified February 3, 2023.

19 APA Dictionary of Psychology, s.v. "behavioral inhibition system," American Psychological Association, www.dictionary.apa.org/behavioral-inhibition-system; Marion R. M. Scholten et al., "Behavioral Inhibition System (BIS), Behavioral Activation System (BAS) and Schizophrenia: Relationship with Psychopathology and Physiology," 〈*Journal of Psychiatric Research 40*〉, no. 7 (2006): 638–45.

20 Kees van den Bos, "Meaning Making Following Activation of the Behavioral Inhibition System: How Caring Less about What Others Think May Help Us to Make Sense of What Is Going On," in 〈*The Psychology of Meaning*〉, ed. K. D. Markman, T. Proulx, and M. J. Lindberg (Washington, DC: American Psychological Association, 2013), 359–80.

21 Annette Kämmerer, "The Scientific Underpinnings and Impacts of Shame," Scientific American, August 9, 2019; Jay Boll, "Shame: The Other Emotion in Depression & Anxiety," Hope to Cope, March 8, 2021.

22 Lao Tzu, 《*Tao Te Ching: A New English Version*》, trans. Stephen Mitchell (New York: Harper Perennial, 1992), poem 9.

23 타인이 뭐라 생각하든 신경을 끄고 싶은 건 누구나 다 그렇다. 그래야 고통이 줄어드니까. 하지만 한 가지 문제가 있다. 일반적인 신체와 감정의 고통처럼, 남을 신경 쓰는 데서 오는 괴로움 역시 완전히 지웠다가는 나쁜 결과를 초래할 수 있다. 그 상태는 적절하지 못하고, 위험하기도 하다. 이런 경향은 심리학자들이 '오만 증후군hubris syndrome'이라고 부르는 상태를 낳거나 심지어 반사회적 성격 장애의 증거가 되기도 한다. 다음을 참조하라. David Owen and Jonathan Davidson, "Hubris Syndrome: An Acquired Personality Disorder? A Study of US Presidents and UK Prime Ministers over the Last 100 Years," 〈*Brain 132*〉, no. 5 (2009): 1396–406; Robert J. Blair, "The Amygdala and Ventromedial Prefrontal Cortex in Morality and Psychopathy," 〈*Trends in Cognitive Sciences 11*〉, no. 9 (2007): 387–92.

24 Kenneth Savitsky, Nicholas Epley, and Thomas Gilovich, "Do Others Judge Us as Harshly as We Think? Overestimating the Impact of Our Failures, Shortcomings, and Mishaps," 〈*Journal of Personality and Social Psychology 81*〉, no. 1 (2001): 44–56.

25 Dante Alighieri, 〈*The Divine Comedy*〉, trans. Henry Wadsworth Longfellow (Boston: 1867), published online by Project Gutenberg.

26 Joseph Epstein, 〈*Envy: The Seven Deadly Sins*〉, vol. 1 (Oxford, UK: Oxford University Press, 2003), 1.

27 Jan Crusius, Manuel F. Gonzalez, Jens Lange, and Yochi Cohen-Charash, "Envy: An Adversarial Review and Comparison of Two Competing Views," Emotion Review 12, no. 1 (2020): 3–21.

28 Henrietta Bolló, Dzsenifer Roxána Háger, Manuel Galvan, and Gábor Orosz, "The Role of Subjective and Objective Social Status in the Generation of Envy," Frontiers in Psychology 11 (2020): 513495.

29 Hidehiko Takahashi, Motoichiro Kato, Masato Matsuura, Dean Mobbs, Tetsuya Suhara, and Yoshiro Okubo, "When Your Gain Is My Pain and Your

Pain Is My Gain: Neural Correlates of Envy and Schadenfreude," ⟨*Science 323*⟩, no. 5916 (2009): 937–9.

30 Redzo Mujcic and Andrew J. Oswald, "Is Envy Harmful to a Society's Psychological Health and Wellbeing? A Longitudinal Study of 18,000 Adults," ⟨*Social Science & Medicine 198*⟩ (2018): 103–11.

31 Nicole E. Henniger and Christine R. Harris, "Envy across Adulthood: The What and the Who," ⟨*Basic and Applied Social Psychology 37*⟩, no. 6 (2015): 303–18.

32 Edson C. Tandoc Jr., Patrick Ferrucci, and Margaret Duffy, "Facebook Use, Envy, and Depression among College Students: Is Facebooking Depressing?" Computers in Human Behavior 43 (2015): 139–46.

33 Philippe Verduyn, David Seungjae Lee, Jiyoung Park, Holly Shablack, Ariana Orvell, Joseph Bayer, Oscar Ybarra, John Jonides, and Ethan Kross, "Passive Facebook Usage Undermines Affective Well-being: Experimental and Longitudinal Evidence," Journal of Experimental Psychology: General 144, no. 2 (2015): 480–8.

34 Cosimo de' Medici, Piero de' Medici, and Lorenzo de' Medici, ⟨*Lives of the Early Medici: As Told in Their Correspondence*⟩ (Boston: R. G. Badger, 1911).

35 Ed O'Brien, Alexander C. Kristal, Phoebe C. Ellsworth, and Norbert Schwarz, "(Mis)imagining the Good Life and the Bad Life: Envy and Pity as a Function of the Focusing Illusion," ⟨*Journal of Experimental Social Psychology 75*⟩ (2018): 41–53.

36 Alexandra Samuel, "What to Do When Social Media Inspires Envy," ⟨*JSTOR Daily*⟩, February 6, 2018.

37 Alison Wood Brooks, Karen Huang, Nicole Abi-Esber, Ryan W. Buell, Laura Huang, and Brian Hall, "Mitigating Malicious Envy: Why Successful Individuals Should Reveal Their Failures," ⟨*Journal of Experimental Psychology: General 148*⟩, no. 4 (2019): 667–87.

38 Ovul Sezer, Francesca Gino, and Michael I. Norton, "Humblebragging: A Distinct—a nd Ineffective—S elf-P resentation Strategy," ⟨*Journal of Personality and Social Psychology 114*⟩, no. 1 (2018): 52–74.

5장 | 가족: 포기하기엔 유일하기에

이 장에는 다음 칼럼에 담긴 개념과 문장을 각색하여 실었다.

Arthur C. Brooks, "Love Is Medicine for Fear," How to Build a Life, 〈*The Atlantic*〉, July 16, 2020; Arthur C. Brooks, "There Are Two Kinds of Happy People," How to Build a Life, 〈*The Atlantic*〉, January 28, 2021; Arthur C. Brooks, "Don't Wish for Happiness. Work for It," How to Build a Life, 〈*The Atlantic*〉, April 22, 2021; Arthur C. Brooks, "How Adult Children Affect Their Mother's Happiness," How to Build a Life, 〈*The Atlantic*〉, May 6, 2021; Arthur C. Brooks, "Dads Just Want to Help," How to Build a Life, 〈*The Atlantic*〉, June 17, 2021; Arthur C. Brooks, "Those Who Share a Roof Share Emotions," How to Build a Life, 〈*The Atlantic*〉, July 22, 2021; Arthur C. Brooks, "Fake Forgiveness Is Toxic for Relationships," How to Build a Life, 〈*The Atlantic*〉, August 19, 2021; Arthur C. Brooks, "Quit Lying to Yourself," How to Build a Life, 〈*The Atlantic*〉, November 18, 2021; Arthur C. Brooks, "The Common Dating Strategy That's Totally Wrong," How to Build a Life, 〈*The Atlantic*〉, February 10, 2022; Arthur C. Brooks, "The Key to a Good Parent-Child Relationship? Low Expectations," How to Build a Life, 〈*The Atlantic*〉, May 12, 2022; Arthur C. Brooks, "Honesty Is Love," How to Build a Life, 〈*The Atlantic*〉, August 18, 2022.

1 Laura Silver, Patrick van Kessel, Christine Huang, Laura Clancy, and Sneha Gubbala, "What Makes Life Meaningful? Views from 17 Advanced Economies," Pew Research Center, November 18, 2021.

2 Christian Grevin, "The Chapman University Survey of American Fears, Wave 9" (Orange, CA: Earl Babbie Research Center, Chapman University, 2022).

3 Merril Silverstein and Roseann Giarrusso, "Aging and Family Life: A Decade Review," 〈*Journal of Marriage and Family 72*〉, no. 5 (2010): 1039–58.

4 Leo Tolstoy, 《*Anna Karenina*》, trans. Constance Garnett (1901), published online by Project Gutenberg.

5 Adam Shapiro, "Revisiting the Generation Gap: Exploring the Relationships of Parent/Adult-Child Dyads," International Journal of Aging and Human Development 58, no. 2 (2004): 127–46.

6 Shapiro, "Revisiting the Generation Gap."

7 Joshua Coleman, "A Shift in American Family Values Is Fueling Estrangement," ⟨*The Atlantic*⟩, January 10, 2021; Megan Gilligan, J. Jill Suitor, and Karl Pillemer, "Estrangement between Mothers and Adult Children: The Role of Norms and Values," ⟨*Journal of Marriage and Family 77*⟩, no. 4 (2015): 908–20.

8 Kira S. Birditt, Laura M. Miller, Karen L. Fingerman, and Eva S. Lefkowitz, "Tensions in the Parent and Adult Child Relationship: Links to Solidarity and Ambivalence," ⟨*Psychology and Aging 24*⟩, no. 2 (2009): 287–95.

9 Chris Segrin, Alesia Woszidlo, Michelle Givertz, Amy Bauer, and Melissa Taylor Murphy, "The Association between Overparenting, Parent-Child Communication, and Entitlement and Adaptive Traits in Adult Children," Family Relations 61, no. 2 (2012): 237–52.

10 Rhaina Cohen, "The Secret to a Fight-Free Relationship," ⟨*The Atlantic*⟩, September 13, 2021.

11 Shapiro, "Revisiting the Generation Gap."

12 Kira S. Birditt, Karen L. Fingerman, Eva S. Lefkowitz, and Claire M. Kamp Dush, "Parents Perceived as Peers: Filial Maturity in Adulthood," ⟨*Journal of Adult Development 15*⟩, no. 1 (2008): 1–12.

13 Ashley Fetters and Kaitlyn Tiffany, "The 'Dating Market' Is Getting Worse," ⟨*The Atlantic*⟩, February 25, 2020.

14 Anna Brown, "Nearly Half of U.S. Adults Say Dating Has Gotten Harder for Most People in the Last 10 Years," Pew Research Center, August 20, 2020.

15 Michael Davern, Rene Bautista, Jeremy Freese, Stephen L. Morgan, and Tom W. Smith, General Social Surveys, 1972–2021 Cross-section, NORC, University of Chicago, gssdataexplorer.norc.org.

16 Christopher Ingraham, "The Share of Americans Not Having Sex Has Reached a Record High," Washington Post, March 29, 2019; Kate Julian, "Why Are Young People Having So Little Sex?" ⟨*The Atlantic*⟩, December 15, 2018.

17 Gregory A. Huber and Neil Malhotra, "Political Homophily in Social Relationships: Evidence from Online Dating Behavior," ⟨*Journal of Politics 79*⟩, no. 1 (2017): 269–83.

18 Cat Hofacker, "OkCupid: Millennials Say Personal Politics Can Make or Break a Relationship," ⟨*USA Today*⟩, October 16, 2018.

19 Neal Rothschild, "Young Dems More Likely to Despise the Other Party," Axios, December 7, 2021.

20 "Is Education Doing Favors for Your Dating Life?" GCU Experience (blog), Grand Canyon University, June 22, 2021.

21 Robert F. Winch, "The Theory of Complementary Needs in Mate-Selection: A Test of One Kind of Complementariness," 〈*American Sociological Review 20*〉, no. 1 (1955): 52–6.

22 Pamela Sadler and Erik Woody, "Is Who You Are Who You're Talking To? Interpersonal Style and Complementarity in Mixed-Sex Interactions," 〈*Journal of Personality and Social Psychology 84*〉, no. 1 (2003): 80–96.

23 Aurelio José Figueredo, Jon Adam Sefcek, and Daniel Nelson Jones, "The Ideal Romantic Partner Personality," 〈*Personality and Individual Differences 41*〉, no. 3 (2006): 431–41.

24 Marc Spehr, Kevin R. Kelliher, Xiao-Hong Li, Thomas Boehm, Trese Leinders-Zufall, and Frank Zufall, "Essential Role of the Main Olfactory System in Social Recognition of Major Histocompatibility Complex Peptide Ligands," 〈*Journal of Neuroscience 26*〉, no. 7 (2006): 1961–70.

25 Claus Wedekind, Thomas Seebeck, Florence Bettens, and Alexander J. Paepke, "MHC-Dependent Mate Preferences in Humans," 〈*Proceedings of the Royal Society B: Biological Sciences 260*〉, no. 1359 (1995): 245–9.

26 Pablo Sandro Carvalho Santos, Juliano Augusto Schinemann, Juarez Gabardo, and Maria da Graça Bicalho, "New Evidence That the MHC Influences Odor Perception in Humans: A Study with 58 Southern Brazilian Students," 〈*Hormones and Behavior 47*〉, no. 4 (2005): 384–8.

27 Michael J. Rosenfeld, Reuben J. Thomas, and Sonia Hausen, "Disintermediating Your Friends: How Online Dating in the United States Displaces Other Ways of Meeting," 〈*Proceedings of the National Academy of Sciences 116*〉, no. 36 (2019): 17753–8.

28 Jon Levy, Devin Markell, and Moran Cerf, "Polar Similars: Using Massive Mobile Dating Data to Predict Synchronization and Similarity in Dating Preferences," 〈*Frontiers in Psychology 10*〉 (2019): 2010.

29 C. Price, "43% of Americans Have Gone on a Blind Date," Dating-Advice.

com, August 6, 2022.

30 Elaine Hatfield, John T. Cacioppo, and Richard L. Rapson, “Emotional Contagion,” 〈*Current Directions in Psychological Science 2*〉, no. 3 (1993): 96–9.

31 James H. Fowler and Nicholas A. Christakis, “Dynamic Spread of Happiness in a Large Social Network: Longitudinal Analysis over 20 Years in the Framingham Heart Study,” 〈*BMJ 337*〉 (2008): a2338.

32 Alison L. Hill, David G. Rand, Martin A. Nowak, and Nicholas A. Christakis, “Emotions as Infectious Diseases in a Large Social Network: The SISa Model,” 〈*Proceedings of the Royal Society B: Biological Sciences 277*〉, no. 1701 (2010): 3827–35.

33 Elaine Hatfield, Lisamarie Bensman, Paul D. Thornton, and Richard L. Rapson, “New Perspectives on Emotional Contagion: A Review of Classic and Recent Research on Facial Mimicry and Contagion,” 〈*Interpersona: An International Journal on Personal Relationships 8*〉, no. 2 (2014): 159–79.

34 Bruno Wicker, Christian Keysers, Jane Plailly, Jean-Pierre Royet, Vittorio Gallese, and Giacomo Rizzolatti, “Both of Us Disgusted in My Insula: The Common Neural Basis of Seeing and Feeling Disgust,” 〈*Neuron 40*〉, no. 3 (2003): 655–64.

35 India Morrison, Donna Lloyd, Giuseppe Di Pellegrino, and Neil Roberts, “Vicarious Responses to Pain in Anterior Cingulate Cortex: Is Empathy a Multisensory Issue?” 〈*Cognitive, Affective, & Behavioral Neuroscience 4*〉, no. 2 (2004): 270–8.

36 Mary J. Howes, Jack E. Hokanson, and David A. Loewenstein, “Induction of Depressive Affect after Prolonged Exposure to a Mildly Depressed Individual,” 〈*Journal of Personality and Social Psychology 49*〉, no. 4 (1985): 1110–3.

37 Robert J. Littman and Maxwell L. Littman, “Galen and the Antonine Plague,” 〈*American Journal of Philology 94*〉, no. 3 (1973): 243–55.

38 Cassius Dio, “Book of Roman History,” in 〈*Loeb Classical Library 9*〉, trans. Earnest Cary and Herbert Baldwin Faoster (Cambridge, MA: Harvard University Press, 1925), 100–101.

39 Marcus Aurelius, “Marcus Aurelius,” in 〈*Loeb Classical Library 58*〉, ed. and trans. C. R. Haines (Cambridge, MA: Harvard University Press, 1916), 234–35.

40 Courtney Waite Miller and Michael E. Roloff, "When Hurt Continues: Taking Conflict Personally Leads to Rumination, Residual Hurt and Negative Motivations toward Someone Who Hurt Us," 〈*Communication Quarterly 62*〉, no. 2 (2014): 193–213.

41 Denise C. Marigold, Justin V. Cavallo, John G. Holmes, and Joanne V. Wood, "You Can't Always Give What You Want: The Challenge of Providing Social Support to Low Self-Esteem Individuals," 〈*Journal of Personality and Social Psychology 107*〉, no. 1 (2014): 56–80.

42 Hao Shen, Aparna Labroo, and Robert S. Wyer Jr., "So Difficult to Smile: Why Unhappy People Avoid Enjoyable Activities," 〈*Journal of Personality and Social Psychology 119*〉, no. 1 (2020): 23.

43 Robert M. Pirsig, 《*Zen and the Art of Motorcycle Maintenance: An Inquiry into Values*》 (New York: Random House, 1999).

44 Pavica Sheldon and Mary Grace Antony, "Forgive and Forget: A Typology of Transgressions and Forgiveness Strategies in Married and Dating Relationships," 〈*Western Journal of Communication 83*〉, no. 2 (2019): 232–51.

45 Vincent R. Waldron and Douglas L. Kelley, "Forgiving Communication as a Response to Relational Transgressions," 〈*Journal of Social and Personal Relationships 22*〉, no. 6 (2005): 723–42.

46 Sheldon and Antony, "Forgive and Forget."

47 Buddhaghosa Himi, 《*Visuddhimagga: The Path of Purification*》, trans. Bhikkhu Ńaamoli (Sri Lanka: Buddhist Publication Society, 2010), 297.

48 Everett L. Worthington Jr., Charlotte Van Oyen Witvliet, Pietro Pietrini, and Andrea J. Miller, "Forgiveness, Health, and Well-being: A Review of Evidence for Emotional versus Decisional Forgiveness, Dispositional Forgivingness, and Reduced Unforgiveness," 〈*Journal of Behavioral Medicine 30*〉, no. 4 (2007): 291–302.

49 Brad Blanton, 《*Radical Honesty*》 (New York: Random House, 1996).

50 Edel Ennis, Aldert Vrij, and Claire Chance, "Individual Differences and Lying in Everyday Life," 〈*Journal of Social and Personal Relationships 25*〉, no. 1 (2008): 105–18.

51 Leon F. Seltzer, "The Narcissist's Dilemma: They Can Dish It Out, but..."

〈*Psychology Today*〉, October 12, 2011.

6장 | 우정: 무용할수록 돈독해지는

이 장에는 다음 칼럼과 팟캐스트에 담긴 개념과 문장을 각색하여 실었다.
Arthur C. Brooks, "Sedentary Pandemic Life Is Bad for Our Happiness," How to Build a Life, 〈*The Atlantic*〉, November 19, 2020; Arthur C. Brooks, "The Type of Love That Makes People Happiest," How to Build a Life, 〈*The Atlantic*〉, February 11, 2021; Arthur C. Brooks, "The Hidden Toll of Remote Work," How to Build a Life, 〈*The Atlantic*〉, April 1, 2021; Arthur C. Brooks, "The Best Friends Can Do Nothing for You," How to Build a Life, 〈*The Atlantic*〉, April 8, 2021; Arthur C. Brooks, "What Introverts and Extroverts Can Learn from Each Other," How to Build a Life, 〈*The Atlantic*〉, May 20, 2021; Arthur C. Brooks, "Which Pet Will Make You Happiest?" How to Build a Life, 〈*The Atlantic*〉, August 5, 2021; Arthur C. Brooks, "Stop Waiting for Your Soul Mate," How to Build a Life, 〈*The Atlantic*〉, September 9, 2021; Arthur C. Brooks, "Don't Surround Yourself with Admirers," How to Build a Life, 〈*The Atlantic*〉, June 30, 2022; Arthur C. Brooks, "Technology Can Make Your Relationships Shallower," How to Build a Life, 〈*The Atlantic*〉, September 29, 2022; Arthur C. Brooks, "Marriage Is a Team Sport," How to Build a Life, 〈*The Atlantic*〉, November 10, 2022; Arthur C. Brooks, "How We Learned to Be Lonely," How to Build a Life, 〈*The Atlantic*〉, January 5, 2023; Arthur Brooks, "Love in the Time of Corona," 〈*The Art of Happiness with Arthur Brooks*〉, podcast audio, 39:24, April 13, 2020.

1 Edgar Allan Poe, 《*The Complete Poetical Works of Edgar Allan Poe Including Essays on Poetry*》, ed. John Henry Ingram (New York: A. L. Burt), published online by Project Gutenberg.

2 Ludwig, "Death of Edgar A Poe," 〈*Richmond Enquirer*〉, October 16, 1849.

3 Edgar Allan Poe and Eugene Lemoine Didier, 《*Life and Poems*》 (New York: W. J. Widdleton, 1879), 101.

4 Melıksah Demır, Ayça Özen, Aysun Dogan, Nicholas A. Bilyk, and Fanita A. Tyrell, "I Matter to My Friend, Therefore I Am Happy: Friendship, Mattering,

and Happiness," 〈*Journal of Happiness Studies 12*〉, no. 6 (2011): 983–1005.

5 Melıksah Demır and Lesley A. Weitekamp, "I Am So Happy 'Cause Today I Found My Friend: Friendship and Personality as Predictors of Happiness," 〈*Journal of Happiness Studies 8*〉, no. 2 (2007): 181–211.

6 Daniel A. Cox, "The State of American Friendship: Change, Challenges, and Loss," Survey Center on American Life, June 8, 2021.

7 Cox, "State of American Friendship."

8 John Whitesides, "From Disputes to a Breakup: Wounds Still Raw after U.S. Election," 〈*Reuters*〉, February 7, 2017.

9 KFF, "As the COVID-19 Pandemic Enters the Third Year Most Adults Say They Have Not Fully Returned to Pre-Pandemic 'Normal,'" news release, April 6, 2022.

10 Maddie Sharpe and Alison Spencer, "Many Americans Say They Have Shifted Their Priorities around Health and Social Activities during COVID-19," Pew Research Center, August 18, 2022.

11 Sarah Davis, "59% of U.S. Adults Find It Harder to Form Relationships since COVID-19, Survey Reveals—Here's How That Can Harm Your Health," 〈*Forbes*〉, July 12, 2022.

12 Lewis R. Goldberg, "The Development of Markers for the Big-Five Factor Structure," 〈*Psychological Assessment 4*〉, no. 1 (1992): 26–42.

13 C. G. Jung, 《*Psychologische Typen*》 (Zurich: Rascher & Cie., 1921).

14 Hans Jurgen Eysenck, "Intelligence Assessment: A Theoretical and Experimental Approach," in 〈*The Measurement of Intelligence*〉 (Heidelberg, London, and New York: Springer Dordrecht, 1973), 194–211.

15 Rachel L. C. Mitchell and Veena Kumari, "Hans Eysenck's Interface between the Brain and Personality: Modern Evidence on the Cognitive Neuroscience of Personality," 〈*Personality and Individual Differences 103*〉 (2016): 74–81.

16 Mats B. Küssner, "Eysenck's Theory of Personality and the Role of Background Music in Cognitive Task Performance: A Mini-Review of Conflicting Findings and a New Perspective," 〈*Frontiers in Psychology 8*〉 (2017): 1991.

17 Peter Hills and Michael Argyle, "Happiness, Introversion–Extraversion and Happy Introverts," 〈*Personality and Individual Differences 30*〉, no. 4 (2001):

595–608.

18 Ralph R. Greenson, "On Enthusiasm," 〈*Journal of the American Psychoanalytic Association 10*〉, no. 1 (1962): 3-1.

19 Barry M. Staw, "The Escalation of Commitment to a Course of Action," 〈*Academy of Management Review 6*〉, no. 4 (1981): 577-87.

20 Daniel C. Feiler and Adam M. Kleinbaum, "Popularity, Similarity, and the Network Extraversion Bias," 〈*Psychological Science 26*〉, no. 5 (2015): 593-603.

21 Yehudi A. Cohen, "Patterns of Friendship," in 〈*Social Structure and Personality: A Casebook*〉 (New York: Holt, Rinehart and Winston, 1961), 351-86.

22 OnePoll, "Evite: Difficulty Making Friends," 72Point, May 2019.

23 Yixin Chen and Thomas Hugh Feeley, "Social Support, Social Strain, Loneliness, and Well-being among Older Adults: An Analysis of the Health and Retirement Study," 〈*Journal of Social and Personal Relationships 31*〉, no. 2 (2014): 141-61.

24 Laura L. Carstensen, Derek M. Isaacowitz, and Susan T. Charles, "Taking Time Seriously: A Theory of Socioemotional Selectivity," 〈*American Psychologist 54*〉, no. 3 (1999): 165-81.

25 Aristotle, 《*Nicomachean Ethics VIII*》 (London: Kegan Paul, Trench, Trübner, and Company, 1893), 1, 3.

26 Michael E. Porter and Nitin Nohria, "How CEOs Manage Time," 〈*Harvard Business Review*〉, July-August 2018.

27 Derek Thompson, "Workism Is Making Americans Miserable," 〈*The Atlantic*〉, February 24, 2019.

28 Galatians 4:9, NIV; Yair Kramer, "Transformational Moments in Group Psychotherapy" (PhD diss., Rutgers University Graduate School of Applied and Professional Psychology, 2012).

29 "Magandiya Sutta: To Magandiya," trans. Thanissaro Bhikkhu, Access to Insight, November 30, 2013.

30 Thích Nhất Hạnh, 《*Being Peace*》 (Berkeley, CA: Parallax Press, 2020), 91.

31 Neal Krause, Kenneth I. Pargament, Peter C. Hill, and Gail Ironson, "Humility, Stressful Life Events, and Psychological Well-being: Findings from the Landmark Spirituality and Health Survey," 〈*Journal of Positive Psychology 11*〉, no. 5 (2016): 499-510.

32 Philip Schaff and Henry Wace, eds., 〈*Nicene and Post-Nicene Fathers: Basil: Letters and Select Works*〉, vol. 8 (Peabody, MA: Hendrickson, 1995), 446.

33 Adam K. Fetterman and Kai Sassenberg, "The Reputational Consequences of Failed Replications and Wrongness Admission among Scientists," 〈*PLoS One 10*〉, no. 12 (2015): e0143723.

34 "Doris Kearns Goodwin on Lincoln and His 'Team of Rivals,'" interview by Dave Davies, 〈*Fresh Air*〉, NPR, November 8, 2005.

35 Brian J. Fogg, 《*Tiny Habits: The Small Changes That Change Everything*》 (Boston: Houghton Mifflin Harcourt, 2020).

36 Paul Samuelson and William Nordhaus, 《*Economics*》, 19th ed. (New York: McGraw Hill, 2010), l.

37 Zhiling Zou, Hongwen Song, Yuting Zhang, and Xiaochu Zhang, "Romantic Love vs. Drug Addiction May Inspire a New Treatment for Addiction," 〈*Frontiers in Psychology 7*〉 (2016): 1436.

38 Helen E. Fisher, Arthur Aron, and Lucy L. Brown, "Romantic Love: A Mammalian Brain System for Mate Choice," 〈*Philosophical Transactions of the Royal Society B: Biological Sciences 361*〉, no. 1476 (2006): 2173–86.

39 Antina de Boer, Erin M. van Buel, and G. J. Ter Horst, "Love Is More Than Just a Kiss: A Neurobiological Perspective on Love and Affection," 〈*Neuroscience 201*〉 (2012): 114–2 4.

40 Katherine Wu, "Love, Actually: The Science behind Lust, Attraction, and Companionship," Science in the News (blog), Harvard University: The Graduate School of Arts and Sciences, February 14, 2017.

41 "Harvard Study of Adult Development," Massachusetts General Hospital and Harvard Medical School, www.adultdevelopmentstudy.org.

42 Roberts J. Waldinger and Marc S. Schulz, "What's Love Got to Do with It? Social Functioning, Perceived Health, and Daily Happiness in Married Octogenarians," 〈*Psychology and Aging 25*〉, no. 2 (2010): 422–31.

43 Jungsik Kim and Elaine Hatfield, "Love Types and Subjective Well-being: A Cross-C ultural Study," 〈*Social Behavior and Personality: An International Journal 32*〉, no. 2 (2004): 173–82.

44 Kevin A. Johnson, "Unrealistic Portrayals of Sex, Love, and Romance in Popular Wedding Films," in 《*Critical Thinking about Sex, Love, and Romance in the Mass Media*》, ed. Mary-Lou Galician and Debra L. Merskin (Oxford, UK: Routledge, 2007), 306.

45 Litsa Renée Tanner, Shelley A. Haddock, Toni Schindler Zimmerman, and Lori K. Lund, "Images of Couples and Families in Disney Feature-Length Animated Films," ⟨*American Journal of Family Therapy 31*⟩, no. 5 (2003): 355–73.

46 Chris Segrin and Robin L. Nabi, "Does Television Viewing Cultivate Unrealistic Expectations about Marriage?" ⟨*Journal of Communication 52*⟩, no. 2 (2002): 247–63.

47 Karolien Driesmans, Laura Vandenbosch, and Steven Eggermont, "True Love Lasts Forever: The Influence of a Popular Teenage Movie on Belgian Girls' Romantic Beliefs," ⟨*Journal of Children and Media 10*⟩, no. 3 (2016): 304–20.

48 Florian Zsok, Matthias Haucke, Cornelia Y. De Wit, and Dick PH Barelds, "What Kind of Love Is Love at First Sight? An Empirical Investigation," ⟨*Personal Relationships 24*⟩, no. 4 (2017): 869–85.

49 Bjarne M. Holmes, "In Search of My 'One and Only': Romance-Oriented Media and Beliefs in Romantic Relationship Destiny," ⟨*Electronic Journal of Communication 17*⟩, no. 3 (2007): 1–23.

50 Benjamin H. Seider, Gilad Hirschberger, Kristin L. Nelson, and Robert W. Levenson, "We Can Work It Out: Age Differences in Relational Pronouns, Physiology, and Behavior in Marital Conflict," ⟨*Psychology and Aging 24*⟩, no. 3 (2009): 604–13.

51 Joe J. Gladstone, Emily N. Garbinsky, and Cassie Mogilner, "Pooling Finances and Relationship Satisfaction," ⟨*Journal of Personality and Social Psychology 123*⟩, no. 6 (2022): 1293–314; Joe Pinsker, "Should Couples Merge Their Finances?" ⟨*The Atlantic*⟩, April 20, 2022.

52 Emily N. Garbinsky and Joe J. Gladstone, "The Consumption Consequences of Couples Pooling Finances," ⟨*Journal of Consumer Psychology 29*⟩, no. 3 (2019): 353–69.

53 Laura K. Guerrero, "Conflict Style Associations with Cooperativeness,

Directness, and Relational Satisfaction: A Case for a Six-Style Typology," 〈*Negotiation and Conflict Management Research 13*〉, no. 1 (2020): 24–4 3.

54 Rhaina Cohen, "The Secret to a Fight-Free Relationship," 〈*The Atlantic*〉, September 13, 2021.

55 David G. Blanchflower and Andrew J. Oswald, "Money, Sex and Happiness: An Empirical Study," 〈*Scandinavian Journal of Economics 106*〉, no. 3 (2004): 393–415.

56 Kira S. Birditt and Toni C. Antonucci, "Relationship Quality Profiles and Well-being among Married Adults," 〈*Journal of Family Psychology 21*〉, no. 4 (2007): 595–604.

57 World Bank, "Internet Users for the United States (ITNETUSERP2USA)," Federal Reserve Bank of St. Louis.

58 Robert Kraut, Michael Patterson, Vicki Lundmark, Sara Kiesler, Tridas Mukophadhyay, and William Scherlis, "Internet Paradox: A Social Technology That Reduces Social Involvement and Psychological Well-being?" 〈*American Psychologist 53*〉, no. 9 (1998): 1017–31.

59 Minh Hao Nguyen, Minh Hao, Jonathan Gruber, Will Marler, Amanda Hunsaker, Jaelle Fuchs, and Eszter Hargittai, "Staying Connected While Physically Apart: Digital Communication When Face-to-Face Interactions Are Limited," 〈*New Media & Society 24*〉, no. 9 (2022): 2046–67.

60 Martha Newson, Yi Zhao, Marwa El Zein, Justin Sulik, Guillaume Dezecache, Ophelia Deroy, and Bahar Tunçgenç, "Digital Contact Does Not Promote Wellbeing, but Face-to-Face Contact Does: A Cross-National Survey during the COVID-19 Pandemic," 〈*New Media & Society*〉 (2021).

61 Michael Kardas, Amit Kumar, and Nicholas Epley, "Overly Shallow? Miscalibrated Expectations Create a Barrier to Deeper Conversation," 〈*Journal of Personality and Social Psychology 122*〉, no. 3 (2022): 367–98.

62 Sarah M. Coyne, Laura M. Padilla-Walker, and Hailey G. Holmgren, "A Six-Year Longitudinal Study of Texting Trajectories during Adolescence," 〈*Child Development 89*〉, no. 1 (2018): 58–65.

63 Katherine Schaeffer, "Most U.S. Teens Who Use Cellphones Do It to Pass Time, Connect with Others, Learn New Things," Pew Research Center, August

23, 2019; Bethany L. Blair, Anne C. Fletcher, and Erin R. Gaskin, "Cell Phone Decision Making: Adolescents' Perceptions of How and Why They Make the Choice to Text or Call," 〈*Youth & Society 47*〉, no. 3 (2015): 395–411.

64 César G. Escobar-Viera, César G., Ariel Shensa, Nicholas D. Bowman, Jaime E. Sidani, Jennifer Knight, A. Everette James, and Brian A. Primack, "Passive and Active Social Media Use and Depressive Symptoms among United States Adults," 〈*Cyberpsychology, Behavior, and Social Networking 21*〉, no. 7 (2018): 437–43; Soyeon Kim, Lindsay Favotto, Jillian Halladay, Li Wang, Michael H. Boyle, and Katholiki Georgiades, "Differential Associations between Passive and Active Forms of Screen Time and Adolescent Mood and Anxiety Disorders," 〈*Social Psychiatry and Psychiatric Epidemiology 55*〉, no. 11 (2020): 1469–78.

65 David Nield, "Try Grayscale Mode to Curb Your Phone Addiction," 〈*Wired*〉, December 1, 2019.

66 Monique M. H. Pollmann, Tyler J. Norman, and Erin E. Crockett, "A Daily-Diary Study on the Effects of Face-to-Face Communication, Texting, and Their Interplay on Understanding and Relationship Satisfaction," 〈*Computers in Human Behavior Reports 3*〉 (2021): 100088.

7장 | 일: 목표와 수단, 그 이상

이 장에는 다음 칼럼과 팟캐스트에 담긴 개념과 문장을 각색하여 실었다.

Arthur C. Brooks, "Your Professional Decline Is Coming (Much) Sooner Than You Think," 〈*The Atlantic*〉, July 2019; Arthur C. Brooks, "4 Rules for Identifying Your Life's Work," How to Build a Life, 〈*The Atlantic*〉, May 21, 2020; Arthur C. Brooks, "Stop Keeping Score," How to Build a Life, 〈*The Atlantic*〉, January 21, 2021; Arthur C. Brooks, "Go Ahead and Fail," How to Build a Life, 〈*The Atlantic*〉, February 25, 2021; Arthur C. Brooks, "Here's 10,000 Hours. Don't Spend It All in One Place," How to Build a Life, 〈*The Atlantic*〉, March 18, 2021; Arthur C. Brooks, "Are You Dreaming Too Big?" How to Build a Life, 〈*The Atlantic*〉, March 25, 2021; Arthur C. Brooks, "The Hidden Toll of Remote Work,"

How to Build a Life, 〈*The Atlantic*〉, April 1, 2021; Arthur C. Brooks, "The Best Friends Can Do Nothing for You," How to Build a Life, 〈*The Atlantic*〉, April 8, 2021; Arthur C. Brooks, "The Link between Self-Reliance and Well-Being," How to Build a Life, 〈*The Atlantic*〉, July 8, 2021; Arthur C. Brooks, "Plan Ahead. Don't Post," How to Build a Life, 〈*The Atlantic*〉, June 24, 2021; Arthur C. Brooks, "The Secret to Happiness at Work," How to Build a Life, 〈*The Atlantic*〉, September 2, 2021; Arthur C. Brooks, "A Profession Is Not a Personality," How to Build a Life, 〈*The Atlantic*〉, September 30, 2021; Arthur C. Brooks, "The Hidden Link between Workaholism and Mental Health," How to Build a Life, 〈*The Atlantic*〉, February 2, 2023; Rebecca Rashid and Arthur C. Brooks, "When Virtues Become Vices," interview with Anna Lembke, 〈*How to Build a Happy Life*〉, podcast audio, 32:50, October 9, 2022; Rebecca Rashid and Arthur C. Brooks, "How to Spend Time on What You Value," interview with Ashley Whillans, 〈*How to Build a Happy Life*〉, podcast audio, 34:24, October 23, 2022.

1 Timothy A. Judge and Shinichiro Watanabe, "Another Look at the Job Satisfaction–Life Satisfaction Relationship," 〈*Journal of Applied Psychology 78*〉, no. 6 (1993): 939–48; Robert W. Rice, Janet P. Near, and Raymond G. Hunt, "The Job-Satisfaction/Life-Satisfaction Relationship: A Review of Empirical Research," 〈*Basic and Applied Social Psychology 1*〉, no. 1 (1980): 37–64; Jeffrey S. Rain, Irving M. Lane, and Dirk D. Steiner, "A Current Look at the Job Satisfaction/Life Satisfaction Relationship: Review and Future Considerations," 〈*Human Relations 44*〉, no. 3 (1991): 287–307.

2 Kahlil Gibran, "On Work," in 《*The Prophet*》 (New York: Alfred A. Knopf, 1923).

3 CareerBliss Team, "The CareerBliss Happiest 2021," CareerBliss, January 6, 2021.

4 Kimberly Black, "Job Satisfaction Survey: What Workers Want in 2022," Virtual Vocations (blog), February 21, 2022.

5 Michael Davern, Rene Bautista, Jeremy Freese, Stephen L. Morgan, and Tom W. Smith, General Social Surveys, 1972–2021 Cross-section, NORC, University of Chicago, 2018, gssdataexplorer.norc.org.

6 David G. Blanchflower, David N. F. Bell, Alberto Montagnoli, and Mirko

Moro, "The Happiness Trade-off between Unemployment and Inflation," 〈*Journal of Money, Credit and Banking 46*〉, no. S2 (2014): 117–41.

7 Mark R. Lepper, David Greene, and Richard E. Nisbett, "Undermining Children's Intrinsic Interest with Extrinsic Reward: A Test of the 'Overjustification' Hypothesis," 〈*Journal of Personality and Social Psychology 28*〉, no. 1 (1973): 129–37.

8 Edward L. Deci, Richard Koestner, and Richard M. Ryan, "A Meta-analytic Review of Experiments Examining the Effects of Extrinsic Rewards on Intrinsic Motivation," 〈*Psychological Bulletin 125*〉, no. 6 (1999): 627–68.

9 Jeannette L. Nolen, "Learned Helplessness," 《*Britannica*》, last modified February 11, 2023.

10 Melissa Madeson, "Seligman's PERMA+ Model Explained: A Theory of Wellbeing," PositivePsychology.com, February 24, 2017; Esther T. Canrinus, Michelle Helms-Lorenz, Douwe Beijaard, Jaap Buitink, and Adriaan Hofman, "Self-Efficacy, Job Satisfaction, Motivation and Commitment: Exploring the Relationships between Indicators of Teachers' Professional Identity," 〈*European Journal of Psychology of Education 27*〉, no. 1 (2012): 115–32.

11 Arthur C. Brooks, 《*Gross National Happiness: Why Happiness Matters for America—and How We Can Get More of It*》 (New York: Basic Books, April 22, 2008).

12 Philip Muller, "Por Qué Me Gusta Ser Camarero Habiendo Estudiado Filosofía," 〈*El Comidista*〉, October 22, 2018. 이 글의 저자는 대학원생 때 아서의 제자였다.

13 Ting Ren, "Value Congruence as a Source of Intrinsic Motivation," 〈*Kyklos 63*〉, no. 1 (2010): 94–109.

14 Ali Ravari, Shahrzad Bazargan-Hejazi, Abbas Ebadi, Tayebeh Mirzaei, and Khodayar Oshvandi, "Work Values and Job Satisfaction: A Qualitative Study of Iranian Nurses," 〈*Nursing Ethics 20*〉, no. 4 (2013): 448–58.

15 Mary Ann von Glinow, Michael J. Driver, Kenneth Brousseau, and J. Bruce Prince, "The Design of a Career Oriented Human Resource System," 〈*Academy of Management Review 8*〉, no. 1 (1983): 23–32.

16 "The Books of Sir Winston Churchill," 〈*International Churchill Society*〉,

October 17, 2008.

17 Charles McMoran Wilson, 1st Baron Moran, 《*Winston Churchill: The Struggle for Survival*》, 1940–1965 (London: Sphere Books, 1968), 167.

18 Anthony Storr, 《*Churchill's Black Dog, Kafka's Mice, and Other Phenomena of the Human Mind*》 (London: Fontana, 1990).

19 Sarah Turner, Natalie Mota, James Bolton, and Jitender Sareen, "Self-Medication with Alcohol or Drugs for Mood and Anxiety Disorders: A Narrative Review of the Epidemiological Literature," 〈*Depression and Anxiety 35*〉, no. 9 (2018): 851–60.

20 Rosa M. Crum, Lareina La Flair, Carla L. Storr, Kerry M. Green, Elizabeth A. Stuart, Anika A. H. Alvanzo, Samuel Lazareck, James M. Bolton, Jennifer Robinson, Jitender Sareen, and Ramin Mojtabai, "Reports of Drinking to Self-Medicate Anxiety Symptoms: Longitudinal Assessment for Subgroups of Individuals with Alcohol Dependence," 〈*Depression and Anxiety 30*〉, no. 2 (2013): 174–83.

21 Malissa A. Clark, Jesse S. Michel, Ludmila Zhdanova, Shuang Y. Pui, and Boris B. Baltes, "All Work and No Play? A Meta-analytic Examination of the Correlates and Outcomes of Workaholism," 〈*Journal of Management 42*〉, no. 7 (2016): 1836–73; Satoshi Akutsu, Fumiaki Katsumura, and Shohei Yamamoto, "The Antecedents and Consequences of Workaholism: Findings from the Modern Japanese Labor Market," 〈*Frontiers in Psychology 13*〉 (2022).

22 Lauren Spark, "Helping a Workaholic in Therapy: 18 Symptoms & Interventions," PositivePsychology.com, July 1, 2021.

23 Cecilie Schou Andreassen, Mark D. Griffiths, Rajita Sinha, Jørn Hetland, and Ståle Pallesen, "The Relationships between Workaholism and Symptoms of Psychiatric Disorders: A Large-Scale Cross-sectional Study," 〈*PLoS One 11*〉, no. 5 (2016): e0152978.

24 Longqi Yang, David Holtz, Sonia Jaffe, Siddharth Suri, Shilpi Sinha, Jeffrey Weston, Connor Joyce, "The Effects of Remote Work on Collaboration among Information Workers," 〈*Nature Human Behaviour 6*〉, no. 1 (2022): 43–54.

25 National Center for Health Statistics, "Anxiety and Depression: Household Pulse Survey," Centers for Disease Control and Prevention, www.cdc.gov/nchs/

covid19/pulse/mental-health.htm.

26 Rashid and Brooks, "When Virtues Become Vices."

27 Clark et al., "All Work and No Play?"

28 Rashid and Brooks, "How to Spend Time."

29 Andreassen et al., "Relationships between Workaholism."

30 Carly Schwickert, "The Effects of Objectifying Statements on Women's Self Esteem, Mood, and Body Image" (bachelor's thesis, Carroll College, 2015).

31 Evangelia (Lina) Papadaki, "Feminist Perspectives on Objectification," 〈*Stanford Encyclopedia of Philosophy*〉, December 16, 2019.

32 Lola Crone, Lionel Brunel, and Laurent Auzoult, "Validation of a Perception of Objectification in the Workplace Short Scale (POWS)," 〈*Frontiers in Psychology 12*〉 (2021): 651071.

33 Dmitry Tumin, Siqi Han, and Zhenchao Qian, "Estimates and Meanings of Marital Separation," 〈*Journal of Marriage and Family 77*〉, no. 1 (2015): 312–22.

34 Margaret Diddams, Lisa Klein Surdyk, and Denise Daniels, "Rediscovering Models of Sabbath Keeping: Implications for Psychological Well-being," 〈*Journal of Psychology and Theology 32*〉, no. 1 (2004): 3–11.

35 Lauren Grunebaum, "Dreaming of Being Special," 〈*Psychology Today*〉, May 16, 2011.

36 Arthur C. Brooks, "'Success Addicts' Choose Being Special over Being Happy," How to Build a Life, 〈*The Atlantic*〉, July 30, 2020.

37 Josemaría Escrivá, 《*In Love with the Church*》 (Strongsville, OH: Scepter, 2017), 78.

8장 | 믿음: 어메이징 그레이스

이 장에는 다음 칼럼과 팟캐스트에 담긴 개념과 문장을 각색하여 실었다.

Arthur C. Brooks, "How to Navigate a Midlife Change of Faith," How to Build a Life, 〈*The Atlantic*〉, August 13, 2020; Arthur C. Brooks, "The Subtle Mindset Shift That Could Radically Change the Way You See the World," How to Build a Life, 〈*The Atlantic*〉, February 4, 2021; Arthur C. Brooks, "The Meaning of Life Is Surprisingly Simple," How to Build a Life, 〈*The Atlantic*〉, October 21, 2021; Arthur C. Brooks, "Don't Objectify Yourself," How to Build a Life, 〈*The Atlantic*〉, September 22, 2022; Arthur C. Brooks, "Mindfulness Hurts. That's Why It Works," How to Build a Life, 〈*The Atlantic*〉, May 19, 2022; Arthur C. Brooks, "To Get Out of Your Head, Get Out of Your House," How to Build a Life, 〈*The Atlantic*〉, August 11, 2022; Arthur C. Brooks, "How to Make Life More Transcendent," How to Build a Life, 〈*The Atlantic*〉, October 27, 2022; Arthur C. Brooks, "How Thich Nhat Hanh Taught the West about Mindfulness," Washington Post, January 22, 2022; Rebecca Rashid and Arthur C. Brooks, "How to Be Self-Aware," interview with Dan Harris, 〈*How to Build a Happy Life*〉, podcast audio, 36:22, October 5, 2021; Rebecca Rashid and Arthur C. Brooks, interview with Ellen Langer, "How to Know That You Know Nothing," 〈*How to Build a Happy Life*〉, podcast audio, 37:45, October 26, 2021.

1 Cary O'Dell, "'Amazing Grace'—Judy Collins (1970)," Library of Congress, www.loc.gov/static/programs/national-recording-preservation-board/documents/AmazingGrace.pdf.

2 Steve Turner, 〈*Amazing Grace: The Story of America's Most Beloved Song*〉 (New York: Harper Collins, 2009); "The Creation of 'Amazing Grace,'" Library of Congress, www.loc.gov/item/ihas.200149085.

3 Lisa Miller, Iris M. Balodis, Clayton H. McClintock, Jiansong Xu, Cheryl M. Lacadie, Rajita Sinha, and Marc N. Potenza, "Neural Correlates of Personalized Spiritual Experiences," 〈*Cerebral Cortex 29*〉, no. 6 (2019): 2331–8.

4 Michael A. Ferguson, Frederic L. W. V. J. Schaper, Alexander Cohen, Shan Siddiqi, Sarah M. Merrill, Jared A. Nielsen, Jordan Grafman, Cosimo Urgesi, Franco Fabbro, and Michael D. Fox, "A Neural Circuit for Spirituality and Religiosity Derived from Patients with Brain Lesions," 〈*Biological Psychiatry 91*〉, no. 4 (2022): 380–8.

5 Mario Beauregard and Vincent Paquette, "EEG Activity in Carmelite Nuns during a Mystical Experience," 〈*Neuroscience Letters 444*〉, no. 1 (2008): 1–4 .

6 Masaki Nishida, Nobuhide Hirai, Fumikazu Miwakeichi, Taketoshi Maehara, Kensuke Kawai, Hiroyuki Shimizu, and Sunao Uchida, "Theta Oscillation in the Human Anterior Cingulate Cortex during All-Night Sleep: An Electrocorticographic Study," ⟨*Neuroscience Research 50*⟩, no. 3 (2004): 331–41.

7 Andrew A. Abeyta and Clay Routledge, "The Need for Meaning and Religiosity: An Individual Differences Approach to Assessing Existential Needs and the Relation with Religious Commitment, Beliefs, and Experiences," ⟨*Personality and Individual Differences 123*⟩ (2018): 6–13.

8 Lisa Miller, Priya Wickramaratne, Marc J. Gameroff, Mia Sage, Craig E. Tenke, and Myrna M. Weissman, "Religiosity and Major Depression in Adults at High Risk: A Ten-Year Prospective Study," ⟨*American Journal of Psychiatry 169*⟩, no. 1 (2012): 89–94; Michael Inzlicht and Alexa M. Tullett, "Reflecting on God: Religious Primes Can Reduce Neurophysiological Response to Errors," ⟨*Psychological Science 21*⟩, no. 8 (2010): 1184–90.

9 Tracy A. Balboni, Tyler J. VanderWeele, Stephanie D. Doan-Soares, Katelyn N. G. Long, Betty R. Ferrell, George Fitchett, and Harold G. Koenig, "Spirituality in Serious Illness and Health," ⟨*JAMA 328*⟩, no. 2 (2022): 184–97.

10 Jesse Graham and Jonathan Haidt, "Beyond Beliefs: Religions Bind Individuals into Moral Communities," ⟨*Personality and Social Psychology Review 14*⟩, no. 1 (2010): 140–50.

11 Monica L. Gallegos and Chris Segrin, "Exploring the Mediating Role of Loneliness in the Relationship between Spirituality and Health: Implications for the Latino Health Paradox," ⟨*Psychology of Religion and Spirituality 11*⟩, no. 3 (2019): 308–18.

12 Thích Nhất Hạnh, 《*The Miracle of Mindfulness: An Introduction to the Practice of Meditation*》 (Boston: Beacon Press, 1996), 6.

13 Kendra Cherry, "Benefits of Mindfulness," ⟨*VeryWell Mind*⟩, September 2, 2022.

14 Michael D. Mrazek, Michael S. Franklin, Dawa Tarchin Phillips, Benjamin Baird, and Jonathan W. Schooler, "Mindfulness Training Improves Working Memory Capacity and GRE Performance While Reducing Mind Wandering," ⟨*Psychological Science 24*⟩, no. 5 (2013): 776–81.

15 Martin E. P. Seligman, Peter Railton, Roy F. Baumeister, and Chandra Sripada, 《*Homo Prospectus*》 (Oxford, UK: Oxford University Press, 2016).

16 Jonathan Smallwood, Annamay Fitzgerald, Lynden K. Miles, and Louise H. Phillips, "Shifting Moods, Wandering Minds: Negative Moods Lead the Mind to Wander," 〈*Emotion 9*〉, no. 2 (2009): 271–6.

17 Kyle Cease, 《*I Hope I Screw This Up: How Falling in Love with Your Fears Can Change the World*》 (New York: Simon & Schuster, 2017); Tiago Figueiredo, Gabriel Lima, Pilar Erthal, Rafael Martins, Priscila Corção, Marcelo Leonel, Vanessa Ayrão, Dídia Fortes, and Paulo Mattos, "Mind-Wandering, Depression, Anxiety and ADHD: Disentangling the Relationship," 〈*Psychiatry Research 285*〉 (2020): 112798; Miguel Ibaceta and Hector P. Madrid, "Personality and Mind-Wandering Self-P erception: The Role of Meta-A wareness," 〈*Frontiers in Psychology 12*〉 (2021): 581129; Shane W. Bench and Heather C. Lench, "On the Function of Boredom," 〈*Behavioral Sciences 3*〉, no. 3 (2013): 459–72.

18 Neda Sedighimornani, "Is Shame Managed through Mind-Wandering?" 〈*Europe's Journal of Psychology 15*〉, no. 4 (2019): 717–32.

19 Smallwood et al., "Shifting Moods."

20 Heidi A. Wayment, Ann F. Collier, Melissa Birkett, Tinna Traustadóttir, and Robert E. Till, "Brief Quiet Ego Contemplation Reduces Oxidative Stress and Mind-Wandering," 〈*Frontiers in Psychology 6*〉 (2015): 1481.

21 Hạnh, 《*Miracle of Mindfulness*》; Anonymous 19th Century Russian Peasant, 《*The Way of a Pilgrim and The Pilgrim Continues on His Way: Collector's Edition*》 (Magdalene Press, 2019).

22 Lauren A. Leotti, Sheena S. Iyengar, and Kevin N. Ochsner, "Born to Choose: The Origins and Value of the Need for Control," 〈*Trends in Cognitive Sciences 14*〉, no. 10 (2010): 457–63; Amitai Shenhav, David G. Rand, and Joshua D. Greene, "Divine Intuition: Cognitive Style Influences Belief in God," 〈*Journal of Experimental Psychology: General 141*〉, no. 3 (2012): 423–8.

23 Mary Kekatos, "The Rise of the 'Indoor Generation': A Quarter of Americans Spend Almost All Day Inside, New Figures Reveal," DailyMail.com, May 15, 2018.

24 Outdoor Foundation, 〈*2019 Outdoor Participation Report*〉, Outdoor Industry Association, 2020.

25 "Global Survey Finds We're Lacking Fresh Air and Natural Light, as We Spend Less Time in Nature," Velux Media Centre, May 21, 2019.

26 Wendell Cox Consultancy, "US Urban and Rural Population: 1800–2000," Demographia.

27 Howard Frumkin, Gregory N. Bratman, Sara Jo Breslow, Bobby Cochran, Peter H. Kahn Jr., Joshua J. Lawler, and Phillip S. Levin, "Nature Contact and Human Health: A Research Agenda," 〈*Environmental Health Perspectives 125*〉, no. 7 (2017): 075001; Nielsen, 〈*The Nielsen Total Audience Report: Q1 2016*〉 (New York: Nielsen Company, 2016).

28 Gregory N. Bratman, Gretchen C. Daily, Benjamin J. Levy, and James J. Gross, "The Benefits of Nature Experience: Improved Affect and Cognition," 〈*Landscape and Urban Planning 138*〉 (2015): 41–50.

29 F. Stephan Mayer, Cynthia McPherson Frantz, Emma Bruehlman-Senecal, and Kyffin Dolliver, "Why Is Nature Beneficial? The Role of Connectedness to Nature," 〈*Environment and Behavior 41*〉, no. 5 (2009): 607–43.

30 Henry David Thoreau, "Walking," 〈*The Atlantic*〉, June 1862.

31 Adam Alter, "How Nature Resets Our Minds and Bodies," 〈*The Atlantic*〉, March 29, 2013.

32 Kenneth P. Wright Jr., Andrew W. McHill, Brian R. Birks, Brandon R. Griffin, Thomas Rusterholz, and Evan D. Chinoy, "Entrainment of the Human Circadian Clock to the Natural Light-Dark Cycle," 〈*Current Biology 23*〉, no. 16 (2013): 1554–8.

33 Wendy Menigoz, Tracy T. Latz, Robin A. Ely, Cimone Kamei, Gregory Melvin, and Drew Sinatra, "Integrative and Lifestyle Medicine Strategies Should Include Earthing (Grounding): Review of Research Evidence and Clinical Observations," Explore 16, no. 3 (2020): 152–1 60.

34 이 내용은 아서와의 대화를 기반으로 한다.

35 C. S. Lewis, 《*Mere Christianity*》 (London: Geoffrey Bles, 1952).

에필로그

이 장에는 다음 칼럼에 담긴 개념과 문장을 각색하여 실었다.

Arthur C. Brooks, "The Kind of Smarts You Don't Find in Young People," How to Build a Life, 〈*The Atlantic*〉, March 3, 2022.

1 Safiye Temel Aslan, "Is Learning by Teaching Effective in Gaining 21st Century Skills? The Views of Pre-Service Science Teachers," 〈*Educational Sciences: Theory & Practice 15*〉, no. 6 (2015).

2 John A. Bargh and Yaacov Schul, "On the Cognitive Benefits of Teaching," 〈*Journal of Educational Psychology 72*〉, no. 5 (1980): 593–604.

3 Richard E. Brown, "Hebb and Cattell: The Genesis of the Theory of Fluid and Crystallized Intelligence," 〈*Frontiers in Human Neuroscience 10*〉 (2016): 606; Alan S. Kaufman, Cheryl K. Johnson, and Xin Liu, "A CHC Theory-Based Analysis of Age Differences on Cognitive Abilities and Academic Skills at Ages 22 to 90 Years," 〈*Journal of Psychoeducational Assessment 26*〉, no. 4 (2008): 350–81; Arthur C. Brooks, 《*From Strength to Strength: Finding Success, Happiness, and Deep Purpose in the Second Half of Life*》 (New York: Portfolio, 2022).

4 Martin Luther King Jr., "Loving Your Enemies" (sermon, Dexter Avenue Baptist Church, Montgomery, AL, November 17, 1957).

옮긴이 박다솜

서울대학교 언어학과를 졸업했다. 책《요즘 애들》,《불안에 대하여》,《사무실의 도른자들》,《매일, 단어를 만들고 있습니다》,《관찰의 인문학》,《죽은 숙녀들의 사회》,《여자다운 게 어딨어》,《스피닝》,《애도 클럽》 등을 번역했다.

하버드 행복학 교수가 찾아낸
인생의 메커니즘

우리가 결정한 행복

1판 1쇄 인쇄 2024년 7월 18일
1판 1쇄 발행 2024년 7월 29일

지은이 아서 C. 브룩스 · 오프라 윈프리
옮긴이 박다솜

발행인 양원석 **책임편집** 이정미
디자인 박진영 **영업마케팅** 양정길, 윤송, 김지현, 한혜원, 정다은, 유민경
해외저작권 임이안

펴낸 곳 ㈜알에이치코리아
주소 서울시 금천구 가산디지털2로 53, 20층(가산동, 한라시그마밸리)
편집문의 02-6443-8827 **도서문의** 02-6443-8800
홈페이지 http://rhk.co.kr
등록 2004년 1월 15일 제2-3726호

ISBN 978-89-255-7475-2 (03180)